全身の骨格

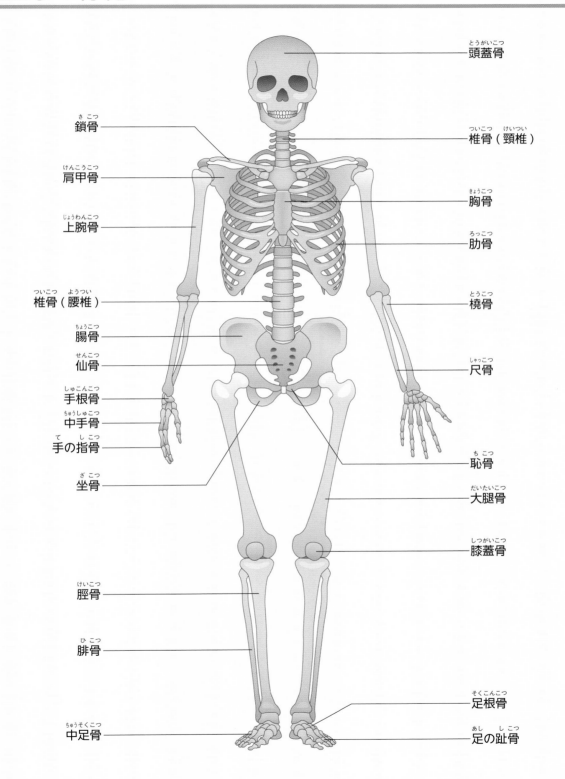

頭蓋骨（とうがいこつ）

鎖骨（さこつ）

椎骨（頸椎）（ついこつ けいつい）

肩甲骨（けんこうこつ）

胸骨（きょうこつ）

上腕骨（じょうわんこつ）

肋骨（ろっこつ）

椎骨（腰椎）（ついこつ ようつい）

橈骨（とうこつ）

腸骨（ちょうこつ）

仙骨（せんこつ）

尺骨（しゃっこつ）

手根骨（しゅこんこつ）

中手骨（ちゅうしゅこつ）

手の指骨（て しこつ）

恥骨（ちこつ）

坐骨（ざこつ）

大腿骨（だいたいこつ）

膝蓋骨（しつがいこつ）

脛骨（けいこつ）

腓骨（ひこつ）

足根骨（そくこんこつ）

中足骨（ちゅうそくこつ）

足の趾骨（あし しこつ）

代表的な骨格筋

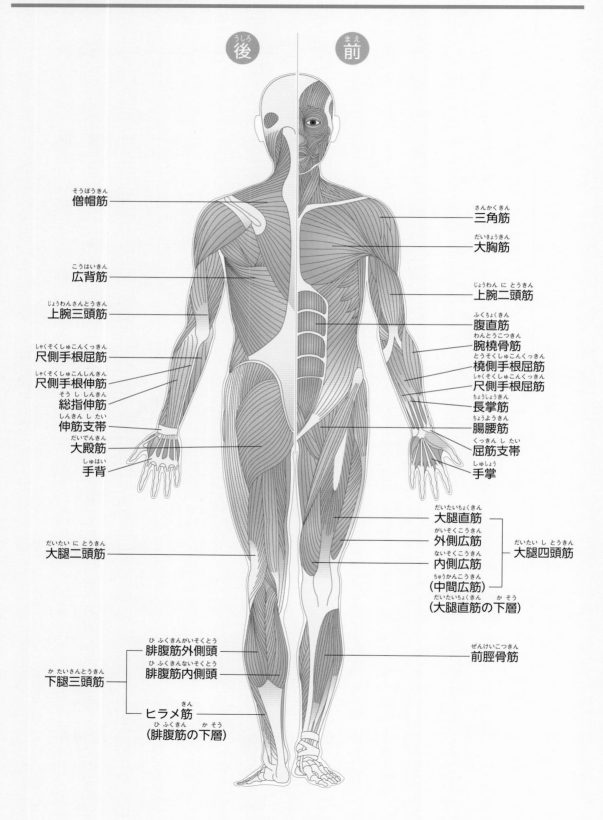

後（うしろ）　前（まえ）

そうぼうきん
僧帽筋

さんかくきん
三角筋

だいきょうきん
大胸筋

こうはいきん
広背筋

じょうわんにとうきん
上腕二頭筋

じょうわんさんとうきん
上腕三頭筋

ふくちょくきん
腹直筋

わんとうこつきん
腕橈骨筋

しゃくそくしゅこんくっきん
尺側手根屈筋

とうそくしゅこんくっきん
橈側手根屈筋

しゃくそくしゅこんしんきん
尺側手根伸筋

しゃくそくしゅこんくっきん
尺側手根屈筋

そうししんきん
総指伸筋

ちょうしょうきん
長掌筋

しんきんしたい
伸筋支帯

ちょうようきん
腸腰筋

だいでんきん
大殿筋

くっきんしたい
屈筋支帯

しゅはい
手背

しゅしょう
手掌

だいたいちょくきん
大腿直筋

がいそくこうきん
外側広筋

だいたいしとうきん
大腿四頭筋

ないそくこうきん
内側広筋

だいたいにとうきん
大腿二頭筋

ちゅうかんこうきん
（中間広筋）

だいたいちょくきんかそう
（大腿直筋の下層）

ひふくきんがいそくとう
腓腹筋外側頭

ぜんけいこつきん
前脛骨筋

かたいさんとうきん
下腿三頭筋

ひふくきんないそくとう
腓腹筋内側頭

きん
ヒラメ筋

ひふくきんかそう
（腓腹筋の下層）

脳の構造，脳側面図，脊髄の構造

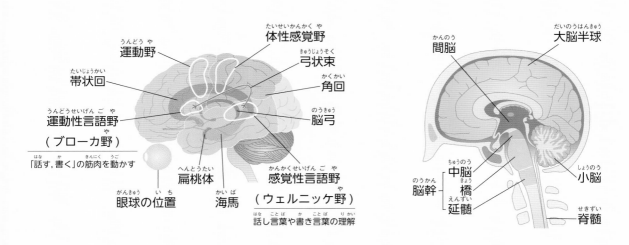

運動野（うんどう や）
体性感覚野（たいせいかんかく や）
弓状束（きゅうじょうそく）
帯状回（たいじょうかい）
角回（かくかい）
運動性言語野（うんどうせいげん ご や）
（ブローカ野）（や）
脳弓（のうきゅう）
「話す，書く」の筋肉を動かす（はな か きんにく うご）
扁桃体（へんとうたい）
感覚性言語野（かんかくせいげん ご や）
（ウェルニッケ野）（や）
眼球の位置（がんきゅう い ち）
海馬（かいば）
話し言葉や書き言葉の理解（はな こと ば か こと ば りかい）

間脳（かんのう）
大脳半球（だいのうはんきゅう）
中脳（ちゅうのう）
橋（きょう）
延髄（えんずい）
脳幹（のうかん）
小脳（しょうのう）
脊髄（せきずい）

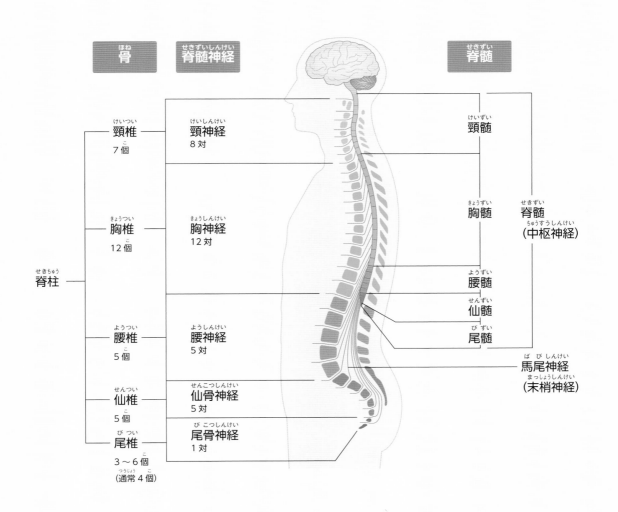

骨（ほね）
脊髄神経（せきずいしんけい）
脊髄（せきずい）

頚椎（けいつい）
7個（こ）
頚神経（けいしんけい）
8対
頚髄（けいずい）

胸椎（きょうつい）
12個（こ）
胸神経（きょうしんけい）
12対
胸髄（きょうずい）
脊髄（せきずい）
（中枢神経）（ちゅうすうしんけい）

脊柱（せきちゅう）
腰髄（ようずい）
仙髄（せんずい）
尾髄（びずい）

腰椎（ようつい）
5個（こ）
腰神経（ようしんけい）
5対

仙椎（せんつい）
5個（こ）
仙骨神経（せんこつしんけい）
5対
馬尾神経（ば び しんけい）
（末梢神経）（まっしょうしんけい）

尾椎（び つい）
3～6個（こ）
（通常4個）（つうじょう こ）
尾骨神経（び こつしんけい）
1対

内臓の名称

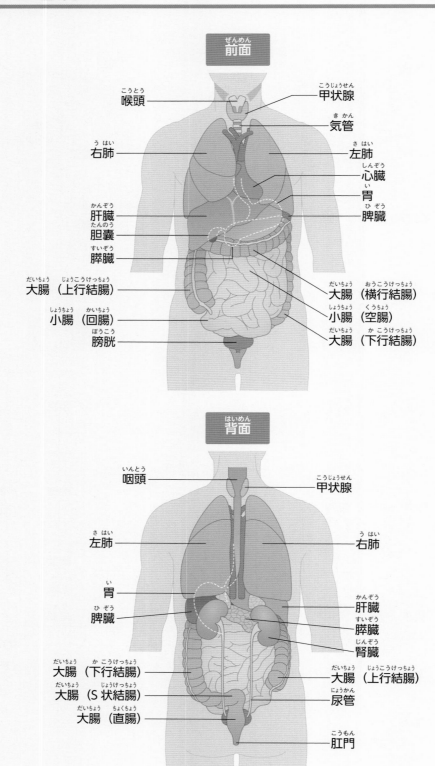

前面（ぜんめん）

喉頭（こうとう）
甲状腺（こうじょうせん）
気管（きかん）
右肺（うはい）
左肺（さはい）
心臓（しんぞう）
胃（い）
脾臓（ひぞう）
肝臓（かんぞう）
胆嚢（たんのう）
膵臓（すいぞう）
大腸（上行結腸）（だいちょう じょうこうけっちょう）
大腸（横行結腸）（だいちょう おうこうけっちょう）
小腸（回腸）（しょうちょう かいちょう）
小腸（空腸）（しょうちょう くうちょう）
膀胱（ぼうこう）
大腸（下行結腸）（だいちょう かこうけっちょう）

背面（はいめん）

咽頭（いんとう）
甲状腺（こうじょうせん）
左肺（さはい）
右肺（うはい）
胃（い）
肝臓（かんぞう）
脾臓（ひぞう）
膵臓（すいぞう）
腎臓（じんぞう）
大腸（下行結腸）（だいちょう かこうけっちょう）
大腸（上行結腸）（だいちょう じょうこうけっちょう）
大腸（S状結腸）（だいちょう じょうけっちょう）
尿管（にょうかん）
大腸（直腸）（だいちょう ちょくちょう）
肛門（こうもん）

最新

介護福祉士養成講座

11

編集 介護福祉士養成講座編集委員会

こころとからだのしくみ

第2版

中央法規

『最新 介護福祉士養成講座』初版刊行にあたって

　1987（昭和62）年に「社会福祉士及び介護福祉士法」が制定され、介護福祉職の国家資格である介護福祉士が誕生してから30年以上が経ちました。2018（平成30）年11月末現在、資格取得者（登録者）は162万3974人に達し、施設・在宅を問わず地域における介護の中核をになう存在として厚い信頼をえています。

　近年では、世界に類を見ないスピードで進む高齢化に対応する日本の介護サービスは国際的にも注目を集めており、アジアをはじめとする海外諸国から知識と技術を学びに来る学生が増えています。

　もともと介護福祉士が生まれた背景には、戦後の高度経済成長にともなう日本社会の構造的な変化がありました。資格誕生から今日にいたるまでのあいだも社会は絶えず変化を続けており、介護福祉士に求められる役割と期待はますます大きくなっています。そのような背景のもと、今後さらに複雑化・多様化・高度化していく介護ニーズに対応できる介護福祉士を育成するために、2018（平成30）年に10年ぶりに養成カリキュラムの見直しが行われました。

　当編集委員会は、資格制度が誕生した当初から、介護福祉士養成のためのテキスト『介護福祉士養成講座』を刊行してきました。福祉関係八法の改正、社会福祉法や介護保険法の施行など、時代の動きに対応して、適宜記述内容の見直しや全面改訂を行ってきました。そして今般、本講座を新たなカリキュラムに対応した内容に刷新するべく『最新 介護福祉士養成講座』として刊行することになりました。

　『最新 介護福祉士養成講座』の特徴としては、次の事項があげられます。
① 介護福祉士養成のための標準的なテキストとして国の示したカリキュラムに対応
② 現場に出たあとでも立ち返ることができ、専門性の向上に役立つ
③ 講座全体として科目同士の関連性も見える
④ 平易な表現や読みがなにより、日本人学生と外国人留学生がともに学べる
⑤ オールカラー（11巻、15巻）、ＡＲ（拡張現実：6巻、7巻、15巻）の採用などビジュアル面への配慮

　本講座が新しい時代にふさわしい介護福祉士の養成に役立ち、さらには本講座を学んだ方々が広く介護福祉の世界をリードする人材へと成長されることを願ってやみません。

2019（平成31）年3月

介護福祉士養成講座編集委員会

はじめに

　「こころとからだのしくみ」は、介護実践の根拠となる、人間の心理や人体の構造・機能および介護サービスの提供における安全への留意点などについて学習する科目です。

　新しいカリキュラムでは、「こころとからだのしくみ」の内容は、下記のように大別されます。

●こころとからだのしくみⅠ
　人間の心理や人体の構造・機能を理解するための基礎的な知識

●こころとからだのしくみⅡ
　生活支援の場面に応じたこころとからだのしくみ、および心身の機能低下や障害が生活に及ぼす影響に関する基礎的な知識

　「こころとからだのしくみⅠ」では、解剖学、生理学、運動学、心理学等をもとに、人が生活するうえでこころとからだはどのようにはたらくのかを示し、介護実践に必要な観察力、判断力の基盤となる知識を学びます。本巻では「序章、第1章、第2章」にあたる部分です。さらに、本巻では疾病の発生メカニズムについて解説を加えています。人体の構造・機能とあわせて疾病の発生メカニズムを学ぶことにより、「予防の視点」を身につけることができます。予防の視点は、介護福祉士として利用者にかかわる際に、健康を意識した支援を実践する根拠になります。

　「こころとからだのしくみⅡ」では、移動、身じたく、食事、入浴、排泄、休息・睡眠等の生活場面ごとに、こころとからだのしくみ、心身の機能低下や障害が生活に及ぼす影響、変化に対する観察のポイント、医療職との連携のポイント等を学びます。本巻では「第3章〜第9章」にあたる部分です。

　本巻を通じて生活障害はどのようなメカニズムで生じるのかを学び、よりよい介護実践にいかしていただければ幸いです。

　本巻は紙面をオールカラーとし、図表やイラストを多く用いて視覚的表現の充実をはかっています。また、文章はできる限りわかりやすく表現するように努めました。

　内容面に関しては最善を尽くしていますが、ご活用いただくなかでお気づきになった点は、ぜひご意見をお寄せください。いただいた声を参考にして、改訂を重ねていきたいと考えております。

編集委員一同

目次

『最新 介護福祉士養成講座』初版刊行にあたって

はじめに

こころとからだのしくみ I

序章 「健康」とは何か

第1章 こころのしくみを理解する

第2章 からだのしくみを理解する

こころとからだのしくみ II

第3章 移動に関連したこころとからだのしくみ

本書では学習の便宜をはかることを目的として、以下のような項目を設けました。

● 学習のポイント … 各節で学ぶべきポイントを明示
● 関連項目 ………… 各節の冒頭で、『最新 介護福祉士養成講座』において内容が関連する他巻の章や節を明示
● 重要語句 ………… 学習上、とくに重要と思われる語句について色文字のゴシック体で明示
● 補足説明 ………… 専門用語や難解な用語・語句をゴシック体で明示するとともに、側注でその用語解説や補足的な説明を掲載
● 演　　習 ………… 節末や章末に、学習内容を整理するふり返りや、理解を深めるためのグループワークなどの演習課題を掲載

「健康」とは何か

1 健康の定義

1 身体、こころ、社会的な健康

「健康とは？」と問われてどのように答えるでしょうか。

おそらく「元気であること」「病気でない状態」といった答えが一般的だと思います。こうした答えは決して間違いではありません。しかし、それが100％的を射たといえるかというと少し違います。実は健康とは、もっともっと多面的で奥深いものなのです。

健康を端的に言い当てているものとして、WHO❶の憲章前文があります。そこでの健康の定義とは次のようなものでした。

「完全な肉体的、精神的及び社会的福祉の状態であり、単に疾病又は病弱の存在しないことではない」

ここからわかるのは、健康は「身体」だけの問題ではないということです。たとえば、身体に痛いところもかゆいところもなく、医師からも「問題なし」と判断されたとしても、こころの病をかかえこんでいたとしたら、それは健康とはいえません。また、心身ともに異常がなくとも、経済的な理由で食べる物に困っているという場合も、健康とは判断されません。

つまり、身体やこころはもちろん、社会的にも健全であることを健康といいます。言葉を換えれば、「心身の病気や介護状態から関係がない状態」と定義することもできます。

❶WHO
World Health Organizationの略で、世界保健機関と訳される。国連機関の１つで、病気撲滅の研究や医療の普及など、健康を基本的人権の１つとしてとらえ、その達成を目的としている。

2 生活の質も考える

先に紹介したWHOの健康の定義は、1998年の憲章全体の見直し作業のなかで、WHO執行理事会において次のように再検討されました。

「完全な肉体的、精神的、霊的及び社会的福祉の動的な状態であり、単に疾病又は病弱の存在しないことではない」（WHOは1999年の総会でこの定義を提案していますが、審議には至っていません。）

加わったのは「霊的」と「動的」という２つの言葉です。一見わかりにくい言葉ですが、これは「健康とは何か」を考えるにあたり、非常に

重要な意味をもっています。

「霊的」は原文では「Spiritual」です。スピリチュアルというと一般的には霊的な体験や宗教的なイメージがあり、WHOにおいてもさまざまな解釈がなされていますが、1ついえることは、「人間の尊厳」や「生活の質❷」の意味がこめられていることです。

たとえば、介護施設で夜中に失禁してしまう高齢者におむつを着けることがあります。それにより介護者は楽になりますが、高齢者本人は「屈辱的」と感じ、誇りを失ってしまうことがあります。「人間の尊厳」を大事にする立場をとれば、おむつはできるだけ着けないほうがよいと考えることができます。

また、がん患者に対し、がんを治すために抗がん剤を投与して快方に向かっても、その一方で、髪の毛やまつげが抜けるといった副作用があることがあります。とくに女性の場合、容姿の変化は非常につらい体験であるため、「生活の質」が低下しないように、化粧をしたりカツラを用意するといった配慮をすることがあります。

こうした「尊厳」や「生活の質」が保たれていることも、健康の条件といえるわけです。

3 継続性を考える

それでは、もう1つの「動的」にはどのような意味がこめられているのでしょうか。「動的」の原文は「Dynamic」です。ダイナミックという言葉はよく使われますが、WHOのダイナミックの意味づけの1つに「継続」があります。

たとえば、健康診断をしても異常が見つからず、「健康」と判断されたものの、たばこを吸い、暴飲暴食をくり返した結果、ある日突然、脳梗塞で倒れた人がいたとします。

この人はある一時期はたしかに健康でしたが、「健康的な生活」を送っていたかというと、違います。健康だったものの、「不健康な生活」の結果、病気となってしまいました。

つまり、「健康」と「不健康」は決して別のものではなく、一直線上に並んで存在するということです。健康だった身体が突然病気になってしまうこともあるわけです。

大切なのは、健康を維持し、それを「継続」することです。健康的な

❷生活の質

QOL（Quality of Life）の訳で、「生きているだけ」ではなく「どう生きているか」、その質が大事という考えのこと。おもに医療や福祉の現場で使われることが多く、延命処置と同時に、副作用や苦痛を取り除いて患者が平穏に過ごせる方法を模索するなどの取り組みが生まれている。

心身をもち、その状態を継続できるように日々気をつけ予防に努めることも、「健康」の条件ということなのです。

　身体が元気であることだけが「健康」ではありません。身体、こころ、社会的、人間の尊厳、生活の質、健康の継続、そのすべてを満たしているものが「健康」ということであり、介護にたずさわる者は利用者に対し、こうした多様な意味を含んだ「健康」をめざすのが理想的といえます。

2　「健康」づくり

1　自助努力の健康

　では、そうした「身体、こころ、社会的、人間の尊厳、生活の質、健康の継続」を満たした「健康」は、どのようにしたら実現できるのでしょうか。

　健康は、まず自助努力によってもたらされます。身体の健康の基本は、栄養、運動、休養によってえられ、健康的な身体の維持・継続も同じように、栄養、運動、休養が基本となります。

　こころの健康は、病気で寝こんでいると気持ちも落ちこむように、身体の状態と密接な関係があるため、同じく栄養、運動、休養が欠かせません。また、「気持ちのもちよう」ともいわれるように、マイナスなことがあっても前向きに考えるようにするなど、健康的なこころを維持するためにみずから努力する必要もあります。

　このように、健康は自助努力によってある程度実現することはできますが、自助努力が及ばない範囲もあることを知る必要があります。

2　人とのかかわり

　栄養や運動に気をつけていても、遺伝的な要因でがんなどになることもありますが、さらに自助努力が及びにくいのが「尊厳」「生活の質」の部分です。

　たとえば、病気にかかるとその治療が最優先され、それにともなう副

作用がないがしろにされることがあります。また、徘徊によってほかの利用者に迷惑をかけたりするなどの理由で、身体拘束といった行為がみられることもあります。その結果、「尊厳」「生活の質」をえられなくなります。

これは何も「尊厳」「生活の質」だけではなく、こころの健康についても周囲の言動や態度に大きく影響されるといったことがあります。つまり、「尊厳」「生活の質」をえるためには、自助努力よりはむしろ、他者とのかかわりによるところが大きいということです。人の健康は、なかでも介護を必要とする人たちにとって、人とのかかわりによって生まれる部分が大きな比重を占めているのです。

介護福祉職の対応によって、人の「健康」が大きく左右されるという現実があります。しかし、だからこそ、それが介護という仕事のやりがいにもつながっているともいえるわけです。

3 健康観

1 健康の判断

介護福祉職が利用者の「健康」的な生活の実現をめざしたとしても、そもそも何を基準に「健康を実現した」といえるのでしょうか。「健康である」という判断には、大きく3つあります。

1つ目は、主観的な健康です。頭痛もしない、おなかも痛くない、気分もいいと、自分で健康を判断する方法です。しかし、主観的な健康は万全とはいえません。

たとえば、生活習慣病の1つといわれる糖尿病は初期段階では自覚症状はなく、「沈黙の臓器」といわれる肝臓は、自覚症状が出たときには末期であることがよくあります。

そこで必要となってくる2つ目の判断が、客観的な健康です。客観的な健康とは、医学的な検査である血液検査やCTスキャンなどの検査結果によって出た数値や画像によって、健康かどうかを判断するものです。しかし、検査値で問題点がすべて出るわけではないため、主観的な判断も加味しながら診断が行われることになります。

表1	健康の判断
主観的な健康	おもに自分の身体について、自分の自覚症状を判断して、「健康」か「健康ではないか」を判断する
客観的な健康	血液検査などの医学的な検査によって判断する
精神的な健康	身体がどのような状態であるかに関係なく、自分自身のなかで「健康である」と判断する

　そして、３つ目が**精神的な健康**です。これは一見「主観的な健康」と似ていますが、内容は大きく異なっています。「主観的な健康」はおもに身体の健康についての自己判断ですが、「精神的な健康」観は身体がどのような状態であろうと「自分は健康的である」と感じることをさします。

　たとえば、障害をかかえて車いすに頼らざるをえない人がいたとしても、気持ちが前向きで日々やる気に満ちている人がいたとしたら、その人は「精神的な健康」を感じているはずです。つまり「精神的な健康」観とは、幸福感や充実感に限りなく近い言葉といえます。

　そして、この「精神的な健康」観は、介護福祉職にとって重要な意味をもつ言葉なのです。

2　健康寿命と疾患の予防

　健康寿命とは、医療や介護を必要としない健康な状態の期間のことです。**図1**にあるように、平均寿命と健康寿命との差は男女とも10年間ほどあります。健康寿命が少しでも長く、この差は短いほうがよいとされています。そのためには、中高年からの健康が重要であることはいうまでもありません。

　すなわち、健康を維持するということは、個人と集団では異なりますが、基本は高血圧症や糖尿病、高コレステロール血症、肥満、喫煙、慢性ストレスを予防するということになります。これらの生活習慣病が原因で、心筋梗塞や脳卒中などを引き起こすことになるからです。さらには、糖尿病性腎症やアルツハイマー型認知症のリスクを高めることにもつながる場合があります。また、健康寿命を阻害する要因は、脳卒中の

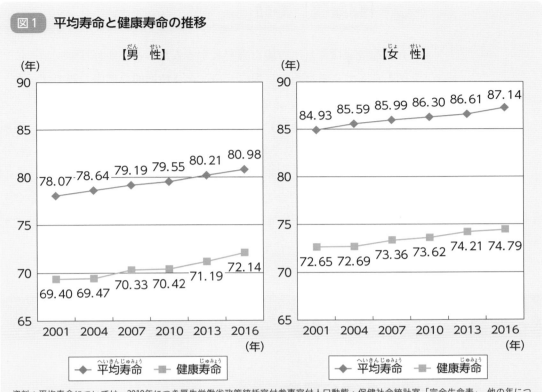

図1 平均寿命と健康寿命の推移

【男性】
（年）

【女性】
（年）

資料：平均寿命については、2010年につき厚生労働省政策統括官付参事官付人口動態・保健社会統計室「完全生命表」、他の年につき「簡易生命表」、健康寿命については厚生労働省政策統括官付参事官付人口動態・保健社会統計室「簡易生命表」、「人口動態統計」、厚生労働省政策統括官付参事官付世帯統計室「国民生活基礎調査」、総務省統計局「人口推計」より算出。
出典：厚生労働省編『厚生労働白書 令和2年版』2020年

後遺症や骨折後のADL（Activities of Daily Living：日常生活動作）の低下にとどまらず、現在の最大の課題は認知症です。

健康寿命の延伸には、これらの生活習慣病の予防、治療が重要です。予防には、それぞれの疾患で異なりますが、標準体重の維持、減塩、カロリー制限などが必要であり、最終的には適切な薬剤の選択が必要となります。特定健診などを通じて、日ごろから血圧や血糖、体重の測定と正常化が求められます。具体的には、運動や栄養、休養が予防と健康維持の基本です。

健康寿命の延伸と健康格差の解消は、国の医療保健福祉分野の最大の目標です。いわば、平均寿命の延伸や個人の長生きは人類の悲願ではあるのですが、われわれがめざすべき生き方は、健康寿命の延伸にあるといえるのです。

3 「健康観」寿命

　介護福祉職はおもに介護を必要とする人たちとかかわります。そこで大切となってくる視点が、先ほど述べた「精神的な健康」観です。たとえ車いすや食事介助が必要な状態であったとしても、「毎日が楽しい」といった「精神的な健康」を感じることはできます。そのため、介護福祉職は、「健康」はもちろん、こうした「精神的な健康」が感じられるようサポートすることも非常に重要な役目となります。

　すなわち、たとえ要介護状態となったとしても、「健康観」寿命であればめざすことができます。ここに、介護福祉職の希望があるといえます。

4　人はなぜ病気になるのか

1 病気の概念

❸ホメオスタシス
p.81参照

　身体は環境が変化しても、一定の状態を保つ生態的機能がはたらいています（ホメオスタシス❸）。これが破綻すると病気が発生します。破綻する原因はさまざまであり、遺伝的な因子のほか、生命の維持に欠かせない酸素、水、食のいずれかの環境因子が欠乏する場合（窒息、栄養失調など）、生命の活動を阻害する外力が加わった場合（外傷など）、好ましくない生活習慣にさらされた場合（生活習慣病、がん、代謝障害など）、人間関係の複雑化による精神的な環境が破綻する場合（うつ病など）、さまざまな病原微生物に感染する場合（インフルエンザ、ノロウイルス感染症など）があります。これらの要因が複合的にかかわってさまざまな病気を発症します（図2）。

2 健康を阻害する要因

　健康にはさまざまな要因が影響しています。健康に影響する要因として、身体的要因、環境的要因、心理・社会的要因について説明します。

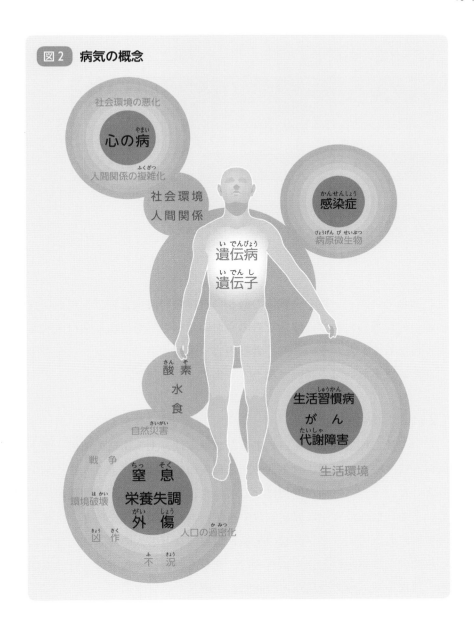

図2　病気の概念

（社会環境の悪化）
心の病（やまい）
（人間関係の複雑化）（ふくざつ）
社会環境
人間関係

感染症（かんせんしょう）
病原微生物（びょうげん び せいぶつ）

遺伝病（い でんびょう）
遺伝子（い でん し）

酸素（さん そ）
水
食

自然災害（さいがい）
戦争
生活習慣病（しゅうかん）
がん
代謝障害（たいしゃ）
生活環境

窒息（ちっ そく）
栄養失調
外傷（がい しょう）
環境破壊（は かい）
凶作（きょう さく）
人口の過密化（か みつ）
不況（ふ きょう）

（1）身体的要因

　2020（令和2）年の日本の平均寿命（へいきんじゅみょう）は男性（だんせい）81.64歳（さい）、女性（じょせい）87.74歳（さい）で、いずれも過去（か こ）最高を更新（こうしん）しました。高齢化率（りつ）は2020（令和2）年には28.8％となり、今後も高水準（すいじゅん）を維持（い じ）していくことが見こまれています。その結果、加齢（か れい）にともない、自立した日常生活を送ることが困難（こんなん）であり、介護を必要とする高齢者が増加しました。

　また、日本人の体格（たいかく）は戦後大きく変化しました（**表2**）。男女とも身長、体重は増加しており、この原因（げんいん）は食生活の変化によるものが大きい

9

表2 日本人の平均身長・体重の伸び

		1950（昭和25）年	2019（令和元）年	伸び率（%）
男（30歳代）	身長	160.6	171.5	6.7
	体重	55.3	70.0	26.5
女（30歳代）	身長	148.9	158.2	6.2
	体重	49.2	54.3	10.3

注：成人男女として30歳代を取り上げた。
資料：厚生省「昭和25年国民栄養の現状」、厚生労働省「令和元年国民健康・栄養調査報告」より作成

といわれています。戦中・戦後の厳しい食糧難の時代を経て、現在は食べるものが豊富にあり、好きなものやおいしいものを自由に食べられるようになりました。その一方、食事内容や栄養摂取のかたよりなどを生じ、さまざまな病気の誘因となっています。

（2）環境的要因

かつて死亡理由の多くを占めていた感染症は、上下水道の整備、衛生教育、抗生物質の開発、食生活や居住環境の改善などにより大きく減少しました。一方、生活が便利になるにつれ、さまざまな環境問題が生じています。地球温暖化は異常気象や自然災害の大規模化を招き、生態系の破壊、大気汚染、オゾン層の破壊、電磁波なども人の健康に影響をもたらす環境問題といえます。さらに、発がん物質、受動喫煙、食品添加物、遺伝子組み換え食品などの問題も山積しています。

（3）心理・社会的要因

日々のストレスが健康問題へと発展することがあります。核家族化の進展や近所づきあいも希薄化していることの多い今日において、身近な人からの援助を受けにくい状況になっています。心理・社会的な問題は、食事が不規則になったり、睡眠のリズムに影響を与えたりすることもあります。また、肥満やアルコール依存、薬物依存を引き起こしたり、自殺にいたったりする場合もあります。さらに、貧困は健康に大きな影響を与え、近年では経済格差の増大が人の健康レベルに影響するともいわれています。

3 介護福祉職の役割
——健康的な生活習慣づくりへの支援

　人はできる限りよい健康状態で、自分らしい生活を営みたいと願っています。健康状態は、病気や心身機能のおとろえだけで決まるものではありませんが、病気の発症や重度化、あるいは心身機能の低下により、健康状態が悪化することもあります。高齢者や障害のある人のよい健康状態は、病気の管理、余病の併発予防、心身機能の回復・維持・向上、日常生活の自立性の維持・向上、社会的活動の活発化等によって維持されます。介護はよい健康状態をめざして行われなければなりません。

　健康的な生活習慣づくりのためには、①疾病の予防・早期発見、②適切な食習慣により、日常的に十分な栄養を摂取する、③身体活動・運動を実施する、④よい睡眠をとる、⑤歯・口腔の健康を保つ、などが重要です。

| | 演習1 | **平均寿命と健康寿命の違い** |

平均寿命_{へいきんじゅみょう}と健康寿命_{じゅみょう}の違い_{ちが}をまとめてみよう。

平均寿命 へいきんじゅみょう	
健康寿命 じゅみょう	

第 **1** 章

こころのしくみを
理解する

人間の欲求とは

学習のポイント

■ 人の基本的欲求の種類とその内容を理解する
■ 人の社会的欲求の種類とその内容を理解する
■ ほかの欲求との比較から、「自己実現欲求」の本質的な違いを学ぶ

| 関連項目 | ① 『人間の理解』 | ▶ 第1章「人間の尊厳と自立」 |
| | ⑫ 『発達と老化の理解』 | ▶ 第1章「人間の成長と発達の基礎的知識」 |

1 基本的欲求

　人は日々、食事をしたり、人と話をしたり、テレビを観たり、仕事をしたりと、何かしら行動をしています。しかし、そもそも人はなぜこうしたさまざまな行動をとるのでしょうか。人は何を求めて日々動きまわっているのでしょうか。

　こうしたことに心理学的な視点からアプローチした人物がいます。アメリカ生まれの心理学者であるマズロー❶（Maslow, A. H.）です。

　マズローは、欲求階層説において、「生理的欲求、安全欲求、所属・愛情欲求、承認欲求、自己実現欲求」に分類しています（**図1-1**）。このうち、生命維持に最低限必要な生理的欲求と安全欲求を「基本的欲求」といいます。

　多くの場合、介護の分野では、生理的欲求の支援として食事、排泄の支援を仕事として行い、安全欲求の支援として住まいの提供を支援することが多いです。すなわち、介護福祉職は介護を必要としている人の基本的欲求を支援することがその主たる仕事といえるでしょう。

（1）生理的欲求

　生理的欲求とは、食べ物、水、空気、睡眠などを欲する欲求のことです。人は喉が渇いたときには水分が欲しくなり、空腹のときには食べ物

❶マズロー
1908～1970。「マスロー」とも表記される。フロイト（Freud, S.）が精神病理を対象としたのに対し、マズローは健全な人のこころを対象とし、潜在能力や成長能力を重視した。「自己実現理論」は今でも企業の経営者・社員教育などに応用されている。

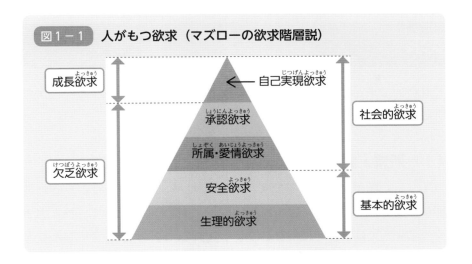

図1-1　人がもつ欲求（マズローの欲求階層説）

成長欲求

欠乏欲求

自己実現欲求

承認欲求

所属・愛情欲求

社会的欲求

安全欲求

生理的欲求

基本的欲求

を求めます。自分の遺伝子を継続させようとする性欲もあります。それらは人がみずからの生命を維持するために身につけた本能的な欲求です。

（2）安全欲求

　2つ目は安全欲求です。これも生命維持のための欲求の1つといえます。多くの動物が敵にねらわれないように身を隠すなどして安全な場所を求めますが、人も生命をおびやかされない場所を無意識のうちに求めます。近代化された現在では、プライバシーが確保された定住できる場所、雇用の安定といったものに置き換わりつつあります。

（3）基本的欲求は普遍的欲求

　前述の2つの欲求はだれしもがもつ普遍的な欲求であり、人間を含めた動物すべてがもつ共通の欲求といえます。この欲求が満たされないと、人は生命の危険を感じて強いストレスを覚え、状況によっては混乱が生じてめちゃくちゃな行動をとってしまうことがあります。

　しかし、もしこの2つの欲求しか人に内在していないとしたら、芸術家が自分の作品を残そうとしたり、登山家が危険な山に登るといった行為は生まれないはずです。そこでマズローは人にはさらなる欲求があると考えました。

2 社会的欲求

社会的欲求とは、より人間らしい欲求のことであり、マズローは次の3つがあると考えました。

（1）所属・愛情欲求

1つ目が所属・愛情欲求です。「家族や地域、学校や会社といった集団に帰属したい、愛情に包まれたい」という欲求のことです。浪人生活や失業生活では精神的に不安定になりやすく、逆に入試に合格したり入社できるとホッとするのも、この所属・愛情欲求が関係していると考えることができます。

（2）承認欲求

2つ目が承認欲求です。人は集団に帰属する（所属し、従う）だけでなく、そのなかで「賞賛されたい、尊敬されたい」と願います。それは帰属した集団にその一員であることを認められたいという欲求であり、この欲求が満たされないと疎外感（疎まれ、排除されているという感覚）や劣等感を感じると考えられます。

（3）自己実現欲求

そして3つ目が自己実現欲求です。人は「こうでありたい」といった高次な目標をもち、より豊かで充実感のある人生を送りたいと願っています。そうした欲求を自己実現欲求と呼んでいます。先の芸術家や登山家の例は、自己実現欲求といえます。

❷脳
p.25、p.49参照

ちなみに人の脳❷は、「爬虫類の脳」と呼ばれる脳幹、「哺乳類の脳」と呼ばれる大脳辺縁系、「人間の脳」と呼ばれる大脳皮質の3つに分かれ、脳幹は食欲や性欲など生きるための行動を、大脳辺縁系は情動や感情を、大脳皮質は知的な行動や創造力をつかさどっていますが、不思議なことにマズローの5つの欲求は脳の構造と非常に似通っています。

（4）自己実現理論

マズローは、人の欲求は「生理的欲求」から始まり、段階的に欲求を1つひとつ満たしながら、最終的に自己実現欲求を果たそうとすると考

え、この仮説を自己実現理論と名づけました。極端に空腹のとき、人はその欲求を満たすことだけに注力し、ほかの欲求を満たそうとはしません。逆に、その欲求が満たされると次の安全欲求を求め、段階を経て最終的に「自己実現」という高次の欲求の実現を果たそうとするという考えです。

　マズロー自身も述べているように、決してすべての人が自己実現を果たすわけではなく、むしろ自己実現まで到達する人は少数です。また、多くの人はこの5つの段階を順に経て欲求を満たしていくものの、「所属・愛情欲求」や「承認欲求」を飛び越えて、いきなり「自己実現欲求」をめざす求道者（悟りを求めて修行する人）のような人もいます。また、「安全欲求」など下位の欲求が満たされなくなると段階を逆戻りすることもあるなど、さまざまなパターンが存在します。

3 自己実現とは

（1）自己実現と生きがい

　人であれば、だれでも希望や夢はあります。その大小はあるとしても、自分のやりたいことをかなえることは有意義です。マズローは、高齢者であっても成長する存在として定義しています。高齢者を支援することは、意義が大きいのです。

　高齢者や障害者の支援において、自己実現とは何を意味するのでしょうか。その人の生活歴をベースに、傾聴と対話を重視することで、やりたいことや、すべきことを把握する、そして、それを実現するように支援することが介護の役割でもあります。

　すなわち、自己実現と尊厳の保持、自己決定は重要な行為であり、介護福祉職として、自己実現の支援と尊厳の保持が最も重要な利用者支援といえるでしょう。

（2）生きがいのサポート

　生きがいは、だれしももっていることが多いですが、自己の生きがいに気づいていないことも多いです。要介護者においては、その実現はさらに困難になることが多く、自分では生きがいを持続し、実現することがむずかしい場合が多いです。そこで、介護福祉職は利用者の生きがい

を聞き、その実現に向けて努力することも重要でしょう。そのために
は、介護技術だけでなく、利用者との人間関係を構築することがもっと
も重要だと思われます。

◆参考文献
● A.H.マズロー、小口忠彦訳『人間性の心理学——モチベーションとパーソナリティ　改
　訂新版』産業能率大学出版部、1987年

自己実現と尊厳

学習のポイント
- 自己概念とそれに影響を与える要因について理解する
- 自立への意欲と自己概念の関係について理解する
- 自己実現と尊厳、生きがいについて理解する
- 高齢者のための国連原則について内容を理解する

関連項目　① 『人間の理解』　▶ 第1章「人間の尊厳と自立」
　　　　　⑫ 『発達と老化の理解』　▶ 第1章「人間の成長と発達の基礎的知識」

1 自己概念に影響する要因

　自己概念は一人称として用いられるものであり、他人がいてはじめて自己として認識されるものです。いうなれば、自分がだれで、どのような人間かを意識する概念です。この自己概念に影響を与えるものを大きく2つに分けた場合、1つは自分自身に関すること、もう1つはそれ以外のことということができます。前者には、まず身体のみならず精神面での発達や老化、また社会や環境への適応などをあげることができます。とくに脳の老化に着目した場合、知能、記憶力や判断力などが関係しているといえます。後者には、他人、環境、文化、社会など、自分を取り巻くものをあげることができます。

　次に述べるように、自己概念は、発達や老化の段階、すなわち**ライフステージ❶**ごとの自分の身体・精神の状況により変化します。さらに、そのライフステージごとの自分を取り巻く環境や社会、あるいは接する人の違いなど、状況も異なっています。この両者の組み合わせによって受ける影響はつくり出されているとも考えられます。

❶ライフステージ
人間が誕生してから死にいたるまでのさまざまな過程における生活史上の各段階のこと。乳幼児期、児童期、思春期、青年期、成人期、老年期等。

2 自立への意欲と自己概念

　自立とは、実際の日常生活のみならず、心理的に他者への依存から脱却し、みずからで意思決定をし、可能な限り社会における何らかの役割をもち、活動することです。また、意欲とは、人、環境、事象、社会に対する積極的な反応ということができます。自立への意欲は、一生を通じて変化しないものではなく、当然ライフステージごとの身体と精神の両者の状況と密接な関連があります。

（1）乳幼児期・児童期

　乳幼児期・児童期の子どもは、身体と精神とも発達過程にあり、可逆性[2]や強靭性に富んでいます。母親との信頼関係を構築したり、行動面では自分自身をコントロールすることを学習しますが、一過性の問題もみられます。おもな生活の場は、家庭、保育園、幼稚園、学校であることから、子どもだけでなく、親など家族、保育・教育などにたずさわる人々との関係のあり方も重要です。

（2）思春期・青年期

　思春期・青年期は、子どもから大人になる過渡期といえます。身体的には第二次性徴を迎え、精神的には大人になるための猶予期間であり、自我の同一性を獲得します（自分とはこういう人間だというアイデンティティ[3]の確立）。取り巻く環境は学校から社会へと広がっていきます。この時期では、経済的な自立にともない、親からの自立も可能となることが重要なポイントです。

（3）成人期

　成人期では、職場、家庭、社会とかかわる環境も多岐にわたり、連帯感が生じる一方、その環境ごとに義務と責任が生じることによりストレスも感じられます。後期になると、身体面で更年期障害が出現します。

（4）老年期

　老年期では、加齢にともない身体機能がおとろえます。精神機能がおとろえる場合もあります。しかしながら、さまざまな喪失体験がある—

❷可逆性
逆に戻ることができること。

❸アイデンティティ
アメリカの精神分析学者エリクソン（Erikson, E.H.）が提唱した概念で、自己同一性、主体性などと訳される。アイデンティティとは、社会生活のなかで、ある個人が変化・成長しながらも基本的には同一で連続しているという感覚、つまり、自分は自分であり、真の自分は不変であるとする感覚を意味する。

方、経験が蓄積され、人格も円熟・調和されている場合、これまでの自分の人生の意味や価値、新たな方向性を見いだすことによる自己実現への接近も可能となります。

このように、ライフステージごとの特徴はあるものの、自立への意欲は各年代において大切なことであり、各年代を通して共通していえることは、社会において自分が自分であることを意識する、自己の概念との関係が重要であるということができます。

3　自己実現と尊厳、生きがい

先に述べたように、マズロー（Maslow, A. H.）は、人間の欲求を階層によりあらわすことで、段階的により高次の欲求を満たすことへの動機づけがなされていくとの考えを示しています。とりわけ、自己を実現したいというのは、人間の強い欲求の1つであり、自己の才能、能力、可能性を十分にいかし、みずからを完成させ、なしえる最善を尽くそうとする欲求のことです。

このような自己実現欲求の達成、すなわち、人が一生を通じて個人として尊重され、その人らしく暮らしていくことはだれもが望むものです。そうした思いにこたえるためには、自分の人生を自分で決め、また、周囲からも個人として尊重される社会、すなわち尊厳を保持した生活を送ることができる社会を構築していくことが必要となります。

また、現在の現役世代は、核家族化や地域のつながりの希薄化など、家族を取り巻く環境が変化しており、子育て等にさまざまな課題をかかえるようになっています。高齢者は公衆衛生や医療技術の進歩により、過去に比べ長い期間を健康に過ごすことが可能になっていますが、いかにこの長い期間を疾病などによる介護等の不安がなく、生きがいをもち、生き生きと過ごすことができるかということが課題となっています。そのため、活力ある高齢者像と世代間の新たな関係の構築や世代間交流が求められています。

4 国際的な取り組み

　1991年、国連総会において「高齢者のための国連原則」が採択されました。この原則では、高齢者の「自立」「参加」「ケア」「自己実現」「尊厳」を実現することをめざしています（**表1-1**）。このような高齢社会における国際的な取り組みについても理解しておくことは有用でしょう。

表1-1　高齢者のための国連原則

●自立

高齢者は

- 収入や家族・共同体の支援及び自助努力を通じて十分な食料、水、住居、衣服、医療へのアクセスを得るべきである。
- 仕事、あるいは他の収入手段を得る機会を有するべきである。
- 退職時期の決定への参加が可能であるべきである。
- 適切な教育や職業訓練に参加する機会が与えられるべきである。
- 安全な環境に住むことができるべきである。
- 可能な限り長く自宅に住むことができるべきである。

●参加

高齢者は

- 社会の一員として、自己に直接影響を及ぼすような政策の決定に積極的に参加し、若年世代と自己の経験と知識を分かち合うべきである。
- 自己の趣味と能力に合致したボランティアとして共同体へ奉仕する機会を求めることができるべきである。
- 高齢者の集会や運動を組織することができるべきである。

●ケア

高齢者は

- 家族及び共同体の介護と保護を享受できるべきである。
- 発病を防止あるいは延期し、肉体・精神の最適な状態でいられるための医療を受ける機会が与えられるべきである。
- 自主性、保護及び介護を発展させるための社会的及び法律的サービスへのアクセスを得るべきである。
- 思いやりがあり、かつ、安全な環境で、保護、リハビリテーション、社会的及び精神的刺激を得られる施設を利用することができるべきである。
- いかなる場所に住み、あるいはいかなる状態であろうとも、自己の尊厳、信念、要求、プライバシー及び、自己の介護と生活の質を決定する権利に対する尊重を含む基本的人権や自由を享受することができるべきである。

●自己実現

高齢者は

・自己の可能性を発展させる機会を追求できるべきである。

・社会の教育的・文化的・精神的・娯楽的資源を利用することができるべきである。

●尊厳

高齢者は

・尊厳及び保障を持って、肉体的・精神的虐待から解放された生活を送ることができるべきである。

・年齢、性別、人種、民族的背景、障害等にかかわらず公平に扱われ、自己の経済的貢献にかかわらず尊重されるべきである。

こころのしくみの基礎

1 「こころ」とは何か

「こころ」という言葉から思い浮かべるものはどのようなものでしょうか。身体や物質とは対極にあるもので、自我や意識、精神といった目に見えないものでしょうか。

人はこころによってさまざまな状況や環境のなかで社会生活を送っています。これまでに「こころとは何か理解しよう」という試みが行われてきました。そのなかで、意識にのぼらない、無意識の存在が指摘されました。また、人のこころが他人のこころを理解するしくみも判明してきました。しかし、こころそのものが何か、依然として完全には解明されていません。そこで現代の心理学では、こころとは「さまざまな状況や環境に対して、感情をともないながら認識し、記憶されている経験と照らして複雑な行動を生み出す一連の脳の機能である」としています。こころのしくみを理解することは、脳の機能を理解することといえます。

認知症や脳卒中、うつ病などの脳の病気により、こころのしくみの破綻が生じ、社会生活を営みづらくなります。認知症のある人は2025（令和7）年には約700万人前後になると推計されており、脳卒中やうつ病の人はそれぞれ100万人を超えています（厚生労働省「平成29年患者調査の概況」）。脳の機能を理解することは、これらの人の苦しみを理解し、よりよい支援を行うことにつながります。

2 脳のしくみ

1 脳をつくる細胞

　脳は、直接情報の伝達にかかわる神経細胞（ニューロン）と、神経細胞を支えるための神経膠細胞（グリア細胞）から成り立っています（図1－2）。神経細胞にはほかの細胞から情報を受ける樹状突起と、ほかの細胞へ情報を伝える軸索があります。軸索には希突起膠細胞（オリゴデンドロサイト）という神経膠細胞が取り巻いています。軸索の末端は軸索終末と呼ばれ、ほかの神経細胞の樹状突起とシナプス間隙で結合しています。星状膠細胞（アストロサイト）は、脳の形を支え、脳内の血管から必要のない物質が脳に入らないように保護しています。小膠細胞（ミクログリア）は脳内で免疫を担当しています。神経細胞および軸索

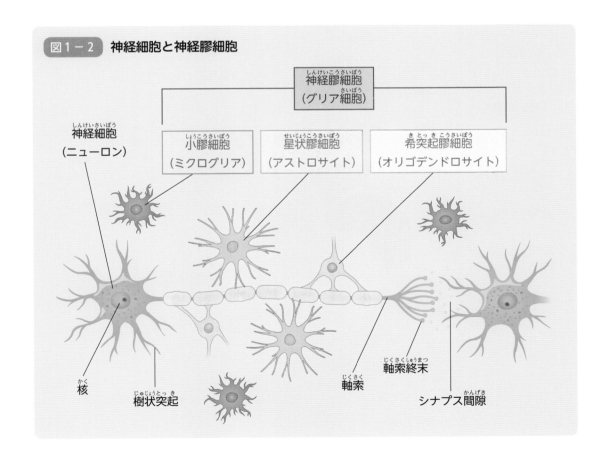

図1－2　神経細胞と神経膠細胞

神経膠細胞
（グリア細胞）

神経細胞
（ニューロン）

小膠細胞
（ミクログリア）

星状膠細胞
（アストロサイト）

希突起膠細胞
（オリゴデンドロサイト）

核

樹状突起

軸索終末

軸索

シナプス間隙

では表面の電位を使って情報を伝導し、シナプス間隙では、アセチルコリン、ドーパミン、セロトニン、グルタミン酸などの神経伝達物質を使って情報を伝達します。

2 細胞の集団がつくる機能

脳の神経細胞の細胞体が集まる部位を灰白質❶、神経線維が多い部分を白質❷と呼びます。大脳の表面にある灰白質を大脳皮質といいます。大脳皮質はいくつかの代表的な溝によって、前頭葉、頭頂葉、側頭葉、後頭葉に分類されます（図1−3）。大脳皮質は、部位によって機能が異なっており、これを機能局在といいます。前頭葉には全身の筋に指令を出す一次運動野があります。頭頂葉にある一次体性感覚野には全身の感覚器から情報が伝えられ、聴覚は側頭葉にある聴覚野に、視覚は後頭葉にある視覚野に入力されます。また、それぞれの大脳皮質には連合野

❶灰白質
脳の断面を観察すると、細胞体が多い部分は濃く灰色かかってみえるため灰白質と名づけられた。

❷白質
脳の断面を観察すると、神経線維が多い部分は白色にみえるため白質と名づけられた。

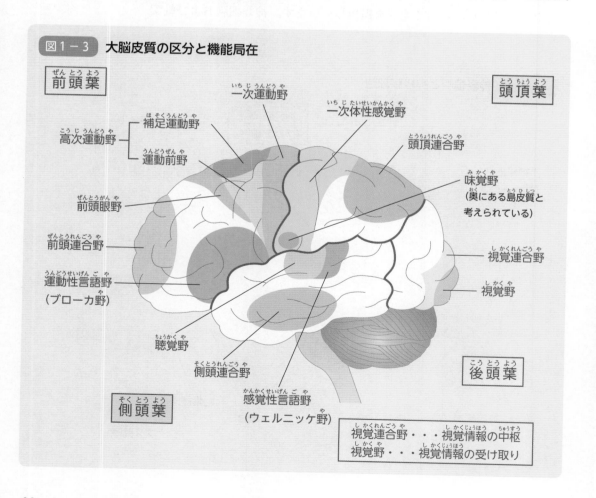

図1−3　大脳皮質の区分と機能局在

前頭葉　頭頂葉

一次運動野
一次体性感覚野
補足運動野
高次運動野
運動前野
頭頂連合野
味覚野
（奥にある島皮質と考えられている）
前頭眼野
前頭連合野
視覚連合野
運動性言語野
（ブローカ野）
視覚野
聴覚野
側頭連合野
後頭葉
感覚性言語野
（ウェルニッケ野）
側頭葉

視覚連合野・・・視覚情報の中枢
視覚野・・・視覚情報の受け取り

という、より高次の脳機能をになう部位があります。前頭葉には前頭連合野があり、思考や判断などをになっており、複雑な行動を計画して遂行に移すために機能しています。前頭葉のブローカ野は運動性言語野で、発話にかかわります。頭頂葉にある頭頂連合野では、一次体性感覚野や視覚野から情報を受けて感覚情報を統合します。側頭葉には感覚性言語野（ウェルニッケ野）や側頭連合野があり、言語の理解や記憶、聴覚、情動などの機能を有しています。後頭葉には視覚連合野や視覚野があり、視覚情報の認識を行っています。

　さらに、機能的MRIでの研究などにもとづき、脳の各脳領域が独立して機能しているのではなく、複数の脳領域が神経回路を形成して認知、学習、記憶、思考などの高次な脳機能を実現していることが判明してきています。

　大脳の深部には大脳基底核や大脳辺縁系と呼ばれる灰白質があります。大脳基底核には、尾状核、被殻、淡蒼球があり、随意運動の調節にかかわっています。

　一方、大脳辺縁系は、大脳の内表面にある帯状回、梁下野、海馬傍回という辺縁葉と、脳弓、乳頭体、扁桃体、海馬の総称です（図1−4）。海馬、脳弓、乳頭体、帯状回、海馬傍回はパペッツ回路（Papez回路）と呼ばれる連絡路をつくっており、記憶にかかわっています。扁桃体は、情動[3]にかかわっています。

❸情動
情動とは恐怖や不安、喜び、悲しみなど比較的短時間で生じる感情をいい、自律神経系や内分泌系などの身体的な変化をともなうことが一般的である。

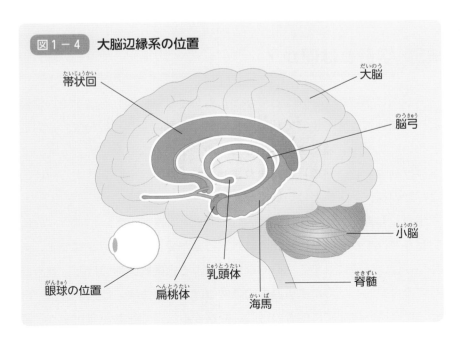

図1−4　大脳辺縁系の位置

帯状回
大脳
脳弓
小脳
乳頭体
脊髄
眼球の位置
扁桃体
海馬

3 認知のしくみ

　認知とは、外界にある対象の知覚から必要な情報を取り出してまとめ、自分の経験や知識と照合して何であるかを認識することです。認知が正しく行われるためには、知覚や理解・判断、思考、記憶、言語などの機能が必要であるため、認知機能という言葉はこれらの幅広い高次の脳機能を含んでいます。

　聞いた音を理解するためには、聴覚情報のなかから必要な情報を取り出してまとめ、記憶と照合する必要があります。聴覚情報が認識できない状態を聴覚性失認といいます。また、見た物を理解するときには、視覚情報のなかから色や形などの情報を取り出してまとめ、側頭連合野などで記憶と照合されます。この過程に障害があると、視覚性失認を呈します。脳の言語野は、言語に関して機能が特化した領域で、言語野に障害を受けると、失語症になります。

　認知症は、記憶だけではなく、複数の認知機能が低下し、日常生活や社会生活に支障をきたす疾患群です。

4 学習・記憶・思考のしくみ

1 学習とは何か？

　一般的に学習とは学校などで学ぶことをさしますが、心理学での学習とは、経験によって生じて比較的長く続く行動の変化（行動変容）のことをいいます。経験によって生じるので、生まれながらに備わっている本能行動や成長（発達）は含まれません。また、疲労などによる一時的な行動の変化も学習とはいいません。

　学習には条件づけと観察学習があります（表1−2）。条件づけは、学習者がみずからの試行錯誤の結果、行動が変化する学習様式です。条件づけは、刺激に対する受動的な反応による古典的条件づけと、刺激に対する自発的な反応による道具的条件づけがあります。観察学習は、自分では直接経験せずに他者の行動を観察することで行動が変化する学習

表1-2	条件づけと観察学習	

学習様式		例
条件づけ	古典的条件づけ	パブロフの犬：犬にえさを与える際にベルをくり返し鳴らした結果、ベルを鳴らしただけで唾液を流すようになった。
	道具的条件づけ	スキナー箱：レバーを押すとえさが出る箱に空腹のねずみを入れると、しだいにレバーを自発的に押すようになった。
観察学習		猿が芋を海で洗って食べるのを見て、ほかの猿もまねるようになった。

様式です。

　私たちは、これらの学習を通して、さまざまな行動を身につけています。学習はよい行動が身につくだけではなく、望ましくない行動が身についてしまうことがあります。たとえば、長期にわたってストレスから回避できない経験をくり返すと「何をやっても無駄だ」という無力感（学習性無力感）が生じます。

　学習のしくみは、治療法にも応用されています。認知行動療法という心理療法は、道具的条件づけの考えをもとに、ある状況に対して適切な行動がとれるようになることを目的として行われます。

2　記憶とは何か？

　記憶とは、さまざまな情報を脳が再度利用できるように貯蔵することです。脳が情報を再利用するためには、記銘、保持、想起という3つの段階が必要です（図1-5）。記憶は、時間軸と内容によって細分されています。時間軸による分類では、心理学ではごくわずかな時間保持される短期記憶と、より長い時間保持される長期記憶に分けます（表1-3）。短期記憶の例として、電話番号の復唱があげられます。長期記憶の例としては、朝の食事内容や、幼少期の経験、自分の生活史の再生があげられます。神経学では即時記憶、干渉を受けても一定のあいだ保持される近時記憶、長期間保持される遠隔記憶に分けます。

　内容による分類では、記憶の内容を言葉で説明できる陳述記憶と、言

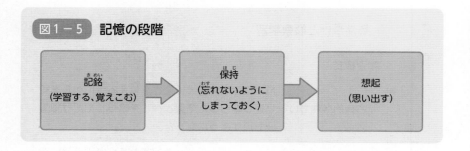

図1-5 記憶の段階

記銘 (学習する、覚えこむ)	→	保持 (忘れないように しまっておく)	→	想起 (思い出す)

表1-3 記憶の時間軸による分類

心理学での分類	神経学での分類	説明	例
短期記憶	即時記憶	ごくわずかな時間保持される記憶	電話番号の復唱
長期記憶	近時記憶	干渉を受けても一定のあいだ保持される記憶	一夜漬けで覚えた単語 朝の食事内容
	遠隔記憶	長期間保持される記憶	幼少期の経験、自分の生活史の再生

葉で説明しにくい非陳述記憶があります（図1-6）。陳述記憶には、自分に起こった出来事に関する記憶（エピソード記憶）と、一般的な知識など頭で覚えた記憶（意味記憶）があります。非陳述記憶は、手続き記憶とプライミングに分けられます。手続き記憶とは、自転車の乗り方や楽器の演奏など身体で覚えた記憶のことをいい、プライミングとは、先に経験した認知・行為が無意識に先入観として後に続く認知・行為に影響を及ぼすことをいいます。

　アルツハイマー型認知症では海馬などのパペッツ回路（Papez回路）の構成要素が障害を受け、おもにエピソード記憶が障害されて、もの忘れを起こします。前頭側頭葉変性症の1つである意味性認知症では側頭葉の前方部の萎縮がみられ、おもに意味記憶が障害されます。

思考とは何か？

　思考とは、ある問題に対して、過去の経験や知識をもとに適切な考え

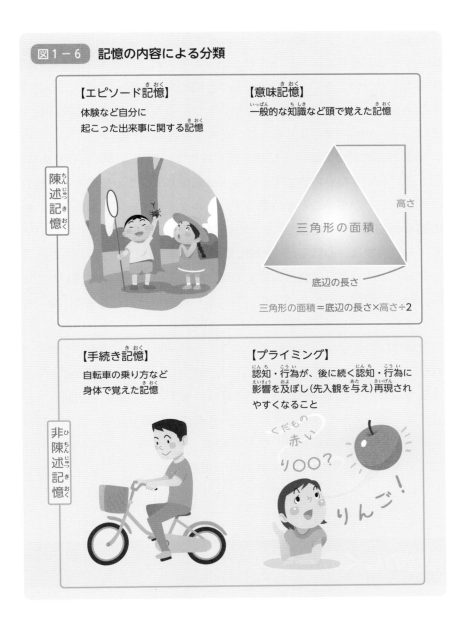

図1−6　記憶の内容による分類

【エピソード記憶】
体験など自分に
起こった出来事に関する記憶

【意味記憶】
一般的な知識など頭で覚えた記憶

陳述記憶

三角形の面積

高さ

底辺の長さ

三角形の面積＝底辺の長さ×高さ÷2

【手続き記憶】
自転車の乗り方など
身体で覚えた記憶

【プライミング】
認知・行為が、後に続く認知・行為に
影響を及ぼし（先入観を与え）再現され
やすくなること

非陳述記憶

くだもの
赤い
り○○？
りんご！

を次々に思い起こしながら互いに結びつけ、判断や推理によって解決策を導くこころの活動のことです。

　思考の異常は、思考過程の異常、思考内容の異常、思考体験の異常に分けられます。

　思考過程の異常には、認知症でみられる保続や、双極性障害の躁状態の際にみられる観念奔逸、統合失調症でみられる連合弛緩があげられます。保続は、一度考えをめぐらせるとほかの話題になっても同じ考えしかできなくなってしまうことをいいます。保続がみられる人では、「お

❹もの盗られ妄想
自分の物が盗まれたと考える妄想。

❺嫉妬妄想
配偶者が浮気をしていると考える妄想。

❻被害妄想
他人が自分に何か悪いことをしていると考える妄想。

❼心気妄想
重大な病気にかかっていると考える妄想。

❽貧困妄想
経済的には問題ないにもかかわらず、金銭的に不自由していると考える妄想。

❾罪業妄想
自分が罪深く悪いことをしていると考える妄想。

名前は何ですか？」と聞いたあとに、「今日の日付はいつですか？」と聞いても名前を答えてしまうことがあります。観念奔逸は、次々に関連する考えがわいてきて、本来考えるべき問題からしだいに離れてしまうことをいいます。一方、連合弛緩は、１つの考えと次の考えの関係性がとぼしく、考えがまとまらなくなってしまうことをいいます。

思考内容の異常には、妄想があげられます。客観的には誤りであり、他人と共有できない内容ですが、本人は確信していて妄想であると自覚できないことが多いことが特徴です。アルツハイマー型認知症では、もの盗られ妄想❹や嫉妬妄想❺などの被害妄想❻がみられることがあります。うつ病では、心気妄想❼や貧困妄想❽、罪業妄想❾などがみられることがあります。さらに統合失調症では、他人に自分の悪口を言われている、他人に見張られている、だまされているといった被害妄想❻などを生じます。

思考体験の異常は、思考を自分でコントロールして行動をしている感覚が失われることです。例として、ばかばかしいと思いながら考えをふり払うことができない強迫観念があげられます。その結果、何回もくり返し手を洗ってしまう強迫行為がみられることがあります。また、統合失調症では、だれかにあやつられている（作為体験）、考えがうばわれる（思考奪取）、考えが吹きこまれる（思考吹入）、と感じることがあります。

5 感情・情動のしくみ

感情とは、一般的には快不快や喜怒哀楽など自分が抱く気持ちの総称をいいますが、心理学や精神医学では、気分と情動を分けてとらえています。気分は、特定の対象や内容をもたずに、比較的長く続く感情の状態です。一方、何らかの状況に反応して、心拍の上昇など自律神経系や内分泌系などの変化をともなって生じる一時的な感情を情動と呼びます。気分がよいときには喜びを感じやすく、気分が沈んでいるときには怒りや悲しみなどを感じやすく、気分と情動は互いに関係があります。

感情の異常には、感情興奮性の低下と亢進、気分の落ちこみと高揚、情動の異常などがあります。感情興奮性が低下した状態は、感情鈍麻と呼ばれ、感情的な反応がみられなくなります。感情鈍麻は統合失調症で

みられることがあります。逆に感情興奮性が亢進した状態は感情失禁と呼ばれ、感情のコントロールができず、わずかな刺激に対して怒るといった症状があらわれます。感情失禁は血管性認知症でみられることがあります。長期間にわたり気分が低下した状態を抑うつ状態といい、逆に気分が高揚した状態を躁状態といいます。情動の異常には、不安症や恐怖症があります。不安症や恐怖症では、正常な範囲を超えて強い不安や恐怖を感じ、生活に支障をきたします。

6 意欲・動機づけのしくみ

　人が行動を起こすとき、多くの場合、何らかの具体的な目標（動機）が存在します。動機は欲求によって生じます。動機を生み、一定の方向に向けて行動を起こして維持する過程を動機づけといいます（図1－7）。欲求は不足を満たそうとする思いであり、生理的欲求や安全欲求から自己実現欲求までの5つの段階があるとされています（マズローの欲求階層説[10]）。とくに生理的欲求は動因と呼ばれます。動機は動因以外にも、まわりからの強制や懲罰、報酬などの外的刺激（誘因）によって生まれることがあります。社会生活を通して獲得されるものを社会的動機といいますが、社会的動機には優れた目標を達成しようとする動機（達成動機）や、他人と友好的な関係をつくり維持したいという動機（親和動機）など20を超える動機があります。

　動機づけの結果、行動が実際に行われる際に、意欲がかかわります。意欲は欲動と意志に分けられます。欲動は生理的欲求などから自発的に発生する衝動であり、直接欲動から生まれた行動は衝動行為といいます。一方、意志は欲動をコントロールするはたらきをもち、時に欲動と

[10]欲求階層説
p.14参照

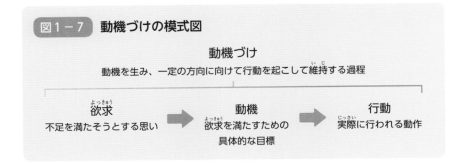

図1－7　**動機づけの模式図**

動機づけ
動機を生み、一定の方向に向けて行動を起こして維持する過程

欲求　➡　動機　➡　行動
不足を満たそうとする思い　　欲求を満たすための具体的な目標　　実際に行われる動作

表1-4	意欲の障害		
	減退（げんたい）		亢進（こうしん）
欲動（よくどう）	自発性（せい）や活動性（せい）の低下 食欲（しょくよく）・性欲（せいよく）などの低下		精神運動興奮状態（こうふんじょうたい） 食欲（しょくよく）・性欲（せいよく）などの亢進（こうしん）
意志（いし）	欲動（よくどう）の統制障害（とうせい） 意志（いし）発動（はつ）の障害（制止（せいし）、昏迷（こんめい）など）		

は異（こと）なる行動（意志行為（いしこうい））を起こします。

　意欲の障害には、欲動（よくどう）の減退（げんたい）による自発性や活動性の低下、欲動（よくどう）の亢（こう）進（しん）による精神運動興奮状態（こうふんじょうたい）、食欲（しょくよく）・性欲（せいよく）などの低下・亢進（こうしん）、意志（いし）の障害による欲動（よくどう）の統制障害（とうせい）、意志（いし）発動（はつ）の障害（制止（せいし）、昏迷（こんめい）など）があります（**表1-4**）。

　介護現場（げんば）では利用者の無気力で投げやりな状態（じょうたい）をみることがあります。行動（こう）の減少（げんしょう）は、動機づけが困難（こんなん）であるか、意欲の減退（げんたい）の結果である可能性（かのうせい）があります。それぞれの場面において、欲求（よっきゅう）、動機、意欲のいずれが低下しているのかを見極め、アプローチすることが求められます。

　睡眠（すいみん）などの生理的欲求（よっきゅう）が低下している場合には、日中に日光浴をしてもらうことで睡眠覚醒（すいみんかくせい）のリズムが整うことがあります。排尿誘導（はいにょうゆうどう）は行動療法の1つで、意欲（よっきゅう）の向上につながります。生理的欲求が満たされていると考えられるときは、社会的動機に着目してみましょう。目の前の物を一緒（いっしょ）に片（かた）づける達成感を体感してもらうことや、回想法などを通してほかの利用者との共通体験をもつことが動機づけになるかもしれません。意欲がいちじるしく欠如（けつじょ）して積極性（せい）がとぼしいときは、利用者とのコミュニケーションをはかり、言語もしくは非（ひ）言語コミュニケーションを通して意欲低下の原因（げんいん）を探（さぐ）り、活動性（せい）が高められるような工夫をしていくことが求められます。

7 適応のしくみ

1 適応とは

　私たちが日常生活や社会生活を送るとき、その環境や状況のなかで欲求が起きますが、現実社会との調和がとれず、必ずしも欲求が満たされるとは限りません。欲求が満たされないとき、葛藤や不安、悩みなどの情緒的緊張が生じます。このこころの状態を**欲求不満（フラストレーション）**[11]といいます。欲求不満をやわらげ、こころの安定を保つはたらきを、心理学の世界ではおもに適応といいます。また、自己（自我）を守ることでもあり、精神医学の世界では防衛と表現されます。さまざまな適応や防衛の仕方は適応機制や防衛機制といいます。適応機制と防衛機制はほぼ同義ですが、適応機制を防衛機制（自己防衛）・逃避機制（自己逃避）・攻撃機制の総称ととらえる研究者もいます。ヴァイラント（Vaillant, G. E.）は防衛機制を病的なものから成熟したものまで大きく 4 つに分類しました（**表 1 − 5**）。精神病的防衛は、幼い子どもや成人の夢や幻想のなかで現れることがあり、「現実を避ける・否定する・歪曲する」という共通点があります。未熟な防衛は、青年期直前やパーソナリティ障害をもつ成人にみられます。神経症的防衛は、正常で健康な人にもよくみられます。成熟した防衛は、健全であり、社会に順応するうえで有用なものです。ただし現代の精神医学の世界では、防衛機制によって疾患が分類されることはなくなっています。

[11]欲求不満（フラストレーション）
他人に対する暴力的行動に代表される攻撃反応、現在の精神水準よりも低い水準に逆戻りする退行反応、目的からはずれ意味のない行動にこだわる固着反応などがあらわれ、健康な社会生活を困難にする場合がある。

2 適応の異常

　欲求不満の原因となったストレスにうまく適応できないと、健康な日常生活や社会生活を送ることが困難になります。明らかなストレスとなる要因に反応して 3 か月以内に出現し、ほかの精神障害が除外された情動的な反応を適応障害といいます。また、日常的なストレスをはるかに超えてこころに強い影響を与えた出来事に遭遇したあと、精神症状を発症することがあります。数日以内に発症して 1 か月以内におさまるものを急性ストレス反応と呼び、長期に持続するものをPTSD（Post-

表1−5		ヴァイラントの４分類と代表的な防衛機制の例
精神病的防衛	精神病的否認	見ていても見ているものを認めることを拒んだり、聞いてはいても実際に聞いたことを否定する
	歪曲	内的欲求に合うように外界の現実を非現実的な妄想につくり変える
未熟な防衛	受動的攻撃	対象に対する攻撃性を自己に対する攻撃として表現する（イライラして自分を叩くなど）
	行動化	無意識な願望や衝動を直接行動で表現することで衝動を満たす
	解離	自分のパーソナリティあるいは自分の同一性を一時的に変更する（ヒステリー転換反応など）
	投影	自分の容認しがたい欲求や感情を自己の外部のものと考える
	自閉的幻想	葛藤解決と満足獲得のために幻想にふけり、自閉的ひきこもりの状態になる
神経症的防衛	知性化	感情や衝動を経験する代わりに考えることによって統制する
	隔離	好ましくない感情を精神内部で分離させる
	抑圧	容認しがたい観念や情動を追い払うか、抑圧する
	反動形成	知られたくない欲求や感情と正反対の行動をとることによって、本当の自分を隠そうとする
	置き換え	ある対象に向けられた欲求や感情（愛情・憎しみなど）を、ほかの対象に向けて表現する
	身体化	思考や感情を身体症状に防衛的に変換する
	合理化	自分に都合のよい理屈づけ・言い訳をすることで、自分の失敗や欠点を正当化する
成熟した防衛	抑制	意識的な衝動や葛藤への注意を意識的に延期する
	愛他主義	自分が不利益を被っても他者の要求を満たす
	ユーモア	自分と他人に不快感をもたらすことなく感情や考えを明確に表現する
	昇華	社会的に承認されない欲求や衝動（性的・攻撃的）を、社会的に認められる形で満たそうとする

出典：Vaillant,G.E., 'Ego mechanisms of defense and personality psychopathology', *Journal of abnormal psychology*, 103（1）, pp.44-50, 1994. および「パーソナリティ論と精神病理学」B.J.サドック・V.A.サドック・P.ルイース編著、井上令一監、四宮滋子・田宮聡監訳『カプラン臨床精神医学テキスト──DSM-5 診断基準の臨床への展開 第3版』メディカル・サイエンス・インターナショナル、pp.184-186、2016年より作成

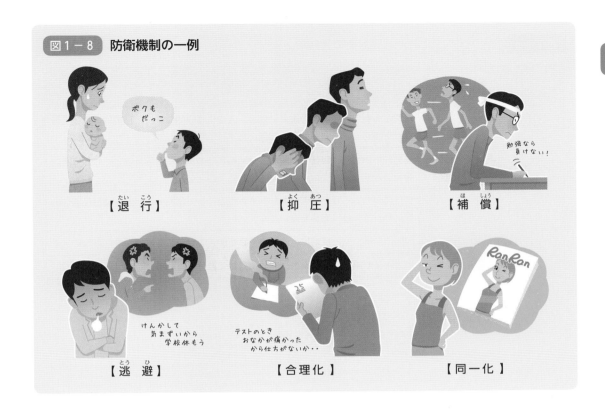

図1−8　防衛機制の一例

【退行】　【抑圧】　【補償】

【逃避】　【合理化】　【同一化】

traumatic stress disorder：心的外傷後ストレス障害）と呼びます。

3　高齢者の人格と適応

　人はさまざまな適応をくり返して生きていきますが、その方法は個人の人格を形成していきます。ライチャード（Reichard, S. ）は高齢者を５つのタイプに分類しました（表1−6）。しかし、１人ひとりの利用者は多様な自分史をもち、それぞれが違う人格をもっています。介護現場においては、この分類を使って人格を決めつけるのではなく、不適切な適応といった利用者がかかえる課題を認識し、よりよい援助を行うために活用するよう心がけることが大切です。

表1−6	ライチャードによる高齢者の人格の分類	

適応／ 不適応	タイプ	説明
適応	円熟型	年をとった自己をありのままに受容、人生に建設的な態度、積極的な社会活動などを維持し、それらに満足を見いだす
	ロッキングチェアー （安楽椅子）型	受動的で消極的、責任から解放されてねぎらわれることを好み、それらに満足を見いだす
	自己防衛（装甲）型	老化に対する不安と拒否があり、その反動として積極的な活動を維持し若さの証とし、それらに満足を見いだす
不適応	外罰（憤慨）型	内罰（自責）型と反対に、自分の不幸を他人のせいにし、他人を非難攻撃する
	内罰（自責）型	過去を悔やみ、自分の不幸や失敗に対して自分を責める

◆ 参考文献

- S.ノーレンホークセマ・B.L.フレデリックソン・G.R.ロフタス・C.ルッツ、内田一成監訳『ヒルガードの心理学 第16版』金剛出版、2015年
- 北村俊則『精神・心理症状学ハンドブック 第3版』日本評論社、2013年
- 尾崎紀夫・三村將・水野雅文・村井俊哉編『標準精神医学 第8版』医学書院、2021年
- B.J.サドック・V.A.サドック・P.ルイース編著、井上令一監、四宮滋子・田宮聡監訳『カプラン臨床精神医学テキスト──DSM-5診断基準の臨床への展開 第3版』メディカル・サイエンス・インターナショナル、2016年
- 介護・医療・予防研究会編『高齢者を知る事典──気づいてわかるケアの根拠』厚生科学研究所、2000年

演習1－1　脳の機能局在

脳<small>のう</small>の機能局在<small>き のうきょくざい</small>についてまとめてみよう。

大脳皮質 <small>だいのう ひ しつ</small>	大脳皮質の区分 <small>だいのう ひ しつ</small>	はたらき
前頭葉 <small>ぜんとうよう</small>		
頭頂葉 <small>とうちょうよう</small>		
側頭葉 <small>そくとうよう</small>		
後頭葉 <small>こうとうよう</small>		

大脳深部 <small>だいのう</small>	大脳深部の部位 <small>だいのう</small>	はたらき
大脳基底核 <small>だいのう き ていかく</small>		
大脳辺縁系 <small>だいのうへんえんけい</small>		

第 **2** 章

からだのしくみを理解する

第 **1** 節　**からだのしくみ**

_____

_____

_____

_____

からだのしくみ

1 からだのしくみの理解

1 からだのつくりの理解（身体各部の名称）

❶組織
ある形態と機能をもった細胞が集まって一定の配列をとり、一定の機能を営むもの。

❷器官
多くの異なる組織が結合組織により連結され、一定の形態と機能を営むもの。

　ヒトのからだは、**組織❶**と**器官❷**から成り立っています。組織は、生命の最小単位である細胞が集まったもので、この組織が集まって器官をつくります。器官は組織の集合体です。器官には心臓・肺・肝臓などがあります。ヒトのからだの表面（体表）で区分される身体各部の名称については、**図2−1**のとおりです。

2 人体の構造と機能

（1）内臓の名称
　内臓の名称は**図2−2**、**図2−3**のとおりです。

（2）骨格の名称

　ヒトのからだは約200個の骨からなっています。骨は単体で、骨格とは単体の骨が互いに結合することで構成された構造をさします。おもな骨格は、頭蓋骨・脊柱・胸郭・骨盤・上肢骨・下肢骨に分類できます。

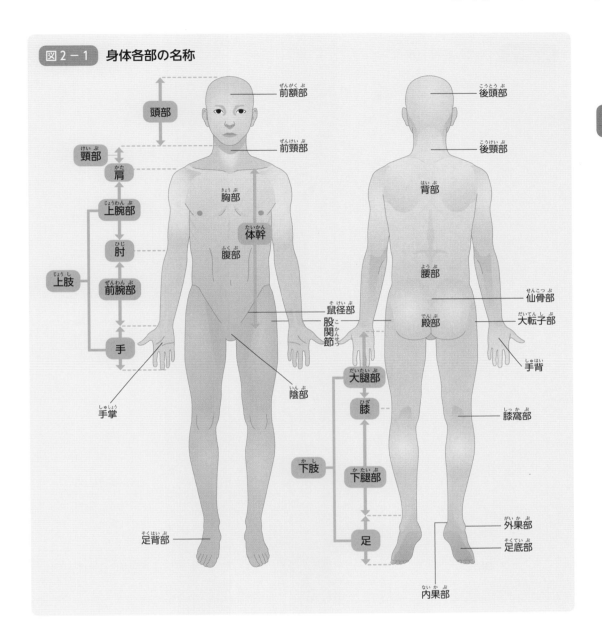

図 2 − 1　身体各部の名称

全身の骨格は**図 2 − 4**のとおりです。

（3）骨格筋の名称

　骨格筋とは、骨格を動かす筋肉のことです。骨格筋は通常、骨と骨のあいだの関節にまたがって付着しています。代表的な骨格筋（主動作筋）は**図 2 − 5**のとおりです。なお、主動作筋とは、動作の際におもな力を提供する筋肉のことです。主動筋・主力筋・アゴニストともいいます。

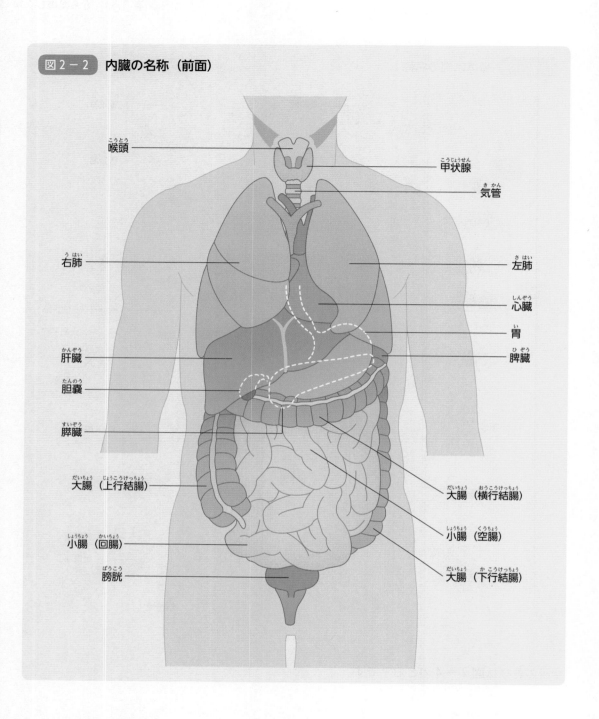

図2－2 内臓の名称（前面）

喉頭（こうとう）

甲状腺（こうじょうせん）

気管（きかん）

右肺（うはい）

左肺（さはい）

心臓（しんぞう）

胃（い）

肝臓（かんぞう）

脾臓（ひぞう）

胆嚢（たんのう）

膵臓（すいぞう）

大腸（上行結腸）（だいちょう・じょうこうけっちょう）

大腸（横行結腸）（だいちょう・おうこうけっちょう）

小腸（回腸）（しょうちょう・かいちょう）

小腸（空腸）（しょうちょう・くうちょう）

膀胱（ぼうこう）

大腸（下行結腸）（だいちょう・かこうけっちょう）

図 2 － 3　内臓の名称（背面）

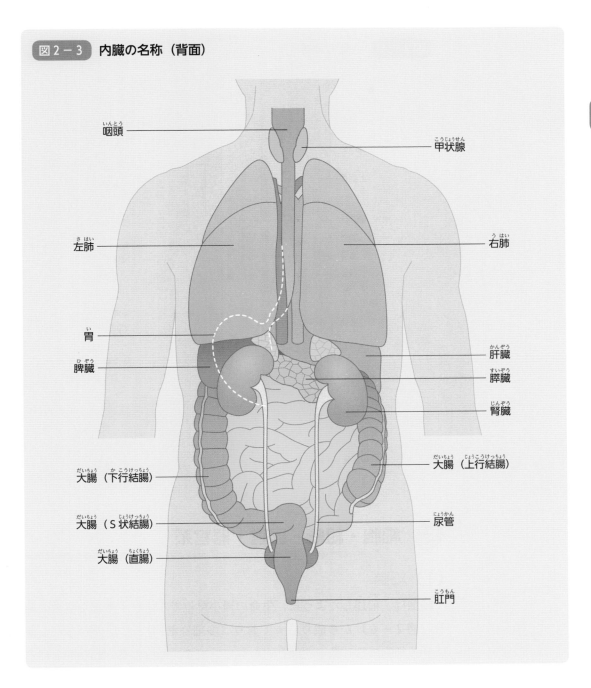

咽頭

甲状腺

左肺

右肺

胃

肝臓

脾臓

膵臓

腎臓

大腸（下行結腸）

大腸（上行結腸）

大腸（S状結腸）

尿管

大腸（直腸）

肛門

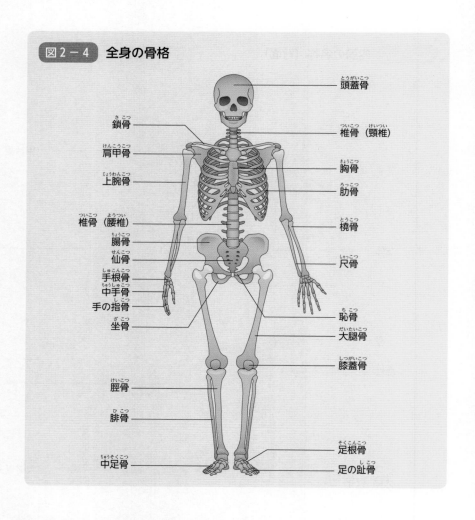

図2−4 全身の骨格

頭蓋骨（とうがいこつ）
鎖骨（さこつ）
肩甲骨（けんこうこつ）
上腕骨（じょうわんこつ）
椎骨（腰椎）（ついこつ）（ようつい）
腸骨（ちょうこつ）
仙骨（せんこつ）
手根骨（しゅこんこつ）
中手骨（ちゅうしゅこつ）
手の指骨（しこつ）
坐骨（ざこつ）
脛骨（けいこつ）
腓骨（ひこつ）
中足骨（ちゅうそくこつ）

椎骨（頸椎）（ついこつ）（けいつい）
胸骨（きょうこつ）
肋骨（ろっこつ）
橈骨（とうこつ）
尺骨（しゃっこつ）
恥骨（ちこつ）
大腿骨（だいたいこつ）
膝蓋骨（しつがいこつ）
足根骨（そくこんこつ）
足の趾骨（しこつ）

3 細胞・組織・器官・器官系

（1）細胞

　細胞（さいぼう）は、前述（ぜんじゅつ）したように、生命の最小単位です。ヒトもまた無数の細胞（さい ぼう）（**図2−6**）から成り立っており（多細胞動物（た さいぼう））、ヒトのからだを構（こう）成（せい）する細胞（さいぼう）の数は数十兆個（こ）といわれています。細胞の基本的な形は球形で、大きさは10〜30μmです。細胞（さいぼう）内には、特殊（とくしゅ）な形態（けいたい）をもち特定のはたらきをする細胞小器官（さいぼう）があり、ミトコンドリア等が含（ふく）まれます。それぞれの機能（きのう）は次のとおりです。

図2－5　代表的な骨格筋

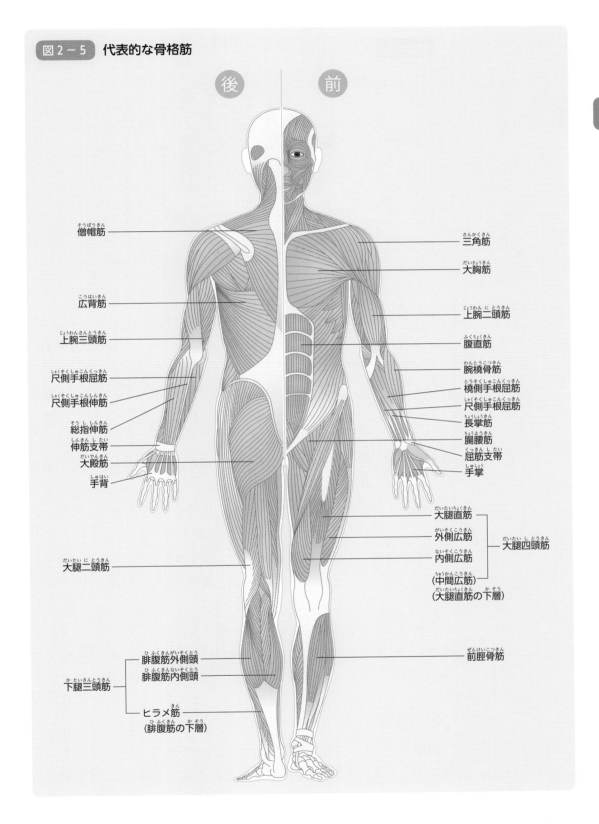

後　前

僧帽筋（そうぼうきん）
広背筋（こうはいきん）
上腕三頭筋（じょうわんさんとうきん）
尺側手根屈筋（しゃくそくしゅこんくっきん）
尺側手根伸筋（しゃくそくしゅこんしんきん）
総指伸筋（そうししんきん）
伸筋支帯（しんきんしたい）
大殿筋（だいでんきん）
手背（しゅはい）

大腿二頭筋（だいたいにとうきん）

腓腹筋外側頭（ひふくきんがいそくとう）
腓腹筋内側頭（ひふくきんないそくとう）
下腿三頭筋（かたいさんとうきん）
ヒラメ筋（きん）
（腓腹筋の下層）（ひふくきんのかそう）

三角筋（さんかくきん）
大胸筋（だいきょうきん）
上腕二頭筋（じょうわんにとうきん）
腹直筋（ふくちょくきん）
腕橈骨筋（わんとうこつきん）
橈側手根屈筋（とうそくしゅこんくっきん）
尺側手根屈筋（しゃくそくしゅこんくっきん）
長掌筋（ちょうしょうきん）
腸腰筋（ちょうようきん）
屈筋支帯（くっきんしたい）
手掌（しゅしょう）

大腿直筋（だいたいちょくきん）
外側広筋（がいそくこうきん）
内側広筋（ないそくこうきん）
（中間広筋）（ちゅうかんこうきん）
（大腿直筋の下層）（だいたいちょくきんのかそう）

大腿四頭筋（だいたいしとうきん）

前脛骨筋（ぜんけいこつきん）

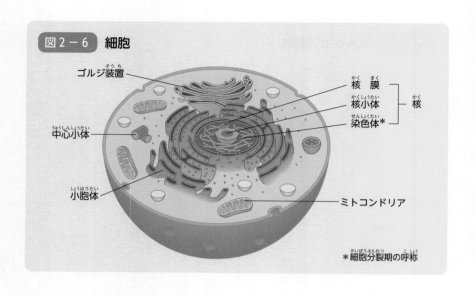

図2－6 細胞

ゴルジ装置

中心小体

小胞体

核膜

核小体 ─ 核

染色体*

ミトコンドリア

＊細胞分裂期の呼称

・核：細胞は通常１個の核をもち、核は核膜と核質（核小体と染色体を包んでいる粘度の高い液体）からなります。おもな機能は細胞の成長と再生・増殖です。

・ミトコンドリア：酵素を用いて、細胞が生命活動を営むために必要なエネルギー源であるATP（アデノシン三リン酸）❸を合成します。

❸ATP（アデノシン三リン酸）

p.65参照

・中心小体：細胞分裂の際に紡錘体を形成し、染色体の移動等に影響を与えます。

・小胞体：物質の吸収、輸送、排出、たんぱく質の合成機能に関与します。

・ゴルジ装置：小胞体で合成されたたんぱく質を処理するはたらきをもちます。小胞体から細胞膜等への物質輸送の経路でもあります。

　細胞のはたらきの基本は、たんぱく質の合成です。そして、ヒトのからだを構成する数十兆個に及ぶこの細胞には、同じ遺伝子が収納されています。

❹DNA
染色質からつくられる染色体のなかには、DNAが含まれる。DNAはデオキシリボ核酸のことで、このDNAが遺伝に関係する。

（2）遺伝

　遺伝とは、生殖によって親から子へと生物の特徴（形質）が伝わる現象であり、遺伝子とは、DNA❹の中にある遺伝情報を伝える物質をさします。遺伝子は、遺伝情報の最小単位であり、この遺伝子の本体であるDNAが正確に複製されることで、次世代に生命が継承されていきま

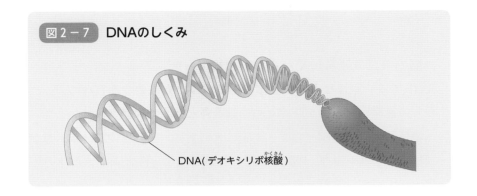

図 2 - 7　DNAのしくみ

DNA(デオキシリボ核酸)

す。**図 2 - 7** に示すように、DNAは 2 本の紐が縒り合わさったようならせん構造をもち、複製時にこの二重らせん構造が解かれます。

　ヒトのからだを形づくっているのはたんぱく質です。DNAの遺伝情報（遺伝子）から個々のたんぱく質がつくられる過程を「遺伝子の発現」といい、**転写**[5]と**翻訳**[6]という重要な過程を経ます。つまり遺伝子の発現とは「DNA→（転写）→RNA→（翻訳）→たんぱく質」という一方向の一連の流れをさします。

（3）脳・神経

　神経系は、**図 2 - 8** に示すように、中枢神経系と末梢神経系に大きく分けられます。中枢神経系とは脳と脊髄のことで、各末梢神経から伝達された情報をまとめて判断し（情報処理）、全身に指令を出すはたらきをしています。一方、末梢神経系は中枢神経とからだ全体をつなぐ神経で、体性神経と自律神経からなり、刺激や興奮などさまざまな情報を伝達しています（末梢神経系には脳に出入りする**脳神経**[7]を含みます）。

❺転写
DNAからRNA（リボ核酸）に情報が写し取られる現象。

❻翻訳
mRNA（メッセンジャーRNA）の情報をもとにたんぱく質が合成される過程。

❼脳神経
p.53参照

図 2 - 8　神経系の分類

神経系 ─┬─ 中枢神経系 ─┬─ 脳
　　　　　　　　　　　　　└─ 脊髄
　　　　└─ 末梢神経系 ─┬─ 体性神経
　　　　　　（脳神経を含む）└─ 自律神経

1 中枢神経系

① 脳

　脳の実質は非常にやわらかい組織で、成人の脳の平均重量は約1300gです。脳はヒトのからだの中でもっとも重要な器官なので、外からの衝撃から損傷を防ぐために頭蓋骨と髄液で保護されています。

　脳は、大脳・間脳・脳幹・小脳に大別され、脳幹は中脳・橋・延髄で構成されています（図2－9）。なお、図2－9にある大脳半球とは大脳の一部（終脳を構成する左右の半球状の部分）で、大脳の表面のほとんどをおおっています。

　脳幹は中枢神経系を構成する神経が集まる器官で（多くの脳神経の核がある）、生命維持に重要な機能をになっており、脊髄・小脳・大脳半球の連結部としてはたらいています。

❽**大脳皮質**
p.26参照

❾**灰白質**
p.26参照

❿**白質**
p.26参照

　大脳の表層（**大脳皮質**❽）は灰白質❾からなり、深部は白質❿からなります。大脳（大脳皮質）は、前頭葉・頭頂葉・後頭葉・側頭葉に区分されます。大脳の機能には運動性言語野（ブローカ野）や感覚性言語野（ウェルニッケ野）、両者を結ぶ伝導路（弓状束）などがあります（図2－10）。

② 脊髄（図2－11）

　脊髄は脳から連続する中枢神経で、脊柱管（背骨の中の空間）に保護されるような形で存在しています。長さ約40～50cm、直径約1～1.5cmの白く細長い円柱状の器官です。脊髄は頭側から尾側に向かって、頸髄・胸髄・腰髄・仙髄・尾髄と区分します。

| 図2－9 | 脳の構造 |

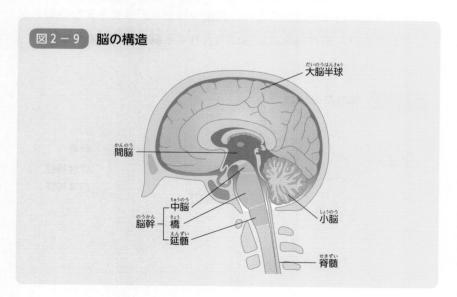

図 2−10 **脳側面図**

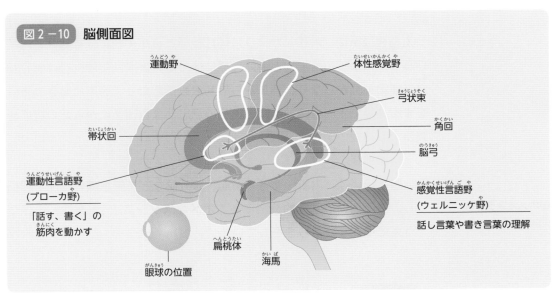

運動野

体性感覚野

弓状束

角回

帯状回

脳弓

感覚性言語野
（ウェルニッケ野）

話し言葉や書き言葉の理解

運動性言語野
（ブローカ野）

「話す、書く」の
筋肉を動かす

扁桃体

海馬

眼球の位置

図 2−11 **脊髄の構造**

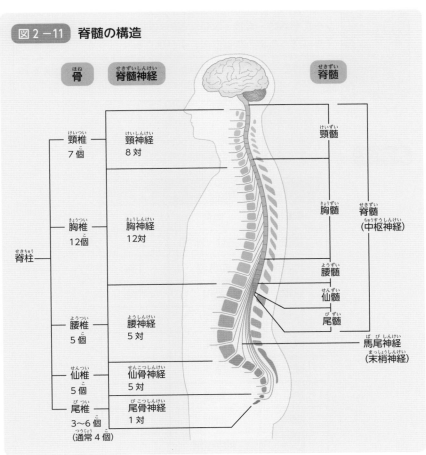

骨	脊髄神経	脊髄
頸椎 7 個	頸神経 8 対	頸髄
胸椎 12 個	胸神経 12 対	胸髄
腰椎 5 個	腰神経 5 対	腰髄 仙髄 尾髄
仙椎 5 個	仙骨神経 5 対	
尾椎 3〜6 個 （通常 4 個）	尾骨神経 1 対	

脊柱

脊髄
（中枢神経）

馬尾神経
（末梢神経）

2 末梢神経系

末梢神経系は、前述したように体性神経と自律神経に分けられ、出ている部位によって脳神経と脊髄神経に区分されます。体性神経は感覚神経と運動神経からなり、外部からの刺激を伝えたり、筋肉に動きの指令をする神経です。自律神経は、自分の意志とは無関係にからだの機能を調整する神経です。

① 自律神経

自律神経は、内臓・血管平滑筋・腺分泌などを無意識に支配・調節し、生命活動の基本的機能であるホメオスタシス⓫（恒常性）を保つうえで重要なはたらきをしています。

表2-1 交感神経と副交感神経

交感神経	からだを活動・緊張・攻撃などの方向に向かわせる神経。手に汗をにぎったようなときに、よりはたらく
副交感神経	内臓のはたらきを高め、からだを休ませる方向に向かわせる神経

表2-2 おもな交感神経と副交感神経のはたらき

交感神経	作用する対象	副交感神経
収縮	血管	拡張
増加	心拍数（脈拍）	減少
上昇	血糖値	下降
収縮	筋肉	弛緩
増加	発汗	－
散大	瞳孔	収縮
減少	唾液	増加
弛緩	気道	収縮
抑制	消化	促進
抑制	利尿作用	促進

　自律神経は**表2－1**のとおり交感神経と副交感神経に分けられます。1つの臓器を両神経が支配し（二重支配）、互いに拮抗的にはたらきます（相反支配）（**表2－2**）。

② 脳神経（**図2－12**）

　脳神経は、前述したように脳に出入りする末梢神経で、体性神経に属します。12対の神経からなり、ローマ数字のⅠ～Ⅻであらわします。脳神経には、感覚を中枢に伝える感覚神経と、中枢から指令を伝える運動神経があります。しかし、脳神経のうち、動眼神経や顔面神経、舌咽神経、迷走神経には自律神経が含まれます。

③ 脊髄神経

　脊髄神経は脊髄の両側に出入りする末梢神経で、31対の神経からなります。脊髄の前面から出た前根（運動性）と後面から入る後根（感覚性）が接続して脊髄神経となります。

　なお、脳神経の一部と脊髄神経は、運動神経・感覚神経・交感神経・副交感神経の線維が混在する混合性の神経ですが、末梢にいくに従い、運動神経・感覚神経・自律神経に分かれていきます。

（4）感覚器

　感覚器には、眼⑫、耳⑬、鼻⑭、舌⑮、皮膚⑯に代表される視覚器、聴

⑫眼
p.122参照

⑬耳
p.124参照

⑭鼻
p.126参照

⑮舌
p.131参照

⑯皮膚
p.180参照

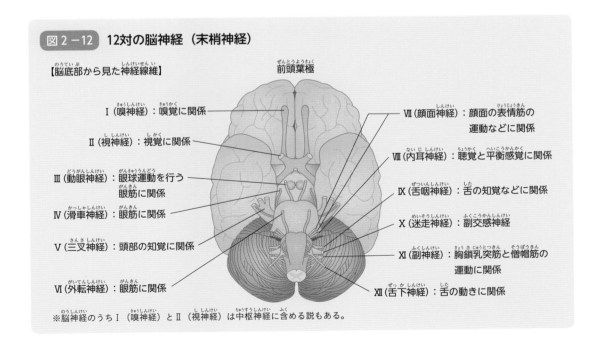

図2－12　12対の脳神経（末梢神経）

【脳底部から見た神経線維】
前頭葉極

Ⅰ（嗅神経）：嗅覚に関係
Ⅱ（視神経）：視覚に関係
Ⅲ（動眼神経）：眼球運動を行う眼筋に関係
Ⅳ（滑車神経）：眼筋に関係
Ⅴ（三叉神経）：頭部の知覚に関係
Ⅵ（外転神経）：眼筋に関係

Ⅶ（顔面神経）：顔面の表情筋の運動などに関係
Ⅷ（内耳神経）：聴覚と平衡感覚に関係
Ⅸ（舌咽神経）：舌の知覚などに関係
Ⅹ（迷走神経）：副交感神経
Ⅺ（副神経）：胸鎖乳突筋と僧帽筋の運動に関係
Ⅻ（舌下神経）：舌の動きに関係

※脳神経のうちⅠ（嗅神経）とⅡ（視神経）は中枢神経に含める説もある。

覚器・平衡感覚器、嗅覚器、味覚器、外皮があり、平衡感覚器以外はそれぞれ体外からの刺激を受け取る機能を有しています（平衡感覚器はからだの情報を検出する機能をもちます）。

1 視覚器

視覚器は眼球と副眼器（眼瞼、結膜、眼筋、涙器）からなります。副眼器は眼球を保護し、そのはたらきを助けるものです。

眼球は直径約25mm、重さ約8gの球形で、頭蓋骨の眼窩に収まっており、前方は眼瞼に、後方は眼窩脂肪体で保護され、視神経によって脳とつながっています（**図2−13**）。

眼球の表層（眼球壁）は外膜・中膜・内膜という3層の膜でおおわれており、眼球の内部は水晶体・硝子体・眼房水・網膜で構成されています。硝子体と眼房水が眼球内で充満していることで、眼圧（眼球の内圧）が保たれます。眼球を構成する各内部の特徴は次のとおりです。

・水晶体：両凸レンズ状で、外界の映像を網膜に映します。
・硝子体：ゼリー状の組織で、眼球の5分の3を占め、その90％は水分です。眼圧を保ちます。

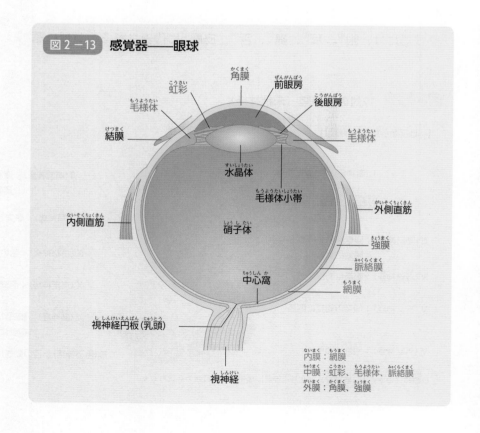

図2−13　感覚器——眼球

角膜
虹彩
前眼房
毛様体
後眼房
結膜
毛様体
水晶体
毛様体小帯
外側直筋
内側直筋
硝子体
強膜
脈絡膜
中心窩
網膜
視神経円板（乳頭）
視神経

内膜：網膜
中膜：虹彩、毛様体、脈絡膜
外膜：角膜、強膜

・眼房水：眼房を満たす体液で、眼圧を保つとともに、角膜や水晶体に
　　　　　アミノ酸等の栄養分を与えます。

・網膜：眼球壁の最内層（内膜）で、光を感知する視細胞があります。

2 平衡聴覚器

平衡聴覚器はからだの平衡感覚と聴覚をつかさどる器官で、外耳・中耳・内耳からなります（図2-14）。

音は、外耳→中耳→内耳と進み、内耳の蝸牛で音の振動が電気信号に変わり、蝸牛神経を経て大脳の聴覚野に達し、そこで音として認識します。外耳と中耳はどちらも聴覚の経路ですが、内耳は聴覚の経路に加え、平衡感覚もつかさどります。

・外耳：集音器・伝音器として音波を中耳に伝えます。外耳道の行き止
　　　　まりが鼓膜です。

・中耳：外耳道から入ってきた音を骨振動に変えて内耳に伝えます。外
　　　　耳との境目の鼓膜に付着しているのが耳小骨（アブミ骨・キヌ
　　　　タ骨・ツチ骨）で、耳小骨は鼓膜の振動を増幅して内耳に伝え
　　　　る器官です。

・内耳：平衡聴覚器の主要部です。音を感知する蝸牛、平衡感覚をつか
　　　　さどる前庭と半規管からなります。前庭神経と蝸牛神経を合わ
　　　　せて内耳神経あるいは聴神経といいます。

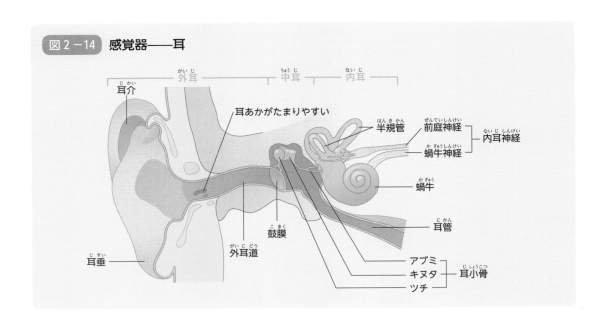

図2-14　感覚器——耳

③ 嗅覚器

嗅覚器はにおいを感じる器官です。においを感じるのは、鼻腔上壁内の嗅上皮にある嗅細胞です。空気とともに鼻腔に取りこまれたにおい分子が、嗅上皮にある嗅細胞を刺激し、においを感知します。におい分子は嗅細胞の軸索を介して嗅球に送られ、嗅索を経て大脳の嗅覚中枢に伝わります。

④ 味覚器

味覚器は味を感じる器官です。舌の表面をおおっている粘膜に舌乳頭という小さな突起があり、そこに分布する味蕾で味を感じます。味覚には、甘味・苦味・酸味・塩味・旨味の5つの基本味があります。

⑤ 皮膚

皮膚は人体最大の臓器で、体重の約16%を占めています。皮膚は、表皮・真皮・皮下組織の3層と、皮膚付属器（爪・毛・汗腺・皮脂腺）の4つの組織で構成されています。

皮膚3層のうち、もっとも表面にある層が表皮で、この表皮の一番深部に位置する基底層で日々新しい細胞がつくられます。真皮には汗腺、皮脂腺などの皮膚付属器、血管や神経、リンパ管が通っており、真皮の下にある皮下組織は脂肪を多く含んでいるため、皮下脂肪組織ともいわれます。

皮膚には、触覚・圧覚・温度覚（温・冷）・痛覚などの受容器があり、外界からの刺激や体液喪失などからの保護、体温調節などのはたらきがあります。皮膚のおもなはたらきは、①保護作用（バリア機能）、②皮脂や汗を出す分泌作用、③体温調節作用、④皮下に脂肪を蓄える貯蓄作用、⑤汗腺から体内の老廃物を排出する排出作用、⑥知覚作用です。

なお、痛覚には、「皮膚痛覚」「深部痛覚」「内臓痛覚」がありますが、筋膜や骨膜、関節などの損傷によって生じる深部痛覚は一般に鈍い痛みで、小さな痛点が高密度に分布している皮膚の痛覚に比べて、局在性にとぼしくなります。

（5）呼吸器

呼吸器は、体内に酸素を取りこみ、二酸化炭素を排出する器官です。呼吸にかかわる器官には、鼻、鼻腔、咽頭[17]、喉頭[18]、気管・気管支、肺があります（図2－15）。

呼吸には外呼吸と内呼吸があり、それぞれ次のはたらきがあります。

[17]咽頭
口腔から食道への食物の通路、消化管の一部であり、鼻腔から喉頭への空気の通り道。気道の一部でもある。

[18]喉頭
舌根から気管まで。

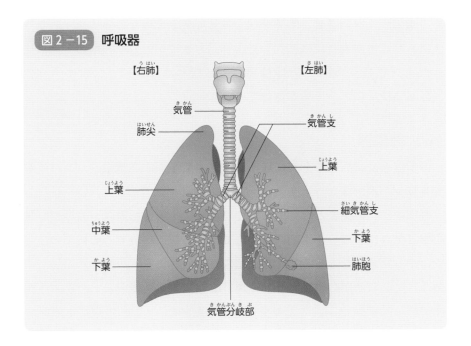

図 2−15　呼吸器

【右肺】　　　　　　　　　　　　　【左肺】

気管
肺尖
気管支
上葉
上葉
細気管支
中葉
下葉
下葉
肺胞
気管分岐部

・**外呼吸**：肺胞と血液とのガス交換のことです。肺胞で行うガス交換で、大気から酸素を取りこみ、二酸化炭素を体外へ排出します。

・**内呼吸**：組織細胞と血液とのガス交換のことです。組織細胞で行うガス交換で、組織細胞に酸素を渡し、代わりに二酸化炭素を受け取ります。

なお、ガス交換とは、酸素を体内に取り入れ、二酸化炭素を体外に排出することです。体内を巡っているうちに**二酸化炭素**[19]が多くなった血液を、**酸素**[20]が多い血液にすることです。

呼吸器系には、空気が通る気道があります。気道は上気道と下気道に区分され、鼻から喉頭までを上気道、気管から末梢部を下気道と呼びます。

肺は呼吸をつかさどる半円錐形の器官で左右 1 対をなし、それぞれ肺葉というブロックに分かれています。右肺は 3 葉、左肺は 2 葉からなります。肺葉はさらに区分され、右肺は10、左肺は 8 〜 9 の肺区域に分かれます。

肺胞とは、肺の内部に入った気管支の先端にある袋状の組織で、ガス交換がこの肺胞で行われています。ガス交換は生命維持に欠かせない重要な機能です。

呼吸は、肺胞内に空気が出入りする運動ですが、肺には筋肉がないた

[19]二酸化炭素
血液の血漿に溶けこむ。

[20]酸素
血液中の赤血球内のヘモグロビンに取りこまれる。

第 2 章　からだのしくみを理解する

め、横隔膜を収縮させ、胸郭を拡大させて空気を取りこみます（吸気）。また、吐き出す場合には拡大した胸郭がもとに戻る力を利用して吐き出します（呼気）。通常、呼吸は無意識に行われますが、脳の中枢神経（延髄・橋）によって調節されています。

（6）循環器

　循環器系は、血液を全身に送る心臓と血液を流す血管系、リンパ液を流すリンパ系からなります。

　循環には、体循環と肺循環の２つがあります。体循環は、血液が心臓を出て全身にいたり、毛細血管を経て再び心臓に戻ってくる循環のことで、からだ全体を巡ることから大循環ともいいます。一方、肺循環（小循環）は、血液が心臓を出て肺を通り心臓に戻る循環のことです。体循環では、動脈の中には酸素の多い血液（動脈血）、静脈の中には酸素の少ない血液（静脈血）が流れていますが、肺循環では、動脈の中に静脈血、静脈の中に動脈血が流れています。

1 心臓

　心臓の大きさはにぎりこぶしの約１～２倍、重さは約250～300gです。胸骨の後ろ、横隔膜に接した胸郭内の縦郭に位置し、左右の肺にはさまれています。心臓の役割はポンプのように全身に血液を送り出すこ

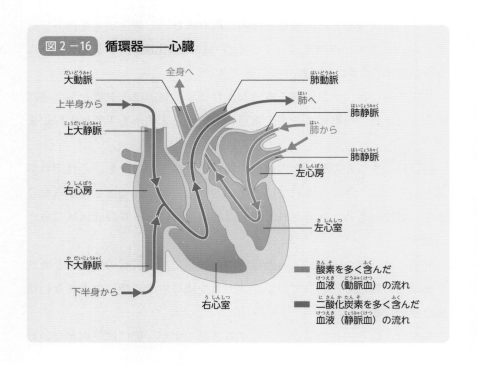

図２−16　循環器——心臓

とです。心臓には4つの部屋（右心房と左心房、右心室と左心室）があり、それぞれ次の動静脈とつながっています（図2－16）。

・右心房：上大静脈と下大静脈
・左心房：肺静脈
・右心室：肺動脈
・左心室：大動脈

　血液は心臓から一方向に送られますが、心臓への酸素や栄養などは、右冠状動脈と左冠状動脈が供給しています。心臓は**自律神経**㉑が支配し、刺激伝導系によって規則正しく拍動し、**脈**㉒の調整なども行っています。

2 血管系

　動脈とは、心臓から全身に血液を運ぶ血管で、動脈血とは、肺で酸素と二酸化炭素を交換した酸素が多く二酸化炭素が少ない血液で、色は鮮赤色です。一方、静脈とは、心臓に戻る血液を運ぶ血管で、静脈血とは、全身で酸素を使ったため酸素が少なく二酸化炭素が多い血液で、色

㉑**自律神経**
　p.52参照

㉒**脈**
　心臓では1回に60〜90mlの血液を心室から拍出しており、1分間に60〜70回拍動している（心拍数）。なお、家庭で測定したときの正常血圧は最低血圧（拡張期血圧）75mmHg未満かつ最高血圧（収縮期血圧）115mmHg未満とされている。

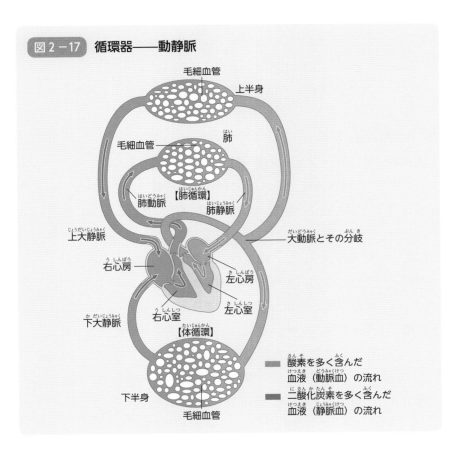

図2－17　循環器——動静脈

毛細血管
上半身

毛細血管　肺

肺動脈
【肺循環】
肺静脈

上大静脈
大動脈とその分岐

右心房
左心房
右心室
左心室

下大静脈
【体循環】

下半身
毛細血管

■ 酸素を多く含んだ血液（動脈血）の流れ
■ 二酸化炭素を多く含んだ血液（静脈血）の流れ

は暗赤色です。動脈と静脈は毛細血管を介してつながります。

血液の流れには、前述したように体循環と肺循環があります（図2－17）。

・体循環の流れ（1周に要する時間：約20秒）

心臓（左心室）→大動脈→動脈→毛細血管（全身の器官・組織）→静脈→上大静脈・下大静脈→心臓（右心房）

・肺循環の流れ（1周に要する時間：約3～4秒）

㉓ガス交換
p.57参照

心臓（右心室）→肺動脈→肺→肺胞の毛細血管（**ガス交換**㉓）→肺静脈→心臓（左心房）

3 リンパ系

リンパ系とは、リンパ管とリンパ節の総称で、血管系とともに循環系を構成し、生体防御に重要なはたらきをしています。

・リンパ管：全身の組織からリンパ液を流します。毛細リンパ管が合流して太くなったもので、多くの弁をもちます。リンパ管はリンパ節を経由しながら合流し、最後はリンパ本幹となって静脈に注ぎます。

・リンパ節：リンパ管の走行途中に存在し、網状に結束した構造をもちます。リンパ中の異物・病原菌等を捕食したり免疫応答を行って生体を防御します。リンパ節の中にはリンパ球やマクロファージなどが充満し、免疫機能を有します。

（7）消化器

消化器は「口腔→咽頭→食道→胃→小腸→大腸→肛門」につながる1本の消化管（管腔臓器）と、それに付随する肝臓・胆嚢・膵臓からなります（図2－18、図2－19）。消化器系のはたらきは、おもに食物の摂取と分解、吸収、排泄です。

・口腔：消化管の入り口で、咀嚼や嚥下のはたらきをもちます。

・咽頭：口腔から食道の上端までをさします。いわゆる「食物の通り道」です。なお、喉頭は「空気の通り道」（気道）です。

・食道：①頸部食道、②胸部食道、③腹部食道の3つに区分され、食道入口部、気管・大動脈交叉部、横隔膜貫通部に生理的狭窄部があります。不随意的な**蠕動運動**㉔で食物を胃に送ります。

・胃：噴門・胃底部・胃体部・幽門前庭部・幽門に区分され、幽門を開閉することで、調整しながら食物を十二指腸へ送ります。胃での

㉔蠕動運動
波のような動きをして消化管の筋肉が収縮すること。蠕動運動は副交感神経である迷走神経によって盛んになり、交感神経によって抑制される。胃の内容物は通常、食後3～6時間で十二指腸に送られる。

㉕胃液
塩酸およびペプシンなどの消化酵素からなる。胃液の分泌の調整は神経により調節され、迷走神経が刺激されると分泌が亢進する。また、ホルモンによる胃液分泌の調節もある。

図2-18　消化に関連する臓器

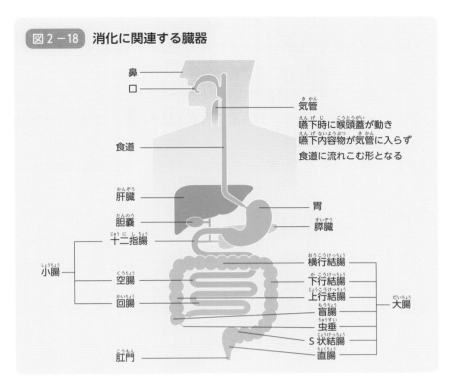

鼻
口
気管
嚥下時に喉頭蓋が動き
嚥下内容物が気管に入らず
食道に流れこむ形となる
食道
肝臓
胆嚢
十二指腸
小腸
空腸
回腸
胃
膵臓
横行結腸
下行結腸
上行結腸
盲腸
虫垂
S状結腸
直腸
大腸
肛門

図2-19　消化器

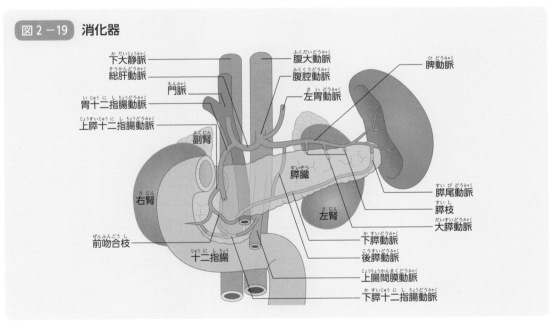

下大静脈
総肝動脈
門脈
胃十二指腸動脈
上膵十二指腸動脈
副腎
右腎
前吻合枝
十二指腸
腹大動脈
腹腔動脈
左胃動脈
膵臓
左腎
下膵動脈
後膵動脈
上腸間膜動脈
下膵十二指腸動脈
脾動脈
膵尾動脈
膵枝
大膵動脈

食物の消化は胃の蠕動運動と胃液の分泌により行われます。

・小腸：十二指腸・空腸・回腸に区分されます。消化管のなかでもっと
　も重要な管腔臓器で、全長6～7mです。胃から送られてきた

61

㉖腸液

1日1500～3000ml分泌される弱アルカリ性の分泌液で、スクラーゼ・マルターゼなどの消化酵素を含んでいる。栄養素のうち、糖質（炭水化物）は単糖類（ブドウ糖・果糖・ガラクトース）として吸収される。

食物がここで胆汁・膵液・**腸液**㉖等に混和されます。

・**大腸**：盲腸・結腸・直腸に区分される消化管の終末部です。盲腸の末端部には虫垂があります。結腸は、上行結腸・横行結腸・下行結腸・Ｓ状結腸からなります。全長約1.5mです。小腸で消化しきれなかったたんぱく質や炭水化物を分解・吸収し、便を直腸へ送りこみます。

・**肛門**：排便や排ガスをつかさどる器官です。消化管の最後に位置する開口部です。

・**肝臓**：腹部最大の臓器で、重さは約1200～1300gです。肝臓のはたらきとして、代謝（からだが栄養素を利用しやすいように分解・合成すること）や、中毒性物質の解毒・分解、胆汁の分泌などがあります（図２－20）。

・**胆嚢**：肝臓で休みなく分泌される胆汁を濃縮させて、十二指腸に流し

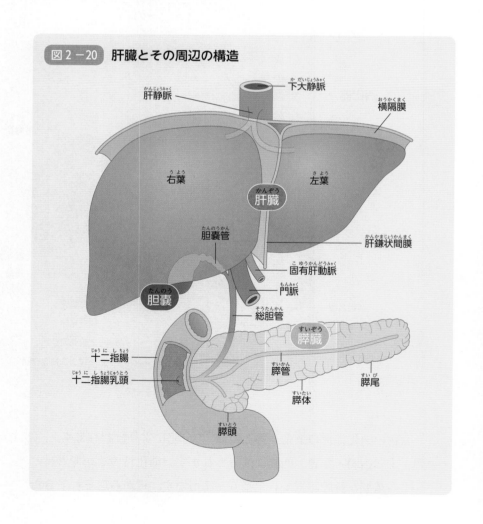

図２－20　肝臓とその周辺の構造

ます。胆汁はおもに脂肪を乳化させ、たんぱく質を分解しやすくする機能があります。

・膵臓：膵液を生成する外分泌部と、ホルモンを分泌する内分泌部（ランゲルハンス島）からなります。膵臓のはたらきは大きく2つあり、①消化酵素が含まれる膵液で食物の消化を助け、十二指腸に送り出すこと、②インスリン・グルカゴンといったホルモンを分泌して血糖を調節することです（p.76参照）。

（8）泌尿器

◼1 泌尿器のはたらき

　泌尿器のはたらきは、心臓から送り出された血液から老廃物等の不要な物質をろ過し、尿として体外へ排出させることです。腎臓・尿管・膀胱・尿道からなります。

・腎臓：後腹膜に位置する左右1対の実質臓器です。消化・吸収して不要となった代謝物を排泄したり、酸・塩基平衡を調節したりします。代謝によって体液は酸性に傾きますが、体内で酸と塩基のバランスをとって調節していきます（図2-21、図2-22）。腎臓には、毎分心拍出量の4分の1に相当する血液（約1200ml）、1日1500～1700lの血液が運ばれます。1日に腎臓でつくられる尿は1000～2000mlです。

・尿管：腎臓でつくられた尿を膀胱に運ぶ管腔臓器です。左右1本ずつ

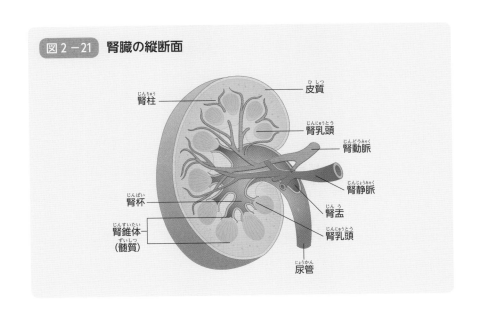

図2-21　腎臓の縦断面

腎柱
皮質
腎乳頭
腎動脈
腎静脈
腎杯
腎盂
腎錐体
（髄質）
腎乳頭
尿管

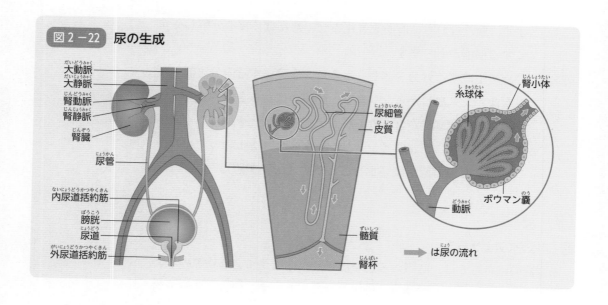

あり、長さは約40cmです。

・膀胱（ぼうこう）：尿管を通ってきた尿を貯留します（蓄尿）。容量は約400〜500mlです。尿量により容積が変化するように伸縮性に富みます。

・尿道（にょうどう）：恥骨結合のすぐ後ろに位置する、尿が膀胱から体外へ排出されるときに通る管です。男性は長さ約16〜20cm、女性は約4cmと男女差が大きいです。

2 排尿のしくみと排便のしくみ

① 排尿[27]のしくみ

㉗排尿（はいにょう）
p.216参照

膀胱内の尿量が一定量を超えると、膀胱内圧が急速に上昇することで膀胱壁が伸展し、壁にある伸展受容器が刺激されて大脳皮質の知覚領で尿意を感じます。大脳が排尿の命令を下すと、排尿筋が急速に収縮すると同時に、内尿道括約筋・外尿道括約筋が弛緩し、排尿にいたります（排尿反射）。

② 排便[28]のしくみ

㉘排便（はいべん）
p.218参照

下行結腸からS状結腸に停滞していた糞便が固形便として直腸に下りてくると、直腸内圧の上昇と直腸壁の伸展が起こり、骨盤神経を通って大脳皮質の知覚領で便意を感じます。排便時は骨盤神経や陰部神経のはたらきで肛門のまわりにある内肛門括約筋・外肛門括約筋が弛緩し、腹圧をかけると排便にいたります（排便反射）。

（9）骨・筋肉

1 骨の生理的作用

骨は骨膜^㉙におおわれ、骨質と骨髄腔内にある骨髄からなります。骨膜には多くの神経や血管が走行しており、骨質はカルシウムやリンなどのミネラルとたんぱく質が主成分です。骨質は細かな血管の通り道にもなっています。骨の中心にあるのが骨髄で、中は空洞ですが、血液をつくるはたらきがあります。

骨のはたらきには、①支持作用、②保護作用、③運動作用、④造血作用、⑤電解質貯蔵作用があります。

① 支持作用：頭や内臓を支え、からだの支柱となります。
② 保護作用：複数の骨で骨格を形成し、頭蓋腔や胸腔といった腔をつくり、脳や内臓等の重要器官を収めて保護します。
③ 運動作用：骨に付着している筋の収縮で、可動性のある関節を支点に運動を行います。
④ 造血作用：骨髄で血液（赤血球^㉚・白血球^㉛・血小板^㉜）を絶えず新生します。
⑤ 電解質貯蔵作用：カルシウム、リンといった電解質を蓄え、必要に応じて血液内に送り出します。

2 筋肉（骨格筋）

骨格に沿って分布（骨と骨のあいだの関節にまたがって付着）している筋肉を骨格筋といいます。骨格筋は自分の意志で動かすことができる随意筋です。一般に筋肉といわれているものはこれをさします。なお、骨格筋以外には、内臓をつくっている平滑筋、心臓をつくっている心筋がありますが、これらは自分の意志で動かすことができない不随意筋です。

骨格筋の表面は筋膜に包まれており、筋膜の中には多数の筋線維が集まり結合組織で束ねられています。これを筋束といいます。

骨格筋のおもなはたらきは、筋線維の収縮により関節運動を行うことです。筋が収縮する際にはエネルギーを消費しますが、このエネルギーはATP（アデノシン三リン酸）^㉝という物質によって供給されます。骨格筋の筋肉量や筋力は加齢とともに低下し、加齢にともなう筋の衰弱はサルコペニア（骨格筋量の減少）と呼ばれます。

㉙骨膜
骨膜には血管・神経が分布し、骨の再生に重要な役割がある。

㉚赤血球
p.79参照

㉛白血球
p.79参照

㉜血小板
p.79参照

㉝ATP（アデノシン三リン酸）
おもにミトコンドリアで合成される。合成にはブドウ糖が必要で、内呼吸も関与しており、複雑な化学反応が生じて合成される（p.48参照）。

第**2**章 からだのしくみを理解する

(10) 骨・関節

1 骨のはたらき

　骨には新しい骨をつくるはたらきをもつ骨芽細胞と、骨を破壊して吸収する破骨細胞があり、通常は両者がバランスをとりながら骨の新生と破壊を行い、骨構造を緻密に維持しています。しかし、加齢等により**ホルモンバランス**[34]がくずれ、骨の新生が抑制され、骨の破壊が亢進することで骨密度（強度）が低下すると、骨がもろくなる病気である骨粗鬆症を引き起こします。骨粗鬆症には原発性と続発性の2つがあり、原発性は明らかな疾患等がなく、女性ホルモンの低下や加齢にともなうもので、全体の約90％を占めます。続発性は特定の疾患や薬剤の影響によるものです。骨粗鬆症の一番の問題は、転倒などによって骨折が起こりやすくなることです。

2 骨量の低下と骨折

　骨量が低下した骨粗鬆症の状態で転倒すると、骨折するリスクが高くなります。転倒により骨折しやすい部位は、太ももの付け根の大腿骨転子部や大腿骨頸部で、大腿骨転子部骨折、大腿骨頸部骨折と呼び、受傷すると歩行ができなくなります。また、ふつうは何でもない動作でも骨粗鬆症があると背骨（椎体骨）がつぶれてしまうことがあり、これを脊椎圧迫骨折と呼びます。その他、肩関節周辺骨折、手関節部骨折（橈骨遠位端骨折）、上腕骨外科頸骨折などがあります。

3 骨量の低下と転倒

　転倒の原因は**表2−3**にあげたように、内的要因（加齢による身体機能の低下、疾患や薬剤の影響など）と外的要因（段差などの環境や障害物）があります。

　ヒトは高齢になるにつれ足の筋力が低下し、転倒してしまう危険性が高くなります。たとえば大腰筋（上肢と下肢をつなぐ筋肉）や前脛骨筋（つま先を上げる筋肉）がおとろえるとすり足歩行になり、転倒しやすくなります。また、身体能力（**平衡機能**[35]や**敏捷性**[36]等）も低下し、瞬時に手や足を出してからだを支え、未然に転倒を防ぐことができなくなります。

4 関節の種類とはたらき

　骨と骨をつなぐ連結部が関節ですが、関節はおおまかに、次の単関節と複関節に分けられます。関節によって、骨はさまざまな動きが可能になります。

[34]ホルモンバランス
女性の場合、性成熟期のピークを過ぎた40歳代半ばから更年期への移行が始まる。更年期には、①プロゲステロン（黄体ホルモン）が分泌されず、②次いでエストロゲン（卵胞ホルモン）の分泌量も低下するなど、ホルモンのバランスがくずれてくる。

[35]平衡機能
p.71参照

[36]敏捷性
p.71参照

表2−3	転倒の原因
① 筋力の低下	⑤ 認知症
② 平衡機能の低下	⑥ 障害物（環境）
③ 敏捷性の低下	⑦ 薬物（睡眠薬など）
④ 白内障（視力低下）	⑧ 関節炎

・単関節：2つの骨がつくる関節（例：肩関節、股関節）
・複関節：3つ以上の骨がつくる関節（例：肘関節）
　関節には、可動性（動く）と支持性（支える）という2つのはたらきがあります。また、骨の連結には、ほとんど運動性のない連結（不動結合）と、比較的自由に動かすことのできる連結（可動結合）があります。

5 関節の運動と関節可動域

① 　関節の運動
　関節の運動は、動かす面によって、屈曲・伸展（矢状面）、内転・外転（前額面）、内旋・外旋（水平面）に分けられます（**図2−23**）。関節の自由度によって、すべてが可能な関節（肩関節や股関節など）、屈曲・伸展のみの関節（肘関節や指関節など）があります。

② 　**関節可動域**[37]
　関節の動く範囲（角度）を**関節可動域**といいます。ROM（range of motion）ともいい、たとえばリウマチなどの疾患によって関節可動域（ROM）が制限されるとADL（Activities of Daily Living：日常生活動作）に支障をきたすため、ROMを広げる訓練をします（ROM訓練）。
　可動域は、関節構造の特徴や形状によって決まり、年齢や性別も影響しますが、一般的には加齢によりROMは小さくなる傾向があります。

6 関節の拘縮
　介護の場面では、寝たきりの状態や関節を動かさない状態が続くと、ROMは小さくなります。関節を構成する骨や軟骨以外の組織の短縮によって、関節が正常な範囲で動かなくなってしまった状態（可動域制限）のことを**拘縮**といいます。この場合は、ROM訓練やストレッチな

[37]関節可動域
各関節の基本軸と移動軸のなす角度と決められており、日本リハビリテーション医学会および日本整形外科学会の定めた測定法に従って測定する。

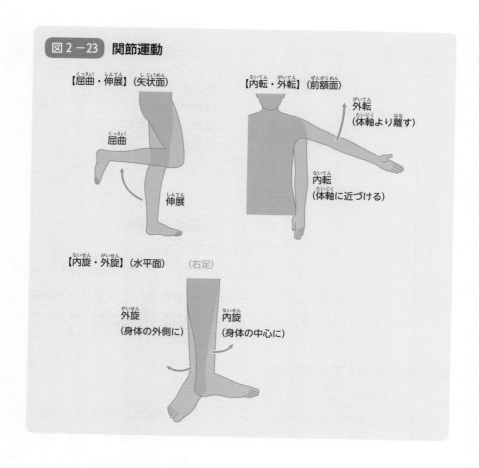

図2−23 関節運動

【屈曲・伸展】(矢状面)

屈曲

伸展

【内転・外転】(前額面)

外転
(体軸より離す)

内転
(体軸に近づける)

【内旋・外旋】(水平面)　(右足)

外旋
(身体の外側に)

内旋
(身体の中心に)

どによって改善する場合があります。

7 関節の拘縮予防

　拘縮が起こると、ROMの低下だけではなく、筋肉の萎縮や筋力低下、骨密度の低下も生じる場合があります。拘縮を予防するために、自分で関節を動かすことができる場合には、大きく筋肉を伸ばすストレッチや自動運動（自力で関節を動かす運動）で関節を動かしてもらうようにします。自分で動かせない場合には、痛みが出ない範囲で他動運動（他者の力で関節を動かす運動）を行い、拘縮を予防します。自力で関節を動かすことができる場合は、こまめに関節を動かす習慣をつけることが拘縮予防になります。

8 関節の運動と筋肉のはたらき

　からだを動かすとは、筋肉を収縮し、関節を屈曲したり伸展させることです。このときはたらく筋肉（私たちのからだを動かしている筋肉）は骨格筋です。**表2−4**に示すように、各関節の屈曲や伸展には複数の筋肉（骨格筋）が関与しています。

(11) 筋肉

1 筋肉の役割

　筋肉（骨格筋）には、**表2-5**のとおり、おもに7つの役割があります。

2 筋肉量の減少（サルコペニア）による影響

　筋肉量は20～30歳代がピークで、それ以降は日常生活程度の負荷だけでは年々減少するといわれています。加齢にともなって筋肉量が減少することをサルコペニア（sarcopenia）と呼びます（p.65参照）。筋肉量が減少すると、**表2-5**のような役割が徐々にできなくなり、**表2-6**のような弊害が起こってきます。

3 サルコペニアの予防

　サルコペニアの予防には、運動療法と栄養療法が重要ですが、いずれも継続を必要とします。

・運動療法：個々の状態に合わせたストレッチ、筋力・持久力トレーニング、バランス練習などがあります。運動療法で骨格筋に負荷をかけることがもっとも効果的な予防法です。

・栄養療法：筋肉の材料となるたんぱく質をつくるために、体内でつくることができない分岐鎖アミノ酸（BCAA）を食事から摂取します。BCAAは、必須アミノ酸であるバリン、ロ

表2-4	関節の運動とかかわる筋肉

肩関節	外転：三角筋 内転：大胸筋、広背筋
肘関節	屈曲：上腕二頭筋、上腕筋 伸展：上腕三頭筋
手関節	掌屈：橈側手根屈筋、尺側手根屈筋 背屈：長橈側手根伸筋、尺側手根伸筋
股関節	屈曲：腸腰筋 伸展：大殿筋
膝関節	屈曲：大腿二頭筋 伸展：大腿四頭筋
足関節	底屈：下腿三頭筋 背屈：前脛骨筋

表2－5 筋肉の役割

①動きをつくり出す	歩く、走る、跳ぶ、投げるといった動作をはじめ、人間のからだの動きはすべて筋肉の収縮によって行われる
②関節を保護する	筋肉は関節に加わる衝撃を吸収して、関節への負担を減らす。たとえば、変形性膝関節症の場合、膝関節にかかる負担を減らす目的で太もも前面の大腿四頭筋、後面のハムストリングを鍛える
③姿勢を保持する	座った姿勢、立った姿勢など、姿勢を保持するためには、腹筋や背筋をはじめ、多くの筋肉が使われている
④血液の循環をうながす	脚の筋肉は、血液を心臓に戻すためのポンプの役割をになっている
⑤エネルギーを消費する	からだが1日に消費するエネルギーの70％は筋肉によるものである。そのため、筋肉が少なくなると消費エネルギー量は減少し、食事を今までと同じ量とっていても太りやすくなる
⑥代謝	血液中の糖は筋肉に取りこまれて代謝されるため、筋肉は糖代謝の向上にかかわっている
⑦からだのラインを形づくる	私たちのからだは常に地球の重力によって下へ下へと引っ張られている。この重力に逆らってからだの各部のパーツを持ち上げてくれているのが筋肉である。たとえば、鎖骨下にある大胸筋がおとろえると、バストラインはどんどん下垂する。ヒップも同様である。ウエストラインのすぐ下にある大殿筋がおとろえてくると、ヒップがどんどん垂れ下がってくる。また、腹直筋（腹筋）は、"自然のガードル"ともいわれ、おなかがぽっこり出てくるのを防ぎ、肋骨の下から臍方向に斜めに走る腹斜筋はウエストのくびれをつくり出している

表2－6 筋肉量減少の弊害

① 筋力の低下	⑤ 転倒のリスクの増加
② 基礎代謝の低下	⑥ 関節痛の発症・増加
③ 体型がくずれる	⑦ 医療費の増加
④ 姿勢が悪くなる	

イシン、イソロイシンのことで、このなかのロイシンがたんぱく質の合成をうながすことで筋肉量を増加させ、筋肉の萎縮を改善することが期待されます。

(12) 神経系

ヒトの脳には約1000億もの神経細胞があるといわれています。数十万本の神経細胞が束になったものが神経線維で、そこには電気信号が縦横無尽に走り、からだの隅々にまでネットワークを張り巡らせ、さまざまな情報を送受信しています。そしてヒトの神経は、中枢神経と末梢神経に分かれています（p.49参照）。

神経系のはたらき（行動を正確に行う力）は、次の「平衡機能（平衡性）」「敏捷性」「巧緻性」に分類されます。

1 平衡機能（平衡性）

平衡機能をつかさどっているのは中枢神経系で、この機能が障害されると起立の維持や歩行が困難になります。私たちのからだが平衡に保たれるには、まず小脳が、「目でえた情報」「重力や回転などを感知した耳からの情報」「筋肉や皮膚等で感じとった圧力（足の裏の感覚など）」を統合し、頭と目の動きを制御して、からだのバランスをとっています。どの情報が低下してもからだの平衡機能は乱れますが、耳からの情報（半規管と耳石を含む前庭のバランス）に問題が生じるケースがもっとも多く、それは加齢により前庭のはたらきが徐々に低下するからでもあります。

2 敏捷性

敏捷性は、からだや足を素早く正確に動かす能力ですが、筋力等に比べて神経機能の関与が大きく、高齢者が敏捷性に欠けるのは神経機能の低下によるものと思われます。体力を上げるには、神経機能の「平衡性」「敏捷性」「巧緻性」を向上させるトレーニングも必要になります。

3 巧緻性

高齢になると、細かい作業が困難になったり、頭の中でイメージしたとおりにからだを動かしにくくなったりします。これが巧緻性の低下で、神経系の伝達が大きく関与しています。からだを巧みに動かすには、神経細胞のつながり・発達が重要です。筋肉のおとろえを防ぐために筋力トレーニングをするように、神経伝達系もトレーニングを重ねることによって機能のおとろえを防ぐことが可能です。

4 平衡機能・敏捷性・巧緻性の低下による影響

加齢にともなって平衡機能が低下すると、からだのバランス感覚も不安定になるため、つまずきや転倒を起こしやすくなります。また、敏捷性が低下すると、とっさのときに危険を回避する動作が遅れるため、た

とえばつまずいたときに瞬時に体勢を修正できず、転倒にいたってしまったりします。また、巧緻性の低下により、食事の際に自助具（皿・箸・スプーンなど）や介護が必要となったりします。

5 平衡機能・敏捷性・巧緻性の低下予防と改善

平衡機能の低下予防・改善には、下肢の筋力トレーニング（スクワットなど）、片足立ち（机や壁などを支えに片足で立つ）を推奨します。

敏捷性の低下予防・改善には、瞬発的な動きを要するスポーツやステップ運動（ラダーを使用）を、巧緻性の低下予防・改善には、マシンを利用するのでなく、無理のない範囲で行う自重トレーニングを推奨します。

(13) 生殖器・内分泌

1 生殖器

生殖器は、体内にある内性器と、体外にある外性器からなります。

① 女性生殖器（図2－24）

女性の内性器は生殖路（卵巣・卵管・子宮・腟）を形成し、外性器には大陰唇・小陰唇・陰核・腟前庭が含まれ、ここを外陰部といいます。

受精卵は子宮体部で着床し、受精から着床開始までの期間は6～7日です。16週間が経過すると胎盤が完成し、子宮内膜の状態を安定させるために、胎盤からはエストロゲンとプロゲステロンが分泌されます。生殖路の特徴とはたらきについては、次のとおりです。

・卵巣：卵子が形成されます。長さ約3～4cmの器官で左右1対あ

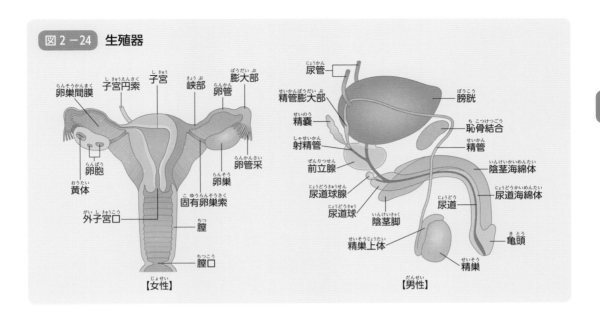

図 2 − 24　生殖器

【女性】

卵巣間膜
子宮円索
子宮
峡部
卵管
膨大部
卵胞
黄体
卵巣
卵管采
外子宮口
固有卵巣索
膣
膣口

【男性】

尿管
精管膨大部
精嚢
射精管
前立腺
尿道球腺
尿道球
膀胱
恥骨結合
精管
陰茎海綿体
尿道海綿体
尿道
陰茎脚
精巣上体
精巣
亀頭

ります。子宮の裏側にあります。皮質と髄質からなり、卵子
は皮質の卵胞という袋の中で成熟します。
・卵管：卵巣から子宮底の外側までを走行する長さ約 7 〜15cmの細
い管です。
・子宮：骨盤腔内で膀胱と直腸のあいだにあり、前後に扁平で、逆二
等辺三角形の形状をしています。内膜・筋層・外膜の 3 層で
形成されています。
・膣：子宮の下につながる約 7 cmの管腔器官です。重層扁平上皮で
おおわれ、 2 層の筋層からなります。
② 男性生殖器（**図 2 − 24**）
男性の生殖器は、内性器の精巣（睾丸）・精巣上体（副睾丸）・精
管・尿道・精嚢・前立腺と、外性器の陰茎、陰嚢などからなります。
男性生殖器のおもなはたらきは、次のとおりです。
・精巣（睾丸）：陰嚢の中にある左右 1 対の扁平楕円形の器官です。
精子や男性ホルモンを産生します。
・精巣上体（副睾丸）：精巣の外側に付属する組織です。精子を運ぶ
管（精管）の一部で、副睾丸ともいいます。
・精管：直径約 3 mm、長さ約30〜40cmの管です。精巣上体にある
精巣上体管に直結しており、精巣上体に蓄えられた精子がこ
の精管を通って尿道まで運ばれます。

・尿道：射精の際に精液が通る道です。精子はこの尿道を通って外尿道口に運ばれます。

・精嚢：前立腺の後ろにある左右1対の袋状の器官です。開口部は精管膨大部と合流し、射精管に続きます。精嚢液を分泌し、射精の際に前立腺の分泌物とともに精液として排出されます。

・前立腺：前立腺液といわれる精液の一部をつくり、精子に栄養を与え、精子の動きを促進します。

2 内分泌

内分泌とは、導管をもたない分泌腺（内分泌腺）が分泌物を直接血液中に放出する機能をいいます。遠く離れた標的細胞や標的器官に作用することが可能で、内分泌腺でつくられる物質を**ホルモン**といいます。このホルモンは内臓の機能をはじめ、からだのさまざまなはたらきを調節する化学物質で、血液によって全身に送られます。

内分泌腺には下垂体・甲状腺・上皮小体・膵臓・副腎・性腺などがあり、それぞれ異なるはたらきのホルモンがつくられています。ホルモンが多すぎたり不足したりするとバランスがくずれ、さまざまな病気を引き起こします。

3 下垂体

下垂体（脳下垂体）は間脳の視床下部に位置し、蝶形骨のトルコ鞍に収まっている小さな内分泌器官で、重さは約0.5〜0.8gです（図2－25）。

下垂体は前葉（腺性下垂体）と後葉（神経性下垂体）の2つに分けられ、それぞれ次のホルモンが分泌されます。

・前葉（腺性下垂体）：成長ホルモン（GH）、甲状腺刺激ホルモン（TSH）、副腎皮質刺激ホルモン（ACTH）、性腺刺激ホルモン（FSH、LH）、乳腺刺激ホルモン（LTH）

・後葉（神経性下垂体）：**オキシトシン**❸⓼（OXT）、**バソプレッシン**❸⓽（VP）（または抗利尿ホルモン（ADH））

たとえば成長ホルモンは、ヒトの成長期に骨端の軟骨細胞に作用し、その増殖と骨化を促進させたり、種々の器官細胞の増殖と肥大を促進させます。成長ホルモンは一生にわたり代謝調節に関与しているホルモンで、免疫機能や認知機能にも作用しています。

❸⓼**オキシトシン**

オキシトシンは妊娠末期の子宮にはたらき、子宮筋を収縮させ、分娩を誘発・進行させる。成熟した乳腺に作用し、乳汁の排出を促進する。

❸⓽**バソプレッシン**

バソプレッシンは腎臓の尿細管に作用して、水の再吸収を促進させ、尿量を調節する。また、末梢血管を収縮させて、血圧を上昇させる作用もある。その分泌は血液の浸透圧が高まれば亢進し、低下すれば減少する。

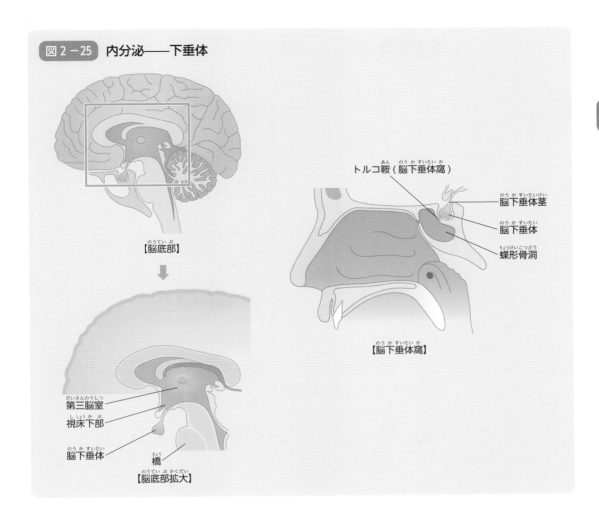

図 2-25　内分泌——下垂体

【脳底部】

トルコ鞍（脳下垂体窩）

脳下垂体茎

脳下垂体

蝶形骨洞

【脳下垂体窩】

第三脳室

視床下部

脳下垂体

橋

【脳底部拡大】

4 甲状腺

甲状腺は喉頭の前面にある内分泌器官で、蝶形をしています（**図 2-26**）。おもなはたらきは、脳の下垂体から指令を受けて、代謝を活発にする甲状腺ホルモンを分泌することです。

生命維持のために重要な役割をもつ甲状腺ホルモンの量は常に適正に保持されていますが、分泌量が多すぎると少し動いただけで脈が速くなったり（心臓の動きが活発になるため）、下痢をしやすくなったり（腸のはたらきがよくなりすぎるため）、イライラしたり（神経が高ぶるため）します。逆に甲状腺ホルモンが不足すると、心臓のはたらきが悪くなったり、便秘がちになったり、食欲が減退したりします。

5 上皮小体

上皮小体とは、甲状腺の後ろ側に上下 2 対（計 4 個）ある内分泌器官です。副甲状腺ともいいます。血中のカルシウム濃度を上昇させるパラ

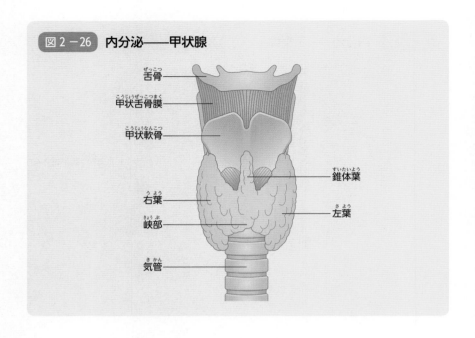

図2－26　内分泌──甲状腺

舌骨
甲状舌骨膜
甲状軟骨
右葉
峡部
錐体葉
左葉
気管

ソルモン（PTH）というホルモンを分泌しています。上皮小体は米粒大の小さな器官で、暗褐色です。

6　膵臓

　膵臓は胃の背部に位置する、長さ約15cm、厚さ約2cmの細長い実質臓器です。消化液を分泌する外分泌機能と、ホルモンを分泌する内分泌機能を有しています。膵臓から分泌されるおもなホルモンは**表2－7**のとおりです。また、膵臓（おもに膵尾）には**ランゲルハンス島**という小さな細胞塊（100～200μm）が散在しており（約100万個）、そこには**α（A）細胞、β（B）細胞、δ（D）細胞**といった3種類の内分泌細胞があります。

7　副腎

　副腎は2つの腎臓の上に位置する小さな三角形状の扁平な臓器で（**図2－27**）、左右1対あり、皮質と髄質からなります。

　副腎皮質ホルモンには糖質コルチコイドと鉱質コルチコイドがあります（**表2－8**）。

　副腎髄質から分泌されるホルモンとしてカテコールアミン（アドレナリン、ノルアドレナリン）があります。アドレナリンは心拍数の増加と血糖値上昇作用がいちじるしく、ノルアドレナリンは末梢血管収縮による血圧上昇作用がとくに強く認められます。

表2-7　膵臓から分泌されるホルモン

ホルモン	分泌される細胞	はたらき
インスリン	β（B）細胞	ブドウ糖からのグリコーゲン生成、ブドウ糖の酸化および脂肪への転化、たんぱく質の合成を促進し、血糖値を低下させる
グルカゴン	α（A）細胞	血糖値を上昇させる
ソマトスタチン	δ（D）細胞	インスリンやグルカゴンの分泌を抑制する

図2-27　副腎

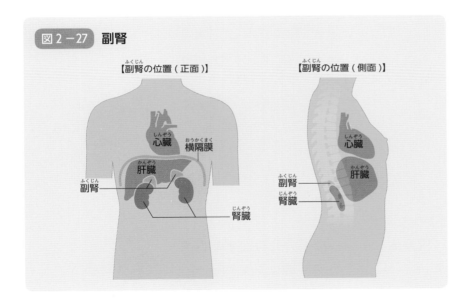

【副腎の位置（正面）】　　【副腎の位置（側面）】

心臓　横隔膜　肝臓　副腎　腎臓

心臓　副腎　肝臓　腎臓

表2-8　副腎皮質ホルモン

ホルモン	はたらき
糖質コルチコイド	糖新生の促進、たんぱく質分解で生じたアミノ酸のブドウ糖への転換、炎症反応の進行を抑える抗炎症反応。コルチコステロンとコルチゾルがある
鉱質コルチコイド	腎臓の尿細管でのナトリウムの再吸収を刺激し、カリウムの排出を促進する。アルドステロンとデオキシコルチコステロンがある

8 性腺

性腺（または生殖腺）は生殖細胞をつくる器官で、男性の精巣、女性の卵巣がこれに属します。

精巣では精子、卵巣では卵子が形成されます。この性腺（精巣・卵巣）に作用して卵胞の発育や排卵、黄体化や精子形成を促進するのが性腺ホルモンです。

性腺ホルモンは、生殖器に対する作用だけでなく、さまざまな作用を発揮します。

・女性ホルモン：卵胞ホルモン（エストロゲン）と黄体ホルモン（プロゲステロン）という2つの種類があります。卵胞ホルモンは女性生殖器の発育促進、第二次性徴（乳腺の発育、皮下脂肪の沈着）の発現をうながし、黄体ホルモンは受精卵の着床と妊娠の維持作用、子宮の収縮を低下させ排卵を抑制する作用があります。

・男性ホルモン：アンドロゲンが男性ホルモンの総称です。アンドロゲンのおもな構成成分がテストステロンというステロイドホルモンで、①男性の第二次性徴の発現をうながす、②セルトリ細胞に作用して精子形成を促進する、③筋や骨基質のたんぱく質合成等を促進するなどの作用があります。

9 松果体

松果体は間脳の後上方に位置する内分泌腺の1種で、長さ6～7mm、重さ0.2～0.3g、色は赤灰白色を呈します。松果体細胞と神経膠細胞からなり、睡眠ホルモンであるメラトニンを分泌します。

10 胸腺

胸腺は胸骨の後方、心臓の上方に位置し、大きさは成長とともに変化します。思春期には最大の30～40gになりますが、思春期以降はしだいに退化し、脂肪化します。サイモシン、サイモポエチンなどを分泌し、免疫細胞の機能分化促進に必要です。

(14) 血液・体液・リンパ液

1 血液

血液は固形の細胞成分（赤血球、白血球、血小板）と液体成分（血漿）で成り立っています（**図2-28**）。細胞成分（血球ともいいます）

が血液全体の約45％、血漿が残り約55％です。血液は体重の約 7 ～ 8 ％を占め、個人差はあるものの、体重 1 kgにつき約80mlあるといわれています。

血液のはたらきはおもに次の 4 つです。

① 　からだを構成する細胞に必要な酸素や栄養を届け、二酸化炭素や老廃物を運び出します（運搬作用）。

② 　全身を循環することで体温を均等にし、体表の血管から熱を放散したりします（体温調節作用）。

③ 　血液の酸・塩基緩衝作用によって体液のpHを一定に保ちます。

④ 　血液中に含まれる凝固因子により、出血の際に凝固したり止血したりして感染から身を守ります（止血作用）。

血液の成分とはたらきは、次のとおりです。

・**赤血球**：細胞成分のほとんど（約96％）を占める血球成分です。骨髄で生成され、肝臓や脾臓で破壊されます。ヘモグロビンに酸素が結合して運搬されます。このヘモグロビンが減少すると貧血になります。数は成人男性で約500万個/mm^3、成人女性で約450万個/mm^{3}です。

・**白血球**：骨髄やリンパ節で生成され、肝臓や脾臓で破壊されます。体内に侵入してきた細菌やウイルス、異物などを食作用でとらえて処理する（貪食作用）ことで、私たちのからだを感染から守る重要なはたらきをしています。数は約4000～9000個/mm^{3}です。

・**血小板**：骨髄で生成され、脾臓で破壊されます。止血作用をもちます。数は約20万～50万個/mm^{3}です。

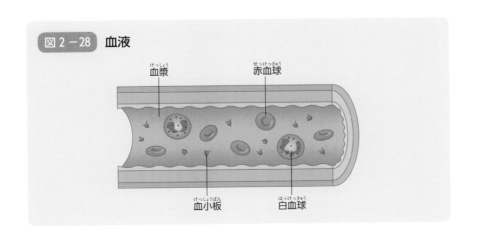

図 2 − 28　血液

血漿　　赤血球　　血小板　　白血球

・血漿：約90％が水分で、各種たんぱく質やブドウ糖、脂質、金属イオン、電解質、ホルモン、ビタミン等を含みますが、そのなかでもっとも重要なのはアルブミン、免疫グロブリン、血液凝固因子などの血漿たんぱくです。また、各組織でできた二酸化炭素を溶かして運搬します。

2 体液

体液とは体内に存在する液体成分の総称で、細胞内液と細胞外液に大別されます。

・細胞内液：細胞内に含まれる水分です。
・細胞外液：おもに間質液と血漿からなります。ほかにリンパ液、脳脊髄液などがあります。

⑳ホメオスタシス
p.81参照

体液のはたらきは栄養分を細胞に届け、老廃物を運搬したり、また、生体の恒常性（**ホメオスタシス**⑳）を維持したりすることです。ホメオスタシスとは、外界の環境の変化に対し、からだの内部環境をほぼ一定に保とうとするはたらきの総称です。たとえば体温が上昇した際に、皮膚への血液の循環を増やし、発汗によって熱を放散させ、体温を一定に保つ作用などです。

3 リンパ液

リンパ液は、リンパ管の中を流れる組織間液のことで、リンパ液にはリンパ球・脂質・無機塩などが含まれています。リンパ液のはたらきは、体内の老廃物や余分な水分等を回収することです。全身を流れるリンパ管は免疫器官であるリンパ節を経由しながら合流しますが、このリンパ節で体内に侵入した細菌やウイルス、がん細胞などの異物（有害物質）等をせき止めて排除します。

2 生命を維持するしくみ

1 生命の維持と恒常性のしくみ

（1）ホメオスタシス

　ホメオスタシス（homeostasis）とは恒常性のことで、生体の内部および外部環境因子の変化にかかわらず、一定の状態に保つからだのはたらきのことをいいます。

　たとえばヒトのからだは、外界の温度が高くなり、**体温**❹が上昇すると、皮膚血管の拡張と発汗等で体温を下げます。また、外界の温度が低くなり、体温が下降すると、ふるえなどが生じ、筋肉を縮めたり伸ばしたりして熱を産生して体温を上げます。

　また、食事をして血糖が高くなると、膵臓からインスリンが出て血糖を下げ、逆に血糖が低いときには、グルカゴンが出て血糖を上げます。

❹**体温**
一般におよそ36.5℃が平熱、37℃を超えると微熱、38℃以上になると高熱といわれている。しかし、年齢や環境によって変化することに留意すべきである。

2 心身の調和

　ヒトのこころとからだは密接に関係しています。さまざまな精神的ストレスがからだのはたらきやバランスに影響を及ぼすだけでなく、胃・十二指腸潰瘍といった疾患の発症や症状の経過に重大な影響を与えます。

（1）自律神経系

　自律神経❹には、心身の活動を活発にする**交感神経**と、心身をリラックスさせる**副交感神経**があり、この双方の神経のはたらきにより、からだはバランスが保たれています。たとえば交感神経の緊張が過度に高まると、心拍数や心臓の収縮力が増強し、血管も収縮して血圧が上昇します。気道も交感神経の緊張で拡張し、呼吸も速く大きくなります。過度なストレスが引き金となって自律神経に乱れが生じると、自律神経失調症や心身症、神経症といった心理的・身体的症状が発現します。また、筋肉や末梢血管の収縮は血流や皮膚温の低下等を引き起こし、胃潰瘍の発症など、臓器に影響を及ぼすことにもなります。

❹**自律神経**
p.52参照

（2）内分泌系・免疫系

内分泌系は、からだのさまざまな機能を調節したり制御するために**ホルモン**[43]を生成して分泌する腺と器官の集まりで、ストレス環境では**副腎皮質ホルモン**[44]が過剰に分泌されます。ホルモンは血液とともに体内を循環し、特定の組織に変化を与えます。

一方、免疫系をになっているのは、免疫細胞である**白血球**[45]です。私たちが強いストレスを持続的に受けると、視床下部からの指令でステロイドホルモンや神経伝達物質が分泌され、白血球中のリンパ球や細胞のはたらきを低下させます。免疫システムも自律神経の支配下にあり、ストレスが過度になれば、自律神経失調症や心身症、神経症といった心理的・身体的症状が発現します。

[43]ホルモン
p.74参照

[44]副腎皮質ホルモン
p.76参照

[45]白血球
p.79参照

3 生命を維持する徴候の観察

（1）バイタルサイン

バイタルサイン（vital signs）とは生命徴候のことで、「脈拍」「呼吸」「体温」「血圧」「意識レベル」の5つを指標とします。医療機関や介護施設等では患者（または利用者）の生命に関するもっとも基礎的な情報になります。「vital＝生きている、signs＝徴候（しるし）」という意味です。

バイタルサインの基準値は年齢や環境などで変化し、平常時の数値も個人差があるため、看護・介護にあたる人は日ごろから個人ごとの基準を把握しておくことが大切です。観察の知識と技術に関しては『医療的ケア』（第15巻）第1章第4節を参照ください。

4 介護福祉職に必要な薬の知識

（1）高齢者に薬の副作用が多い理由

高齢者は、複数の病気をかかえている場合が多く、多くの薬を併用しています。用いる薬の数が多くなれば、それだけ副作用の頻度も増加します。このような多くの薬の併用をポリファーマシーと呼びます。

高齢者の病気は慢性疾患であることが多く、薬の多くは休むことなく継続されます。さらに高齢者では、肝臓・腎臓など主要臓器機能の低下がみられ、体内での薬の代謝と体外への排泄が遅れる傾向があります。

このような薬の代謝と排泄の遅れ、長期間にわたる服用が、副作用が多い一因となります。

（2）注意が必要な薬

とくに注意が必要な薬は、降圧剤（起立性低血圧）、経口糖尿病薬（低血糖）、抗不整脈薬（吐き気・めまい）、抗不安剤（ふらつき、転倒）、抗うつ剤（口の渇き、頻尿）、抗生物質（腎機能低下）、ステロイドホルモン（胃・十二指腸潰瘍、骨粗鬆症、糖尿病）、消炎鎮痛薬（胃・十二指腸潰瘍）などです。括弧内に示したのが代表的な副作用です。睡眠薬などでは、少量でも効果が遷延（延び延びになること）し、薬の副作用でかえって昼夜逆転になってしまう場合もあります。

介護福祉職はこのような事実を理解し、降圧剤を飲んでいる人には移動時にバランスをくずさないようにからだをしっかり支える、経口糖尿病薬の場合は、食事量や表情、意識状態の観察など、薬の副作用に気を配ることが重要です。

（3）薬の形態（剤型）と使用上の注意点

薬の形態には、散剤（粉薬）・顆粒剤、錠剤、カプセル剤、液剤、塗り薬、貼り薬、座薬などいろいろなものがあります（**表2-9**）。これらの剤型は、その薬が有効に作用する、安全に使用できる、使用しやすいなどの条件を考慮してつくられています。このため、カプセル剤を勝手に分解して飲ませることなどは避ける必要があります。剤型特有の副作用もあり、たとえば認知症に対する貼り薬では貼付した部位のかぶれに注意します。

また、多くの薬で、食前、食後など、内服のタイミングが決まっています。たとえば、漢方薬の多くは食前に内服します。食後だと漢方薬の吸収が悪くなるためです。このように、できるだけ忠実に内服量とタイミングを守る必要があります。薬が多い場合は**一包化**⑯など飲みやすい工夫が必要です。また、認知症の人の場合は時間どおりに内服するのがむずかしいので、家族の協力をえる、デイサービスの利用時間に内服するなど、個別の工夫が必要です。

（4）薬とその効果

薬は、病気やけがを治すものです。薬はからだに入り吸収され、各組

⑯一包化
錠剤やカプセルを、飲む時間ごとにまとめて1袋にすること。薬の飲み忘れ、飲み間違い、紛失を防ぐことができ、手や目が不自由で薬を取り出すことがむずかしい人に便利である。

内服薬	散剤（粉薬） 顆粒剤	散剤は粉末状、顆粒剤は粒状の薬。むせたりして飲みにくいようであれば、オブラートに包むとよい。
	錠剤	成分を固めてつくった薬。固形状で、胃で溶けるタイプや腸で溶けるタイプ、口の中でかみくだいて溶けるタイプ（チュアブル錠）、口の中に入れるとすぐに唾液で溶ける口腔内崩壊錠（OD錠）がある。
	カプセル剤	粉末や顆粒をつめた通常のカプセル剤と、液体をつめた軟カプセル剤がある。かまずに、また中の薬を出したりせずに服用する。
	液剤	液体の飲み薬。定められた1回量をはかって服用するタイプと、1びんを1回で服用するタイプがある。
	吸入剤	口から吸いこんで服用するタイプの薬。気管支喘息や慢性閉塞性肺疾患（COPD）の治療薬として用いられることが多い。薬を噴霧させて吸入するエアゾールタイプと、粉末を吸入するドライパウダータイプとがある。
	トローチ	口腔内で徐々に溶かして服用するタイプの口腔内錠剤の1種。消炎作用や殺菌作用をもち、風邪をひいたときに症状を緩和するなどの効果がある。口腔、咽頭などの粘膜へ作用する。
	舌下錠	舌の下に置き、急速に溶かして口腔粘膜から吸収させる薬。急速に効果を期待するときに使用する。おもに狭心症の治療に使われる。
外用薬	塗り薬	皮膚に塗る薬は大きく分けて、軟膏、クリーム、外用液剤がある。症状や目的に応じて使用する。
	目薬	目専用の薬。雑菌が入るのを防ぐため、容器がまつげに触れないよう点眼する。
	点鼻薬	鼻の穴に容器を直接入れ、薬剤を鼻の奥にスプレーする薬。アレルギー性鼻炎や鼻づまりなどの鼻の炎症を抑える。鼻をかんでから使い、使用後は先端をきれいにふき、キャップをする。
	貼り薬	皮膚からの吸収により作用する。貼った部分にきくもの（消炎鎮痛薬）と、全身に作用するもの（狭心症治療薬、喘息治療薬、認知症治療薬など）がある。
	座薬	主に肛門から挿入する薬。直腸から薬を吸収させる。痔の薬や解熱鎮痛薬などがある。温度が高い場所で保管すると変形することがある。
	浣腸	肛門から直腸および大腸に薬液（グリセリン液等）を注入し、腸壁を刺激して蠕動運動を亢進させ、排便をうながす。

織に運ばれることで、その効果を発揮します。吸収された薬は、肝臓で代謝され無毒化されます。無毒化された薬や物質は、腎臓で尿となり、体外に排出されます。

　薬の吸収や効果に関係する組織や臓器、薬のおもな使用目的、薬のおもな投与方法は、それぞれ**表 2 −10**、**表 2 −11**、**表 2 −12**に示したとおりです。

（5）介護現場での注意点

　狭心症発作に有効なニトログリセリンは、舌の下に入れ、溶かして効果を発揮します。口腔粘膜の毛細血管から吸収され、直接循環血液中に入り、発作を抑えます。しかし、この薬を用いることで、急激な血圧低下を生じることもあるので、利用者の周囲の環境にも配慮が必要になります。薬には、効果を期待するための取り扱い方があることを介護福祉職も理解しておくことが、連携のために必要な知識となります。

　また、高齢者の場合、若年者と異なり、効果の出方や、副作用のあらわれ方に個人差があることを、介護福祉職は理解しておく必要があります。

表 2 −10 薬の吸収や効果に関係する組織や臓器

吸収	からだに入った薬が血液中に入ること
分布	血液中に入った薬が体内それぞれの臓器に送られること
代謝	肝臓に送られた薬が分解され、無毒化されること
排泄	無毒化された薬や物質が腎臓で尿となり、体外に排出されること

表 2 −11 薬のおもな使用目的

原因を取り除く薬	抗菌剤など
物質を補充する薬	インスリンなど
病気による不快な症状を抑える薬	抗ヒスタミンなど
感染症を予防する薬	インフルエンザワクチンなど

表2−12	薬のおもな投与方法による分類
経口（内服）	口から入る薬
注射	皮下、皮内、筋肉、血管内などに入る薬
経皮	湿布、貼付（テープ）、軟膏、スプレーなどで入る薬
経粘膜	座薬、膣薬、吸入薬などで入る薬

（6）介護福祉職が行えること

　薬は利用者の症状などに応じて、医師が処方し、薬剤師が調剤、製剤、管理しています。介護現場で、介護福祉職が行うことが許されているのは、「医師法第17条、歯科医師法第17条及び保健師助産師看護師法第31条の解釈について」（平成17年7月26日医政発第0726005号）によると、皮膚への軟膏の塗布（褥瘡の処置を除く）、皮膚への湿布の貼付、点眼薬の点眼、一包化された内用薬の内服（舌下錠の使用も含む）、肛門からの座薬挿入または鼻腔粘膜への薬剤噴霧を介助すること、とされています。

◆ 参考文献

● 藤澤節子『基礎から学ぶ介護シリーズ　介護者が知っておきたい薬のはたらきとつかいかた』中央法規出版、2010年

演習2-1 **内臓の名称**

次の図の空欄（くうらん）に入る適切（てきせつ）な語句（ごく）を考えてみよう。

前面

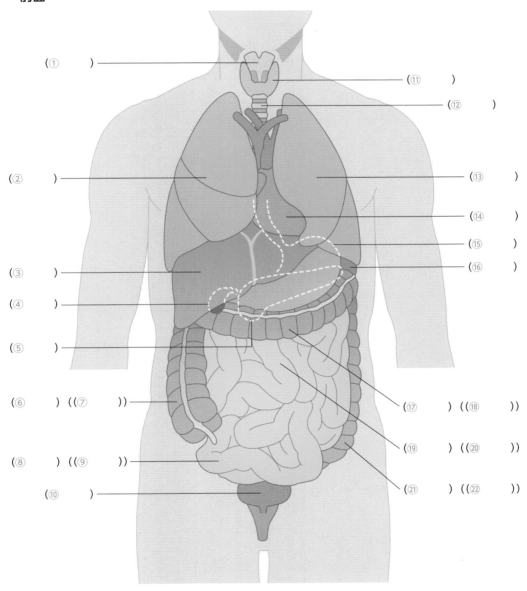

（① 　　　）
（② 　　　）
（③ 　　　）
（④ 　　　）
（⑤ 　　　）
（⑥ 　　　）（（⑦ 　　　））
（⑧ 　　　）（（⑨ 　　　））
（⑩ 　　　）
（⑪ 　　　）
（⑫ 　　　）
（⑬ 　　　）
（⑭ 　　　）
（⑮ 　　　）
（⑯ 　　　）
（⑰ 　　　）（（⑱ 　　　））
（⑲ 　　　）（（⑳ 　　　））
（㉑ 　　　）（（㉒ 　　　））

背面

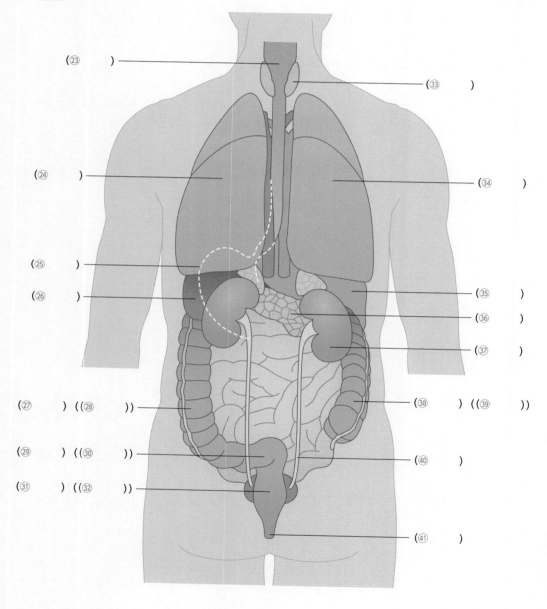

(㉓　　　　)

((㉝　　　　)

(㉔　　　　)

(㉞　　　　)

(㉕　　　　)

(㉖　　　　)

(㉟　　　　)

(㊱　　　　)

(㊲　　　　)

(㉗　　　)　((㉘　　　))

(㊳　　　)　((㊴　　　))

(㉙　　　)　((㉚　　　))

(㊵　　　　)

(㉛　　　)　((㉜　　　))

(㊶　　　　)

移動に関連した
こころとからだのしくみ

移動のしくみ

学習のポイント

- 人が移動する必要性や移動の効果について学ぶ
- 移動するためのからだのしくみを理解する

関連項目
- ④『介護の基本Ⅱ』 ▶ 第1章第1節「私たちの生活の理解」
- ⑥『生活支援技術Ⅰ』 ▶ 第3章「自立に向けた移動の介護」

1 なぜ移動をするのか

　生活に必要な食事、排泄、入浴、整容などの行為を行うために移動します。また、快適に過ごす、生き生きとした生活を継続する、身体機能を維持するといった目的もあります。

2 基本的な姿勢

❶臥位
横になった姿勢のこと。上を向いて寝た姿勢を背臥位、横向きを側臥位、うつぶせを腹臥位という。

❷覚醒
目が覚めている状態。

❸傾眠
眠りにおちいりやすく、うとうとした状態のことをさす。傾眠のある人は、話しかけたり、肩をたたいたりしないと、眠ってしまう。

1 姿勢の種類

　姿勢は大きく、**臥位**❶、座位、立位に分けられます（図3-1）。それぞれの姿勢で何が違ってくるのでしょうか。

　私たちは休息をとるときには臥位または座位をとります。とくに臥位では、四肢（手足）、体幹（頭と手足を除く胴体）の筋活動はほとんど不要になり、リラックスすることができます。逆に、座位、立位になるに従い、頸部（首）、体幹の筋力、下肢の筋力が姿勢保持のために必要になってきます。また、**覚醒**❷レベルが低く**傾眠**❸のある人も、座位、立位になるに従って覚醒してくる場合があります。

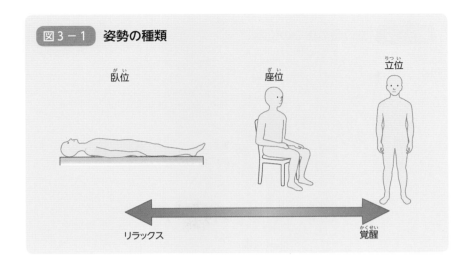

図3－1　姿勢の種類

臥位　　　座位　　　立位

リラックス　　　覚醒

2　各姿勢でのバランス

　姿勢保持の視点から考えると、各姿勢で異なるのは、体重を支える部分の広さ、重心の高さです。支える部分が広く、重心が低ければ、より安定します。

（1）臥位
　姿勢としては、頭部、体幹、四肢がベッドや床と接し、重心も低い臥位がもっとも安定した姿勢といえます。

（2）座位
　座位になると、殿部（お尻）から大腿（腰から膝までの部分）後面にかけて座面と接するようになるほか、頭部や体幹が座面から離れるぶん、からだの重心も高くなります。姿勢を保持するためには、からだを支えている面（支持基底面）の中に重心を保つ必要があるため、股関節周囲や頸部、体幹の筋力を発揮し、適切に重心位置をコントロールする必要があります。何らかの原因でバランスをくずしがちな場合には、背もたれや肘置きなど、外部からバランスを補助するような設定にする必要があります。

（3）立位
　立位ではさらに体重を支える面積はせまくなるうえ、重心位置もさら

91

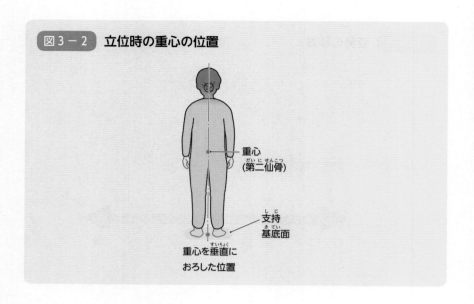

図3-2 立位時の重心の位置

重心
（第二仙骨）

支持
基底面

重心を垂直に
おろした位置

に高くなります。立位姿勢を保持しつづけるためには、両足でつくられる支持基底面の中に重心がおさまるように、からだ全体を使ってバランスをとる必要があります（**図3-2**）。

（4）重心線

❹**重心線**
重心を通り床に垂直な線のこと。

　からだを横から見たときに、静止立位時における**重心線**❹が、耳介—肩峰外側—大転子—膝後方—外果前方の諸点にあればバランスがとれ、負担のない立位がとれます（**図3-3**）。

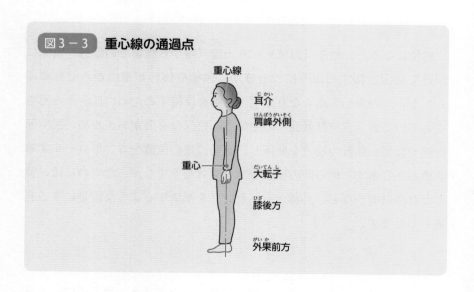

図3-3 重心線の通過点

重心線

耳介
肩峰外側

重心

大転子

膝後方

外果前方

図3－4 良肢位の角度

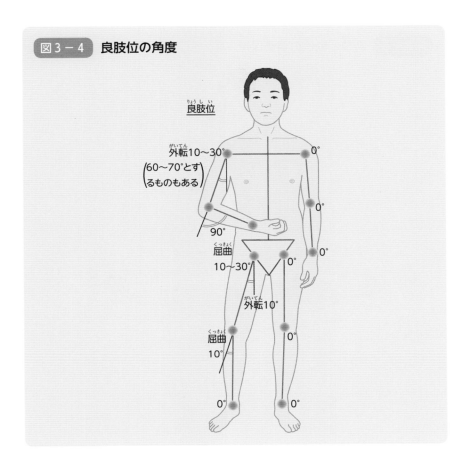

良肢位

外転10〜30°
(60〜70°とす
るものもある)

0°

90°

0°

屈曲
10〜30°

0°

外転10°

0°

屈曲
10°

0°

0°

0°

3　良肢位

　万が一、関節拘縮[5]を起こしても、日常生活動作で支障の少ない関節角度をとった肢位を良肢位といいます。また、良肢位は、からだの各部分の位置関係に無理がない、安楽な状態です。上肢でいうと、肩を軽く開き、肘をおおむね中間まで屈曲し、手は軽くボールをにぎったような肢位です（図3－4）。

[5]拘縮
動きが制限された状態。

4　ポジショニング

　麻痺などで関節をみずから動かすことができなくなった場合には、車いすで座位をとる際やベッドで臥位をとる際に同一姿勢を長時間とることが避けられないため、図3－5のような姿勢保持が必要になります。不良な肢位でいると、疼痛の発生や関節可動域の減少などの、新たな障害を生じる可能性があります。

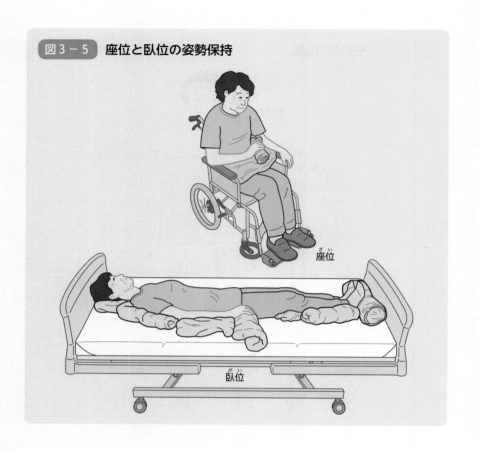

図3－5　座位と臥位の姿勢保持

座位

臥位

3 ボディメカニクス

　ボディメカニクスとは、身体を力学的な面から考察する学問、考え方のことです。ボディメカニクスの考え方を活用することで、介助を行う際の安全性を高めるとともに、介助する側とされる側の双方の負担を軽減することができます。

　介助場面におけるボディメカニクスの基本原理は次のようになります。

① 支持基底面を広くとり、重心位置を低くする

　支持基底面が広く、重心位置が低いと、身体がより安定します（図3－6）。

② 介助する側とされる側の重心位置を近づける

　重心位置を近づけることで、より少ない力での介助が可能になります（図3－7の左側）。

③ より大きな筋群を利用する

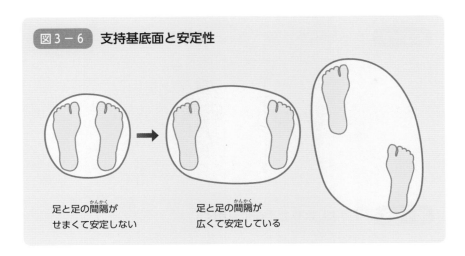

図 3 − 6　支持基底面と安定性

足と足の間隔が
せまくて安定しない

足と足の間隔が
広くて安定している

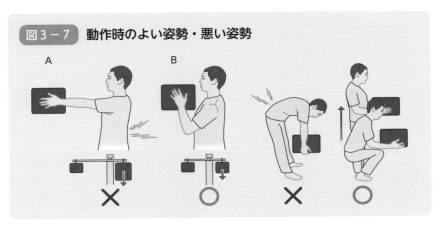

図 3 − 7　動作時のよい姿勢・悪い姿勢

A　B

×　○　×　○

　　腕や腰部の力だけではなく、背筋全体や大殿筋を利用することで、介助が容易になります。また、腰部に負担が集中しにくいため、腰痛などを防ぐことができます（**図 3 − 7** の右側）。

④　介助される側の身体を小さくまとめる
　　可能なら、介助される側の腕を組んだり腹筋に力を入れたりすることで、身体を小さく、1 つにまとめるようにします。これにより対象をより動かしやすい形にすることができます（**図 3 − 8**）。

⑤　「押す」よりも手前に「引く」
　　押すよりも引くほうが、摩擦を小さくでき、力を分散させないため、より少ない力で動かすことができます（**図 3 − 9**）。また、重心位置が近づくことで、少ない力での介助が可能になります（②参照）。

⑥　重心の移動は水平に行う
　　あらかじめに足を広げて立ち、介助する側が下肢の動きのみで水平

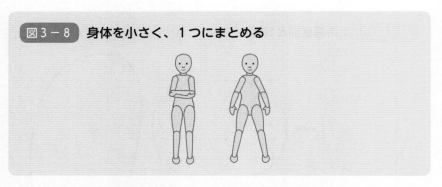

図3−8　身体を小さく、1つにまとめる

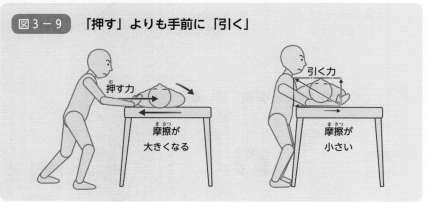

図3−9　「押す」よりも手前に「引く」

押す力

摩擦が
大きくなる

引く力

摩擦が
小さい

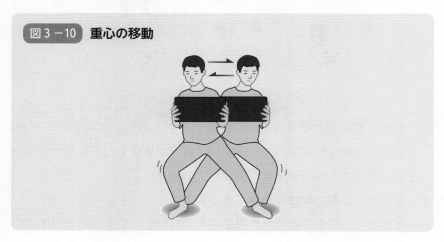

図3−10　重心の移動

に移動することで、安定した移動が可能になります（**図3−10**）。

⑦　介助する側は身体をねじらず、骨盤と肩を平行に保つ

　身体をねじりながらの介助は、力が出しにくいだけでなく、介助される側の重心位置を近づけにくいため、腰部への負担が大きくなり、腰痛の原因になる可能性があります。また、骨盤と肩を平行に保つようにすることで、腰部への負担を軽減することができます（**図3−11**）。

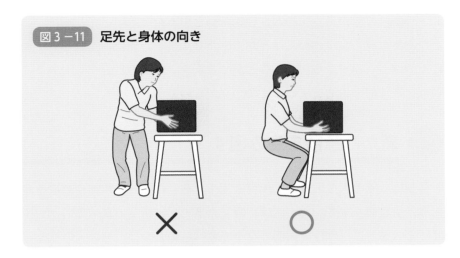

図 3 −11　足先と身体の向き

×　○

図 3 −12　てこの原理の応用

○支点

⑧　てこの原理を応用する

　てこの原理を応用することで、より少ない力で介助することが可能になります（**図 3 −12**）。

4　移動に関連したこころのしくみ

1　主体的な生活を送る

　これまで自宅内の移動に介助が必要だった人が、身体機能の向上や適切な環境設定により**自立度❻**が向上すると、どのような効果があるで

❻自立度
生活動作や生活行為がどの程度、遂行できるかを表す尺度。自立、一部介助、介助などに段階づけられる。

しょうか。移動が自立すると、行きたいと思ったときにトイレへ行くことができたり、食卓につくことができたりします。また、それぞれにかける時間も、みずから決めることができます。移動が自立するということは、主体的に生活をすることにつながるのです。

② 新たな意欲を生み出す

移動は、その人を取り巻く環境を変え、それによって意識や意欲を変える効果もあります。たとえば、同じ食事でも、自宅で食べるのとデイサービスなどに出かけて集団のなかで食べるのとでは、その人の意識も違ってきます。自宅では、家族への甘えが出てしまい、ベッド上で介助を受けて食事をしていますが、デイサービスでは気丈に（気持ちをしっかりと保って）ふるまい、みずからスプーンで食べている人がいます。移動して環境を変えることは、意識や意欲の変化を誘い、これまでみられなかった一面を引き出す可能性もあるのです。

家族や友人との団欒（集まってなごやかに親しみあう）の場所や、職場などへの移動、さらには旅行などでの移動を通して生きがいが創出されれば、次の移動への意欲につながっていきます。1つの移動が、次の移動を生む原動力になるのです。

5 移動に関連したからだのしくみ

① 臥位から立位になるまでのしくみ

人は安静にしているときは臥位の姿勢をとっていることが多いですが、移動するためには、臥位の姿勢から座位、立位と姿勢を変換していく必要があります。それぞれの姿勢と動作の特徴を学びます。

（1）寝返りをうつ（背臥位から側臥位）

背臥位から側臥位になる寝返り動作は、①下肢の重さを利用して骨盤帯を回旋させ、その動きを脊柱のつながりをもって肩甲帯まで伝えて側臥位になる方法や、②頭部を軽く持ち上げ、体幹の屈曲筋をはたらかせ

て肩甲帯から骨盤帯にいたる体幹を固定して１つのかたまりとしたあと、先に肩甲帯を回旋させることで、骨盤帯までを回旋させて寝返る方法などがあります。介助で行う場合には、後者のやり方が多く用いられます。

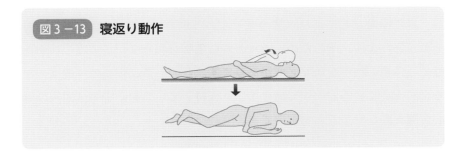

図 3 − 13　寝返り動作

（２）起き上がる（側臥位から座位）

　起き上がり動作では、側臥位からの起き上がりの際に上肢と体幹（とくに腹筋群）の力を利用します。また、ベッドから起き上がる場合には、下肢をベッドの外に出して、下肢の重みを起き上がりの力として利用します。

　座位姿勢をとるためには、股関節の屈曲可動域が十分にあることが必要です。また、臥位から座位になるとき、支持基底面はしだいにせまくなります。安定した動作を行うためには、しだいにせまくなる支持基底面の中に重心を保ちつづける必要があります。

　安定した起き上がり動作には、動作に必要な筋力、座位姿勢をとるための関節可動域、バランス能力が必要になります。

図 3 −14　起き上がり動作

（3）座位保持

　安定して座位を保つためには、からだが座面に接している部分（支持基底面）の中に重心がある必要があります。座位では臥位と比較して接している面積がせまくなり、坐骨、仙骨などの部分に、とくに体重が集中しがちになります。このため長時間の座位では殿部に痛みを生じたり、脊髄損傷などにより感覚の低下がある場合には、褥瘡[7]を生じるおそれがあります。そのため、時々、座位姿勢を保ちながら体重を移動させて、体重の集中を防ぐ必要があります。このとき、重心の位置は、からだを支えている面の中で動きます。支持している面の中で意図的に重心位置を動かせることも重要です。

❼褥瘡
p.109参照

（4）立ち上がる（座位から立位）

　立ち上がり動作は、両足を引いた姿勢から体幹を前傾して行う方法や、体幹を前傾させずに、上肢で座面や肘置きを押して行う方法があります。立ち上がり動作を行うためには、抗重力筋[8]と呼ばれる筋（脊柱起立筋や股関節、膝関節の伸筋群、足関節の底屈筋群）の筋力と、重心位置を座面から足底部に移動するための、体幹を前傾したり、上肢で座面や肘置きを押したりする動作が必要です。立ち上がり動作が困難な人を介助するときは、動作の足りない部分を介助します。たとえば、立ち上がるために利用する大殿筋[9]や大腿四頭筋[10]の筋力が不足しているのなら、筋力をおぎなうために引き上げる介助を行います。また、体幹を前傾することに不安がある人に対しては、体幹の前傾を誘導するような介助を行います。

❽抗重力筋
重力に対して姿勢を保持するためにはたらく筋肉。

❾大殿筋
p.47参照

❿大腿四頭筋
p.47参照

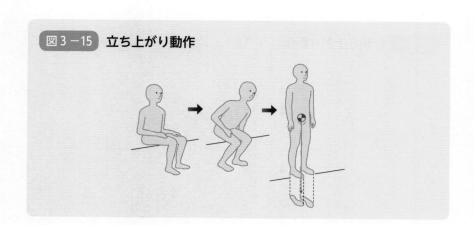

図3−15　立ち上がり動作

（5）立位保持

　立位姿勢では、座位と比較してさらに支持基底面はせまくなり、重心位置は高くなります。このため、介助なしで1人で立位姿勢を保持するには、抗重力筋（脊柱起立筋、大殿筋、大腿四頭筋、**下腿三頭筋**[11]など）の筋力と、適切なバランス反応があることが条件になります。立位では、足関節周囲の動きや股関節周囲の動き、体幹の動きによりバランスを保つよう姿勢を調整していますが、高齢者になると、とくに足関節周囲での姿勢調整能力が低下するため、ふらつきが大きくなるといわれています。

　立位は筋力やバランス能力を必要としますが、下肢への荷重による骨の強化や覚醒を向上させる効果などもあり、安全な範囲で積極的にとりたい姿勢の1つです。

[11] 下腿三頭筋
p.47参照

第 **3** 章　移動に関連したこころとからだのしくみ

② 歩行するためのしくみ

　歩行は、立位姿勢を保ちつつ、交互に両側の下肢を軸足にしながら、対側の下肢を前に振り出す動作です。体幹や下肢の筋力で体重を支え、さらに感覚器官からの情報をもとに、制御中枢が筋力を適切にコントロールしてバランスを保ちつつ、半ば自動的に両下肢を交互に振り出しています。歩行は、重心位置が高いうえにからだを支持する面がせまく、不安定になりやすい状況といえます。そのなかで、重心の移動にあわせて次々と支持面を適切につくり出して、歩行しているのです。

　屋外歩行では、人混みを避けたり交差点を渡ったりしながら、目的地まで到着しなければなりません。周囲への注意力、判断力、道順などの記憶力といった高次脳機能も、実用的な歩行には必要になります。

図 3−16　**歩行のしくみ**

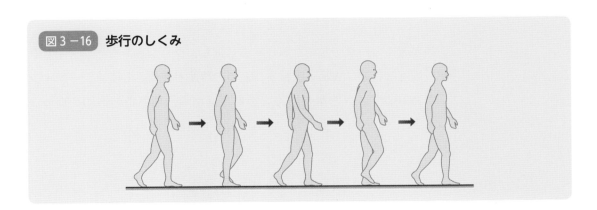

3 車いすを動かすためのしくみ

　車いすは、座位姿勢で、上肢や下肢の力を駆動力として利用し、移動するものです。したがって、自走で利用するには、安定した座位姿勢がとれること、車いすを駆動する力や関節の動きがあることが必要です。

　車いすは、通常、ハンドリムを前方に押すことにより駆動します。前進するためには、体側か体側のやや後方でハンドリムをにぎるか押さえつけたあと、前方に押し出します。したがって、両肩や肘関節の関節可動域が保たれている必要があるほか、前方に駆動するために**三角筋**⑫や**大胸筋**⑬などの筋力を必要とします。そのほかの車いすの駆動方法としては、片麻痺のある者が行う片手片脚での駆動や、脊髄小脳変性症（spinocerebellar degeneration：SCD）などの失調性の麻痺でハンドリムを正しくにぎることが困難な場合の、両脚による駆動があります。体力やスピードが十分にない場合や、筋ジストロフィー症などのように四肢の筋力低下がみられる場合には、ジョイスティックと呼ばれるコントローラーを手指の筋力を用いて操作することで、電動車いすを操作します。

⑫**三角筋**
p.47参照

⑬**大胸筋**
p.47参照

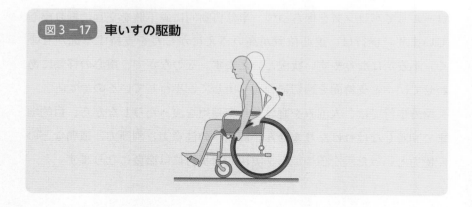

図3−17　**車いすの駆動**

　利用者に合わせて適切な車いすを選択し、クッションなどを活用しながら最適な状態に設定・調整するための理論と技術として、**シーティング**があります。専門家の助力をあおぎながら、利用者の援助を進めましょう。

4 筋力・骨の強化

（1）筋力の強化

　随意的に（自分の意志で）関節を動かすためには、筋力が必要です。関節の動きは筋が収縮する力により実現されているのです。筋力を維持するためには、ふだんから最大筋力の20～30％以上の筋力を利用している必要があるといわれています。したがって、移動も含めて、日常の動作をできる限り自力で行うことは、筋力の維持にもつながります。

　逆に、筋力をまったく発揮しないと、筋の萎縮（おとろえしなびて縮むこと）により、1週間で約20％、筋力が低下するとされています。また、加齢によっても筋力は低下します（サルコペニア）。筋力の低下は、関節への負担を増したり、移動能力をはじめとした動作能力の低下を招いたりする（フレイル）ことで、寝たきりの原因となるおそれがあります。疾患によっては、安静が必要になる場合がありますが、安静にしているあいだに筋力は低下していくということを忘れてはいけません。筋力はトレーニングにより強化することができます。筋力を増強するためには、最大筋力の40～50％以上の負荷が必要とされています。

（2）骨の強化

　加齢や運動量の減少は骨密度の低下（骨粗鬆症）を招き、ちょっとしたはずみの転倒が骨折につながる可能性があります。骨の強度は、一定の容積の骨に含まれるカルシウムやリンなどのミネラルの量（骨密度）と、骨内部の微細構造（骨梁）で決定されます。骨では常に古い骨を壊して吸収し、その場所に新しい骨をつくることが行われています。このため、骨の強度を保つには、カルシウムやたんぱく質、ビタミンDなど必要な栄養をとることや、カルシウムを腸から吸収するときに必要になるビタミンDを皮膚で合成するため、日光にあたることも必要です。また、丈夫な構造を保つために、骨に適度な力を加える必要があります。座位や立位といった、いわゆる抗重力位は、骨に力を加えることになり、骨の強化につながります。

5 予防と改善

筋力や骨密度の維持や改善には、運動療法による**予防・改善**が有効です。ウォーキングや水中歩行などの**有酸素運動**[14]に加え、最近では、変形性膝関節症や腰痛、骨粗鬆症の予防だけでなく、高齢者の体力維持・増進としても、**筋力トレーニング**が注目されるようになっています。また、筋力トレーニングは種目を工夫することで、寝たきり・半寝たきりの高齢者も取り組めるというメリットがあります。

⓮有酸素運動
ウォーキングやジョギングのように、継続的で比較的弱い力が筋肉にかかりつづけるときは、エネルギー源として、身体中にためてある体脂肪を燃焼させて使う。この反応を起こす場合、燃焼材料として酸素が必要となるため、有酸素運動と呼ばれている。脂肪燃焼や認知症予防に効果がある。

◆ 参考文献
● 上田敏編『新・セミナー介護福祉 三訂版4 リハビリテーションの理論と実際』ミネルヴァ書房、2007年
● 山田拓実「高齢者の平衡機能と運動療法」『理学療法ジャーナル』第41巻第1号、2007年

演習3−1　安定した姿勢

❶ 次のイラストのうち、どちらの姿勢が安定しているか考えてみよう。

A

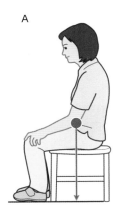

B

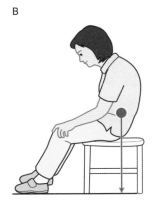

❷ なぜ❶で選んだ姿勢のほうが安定しているのか考えてみよう。

心身の機能低下が移動に及ぼす影響

学習のポイント

■ 移動が不自由になる要因を学ぶ
■ 移動が不自由になると生じる状態について学ぶ

関連項目 ⑥『生活支援技術Ⅰ』 ▶ 第3章「自立に向けた移動の介護」
⑫『発達と老化の理解』 ▶ 第4章「老化にともなうこころとからだの変化と生活」

1 精神機能の低下が移動に及ぼす影響

1 意欲の低下

さまざまな原因により、物事に対する関心や何かに取り組む意欲が低下する場合があります。関心や意欲の低下は、座ったまま、あるいは寝たままで過ごす時間を増加させ、**廃用症候群**を引き起こす原因になります。また、意欲の低下が顕著な場合には、覚醒レベルも低下して傾眠がちになる場合があります。このような場合には、仮に移動に必要な運動機能が残存していたとしても、実際に移動することは困難でしょう。物事に対する関心や何かをやろうとする意欲は、人が移動するうえでの基礎になるものです。

❶廃用症候群
p.108参照

2 意欲を低下させる原因

認知症や脳卒中の後遺症などで、意欲が低下する場合があります。また、一般に高齢者では、新しいことに関する記憶力が低下するため、状況の変化に対応しにくくなります。このため、たとえば転居などで環境

が変わると、周囲の環境の変化に柔軟に対応できずに、外出機会や外出意欲を低下させる原因になります。そのほかにも、近親者との死別により生活の張りを失ったり、病気や転倒に対する不安などを感じたりするようになることも、外出に対する意欲低下を招く原因になります。

　高齢者や軽度の認知症がある人の場合、適切な外出場所や外出機会を確保することが重要になります。また、程度によっては、積極的に話しかけたり、可能なら座位または立位をとったりするなどして、外部からの刺激を与えることが必要になる場合があります。

2　身体機能の低下が移動に及ぼす影響

1　骨折にともなう移動能力の低下

　加齢や疾患などにより筋力の低下や神経伝導速度の低下、**平衡感覚**❷にかかわる器官（視覚や聴覚、**体性感覚**❸など）の機能低下が生じた場合、さまざまな刺激に対する反応速度が低下します。このためバランスをくずしやすくなり、転倒のリスクが高まります。また、高齢者では骨密度が低下する傾向にあるため、転倒したときの骨折のリスクが高まります。転倒により、橈骨遠位端（手首）、上腕骨近位端（肩）、大腿骨頸部（股関節）、椎体（背骨）が骨折しやすいとされ、尻もちをついた場合には、椎体を骨折（圧迫骨折）しやすいとされています。大腿骨頸部の骨折では、治癒するまで体重がかけられないこと、椎体の骨折では、

❷**平衡感覚**
重力の方向に対する身体の位置や姿勢・動作を知る感覚。

❸**体性感覚**
皮膚や関節、筋、腱で感じられる感覚のこと。視覚や聴覚など、はっきりした感覚器官をもつものは特殊感覚という。皮膚が圧迫された感覚をいう圧覚や、関節の角度の感覚である関節位置覚などからも、身体の傾斜を感じとっている。

腰痛が生じることなどから、この間、移動が困難になります。また、長期の臥床により廃用症候群を生じると、骨折が治癒しても、以前の移動能力を発揮できない場合があります。

2 廃用症候群や褥瘡の発生にともなう機能低下

（1）廃用症候群

　長期間の臥床や活動の低下で二次的に生じる機能低下を**廃用症候群**といいます（図3－18）。運動器では全身の筋力の低下（筋萎縮）や関節可動域の減少（関節拘縮）が起こります。また、**胸郭**❹を動かしている呼吸筋の筋力低下や関節の拘縮により、換気量が減少したり、心筋にも筋力低下が及ぶため、**心拍出量**❺が減少します。精神面でも、刺激が減少することにより意欲が低下したり、**抑うつ状態**❻を招いたりします。これらの症状は**離床**❼をさまたげる原因となり、さらに機能低下をきたすといった悪循環になるおそれがあります。そのほか、自律神経の血管運動神経反射の弱化もみられるため、起立性低血圧を生じやすくなって、起き上がったり、立ち上がったりした直後にふらつく場合もあり、注意が必要です。

　廃用症候群を予防するためには、日々の生活のなかで、関節を動かす、筋力を発揮するなどの場面をつくることや、しっかりと栄養をとることなどが大切です。散歩などの運動習慣をもつことや、毎日ベッドか

❹**胸郭**
胸をとりまく骨格。

❺**心拍出量**
心臓から送り出される血液の量。

❻**抑うつ状態**
気分が落ちこんでいる状態。

❼**離床**
寝床を離れること。

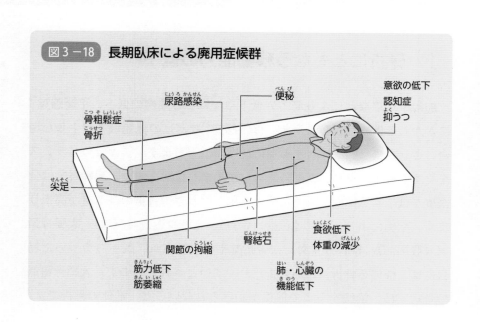

図3－18　長期臥床による廃用症候群

便秘
尿路感染
意欲の低下
認知症
抑うつ
骨粗鬆症
骨折
尖足
関節の拘縮
腎結石
筋力低下
筋萎縮
肺・心臓の機能低下
食欲低下
体重の減少

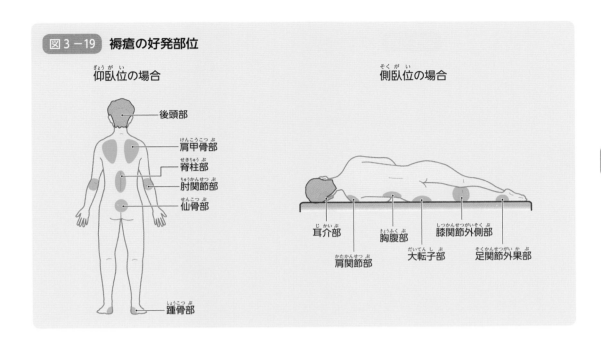

図3−19 褥瘡の好発部位

仰臥位の場合

- 後頭部
- 肩甲骨部（けんこうこつぶ）
- 脊柱部（せきちゅうぶ）
- 肘関節部（ちゅうかんせつぶ）
- 仙骨部（せんこつぶ）
- 踵骨部（しょうこつぶ）

側臥位の場合

- 耳介部（じかいぶ）
- 肩関節部（かたかんせつぶ）
- 胸腹部（きょうふくぶ）
- 大転子部（だいてんしぶ）
- 膝関節外側部（しつかんせつがいそくぶ）
- 足関節外果部（そくかんせつがいかぶ）

ら離れて車いすに乗車するなど、可能な範囲で活動的な生活を維持することが、廃用症候群の予防につながります。

（2）褥瘡

褥瘡とは、圧迫やずれの力の持続による循環障害により皮膚が壊死[8]した状態をいいます。褥瘡は、骨が突出した部分、たとえば座位では坐骨や尾骨、臥位では仙骨や肩甲骨、踵骨のあたりに生じがちです（図3−19）。高齢者では、脊柱の変形や関節の拘縮があったり、やせている場合が多いため、脊柱などの骨の突出部に圧力が集中したり、座位姿勢のずれにより皮膚にずれる力がはたらいたりするなどして、褥瘡を生じるおそれがあります。また、失禁により皮膚が常に湿潤している場合も、褥瘡が生じやすくなります。

坐骨や尾骨、仙骨などに褥瘡を生じると、座位時間が制限されたり、臥位でも姿勢が限定されるなどするため、褥瘡が原因で廃用症候群になる場合があります。

褥瘡を予防するためには、臥位では体位変換や褥瘡予防マット（エアマット等）による除圧を行う必要があります。車いす上などの座位では、除圧動作（身体を傾けて片側の殿部の圧力を低下させたり、両手でアームレストを押し下げるプッシュアップ動作など）を一定時間ごとに行います。

❽壊死（えし）
細胞や組織の一部分が死んだ状態。

図 3 −20 褥瘡の症状

●症状

・皮膚の発赤があり、褥瘡になりかけている

・見た限り表皮に損傷はないが、熱感をもつ

●褥瘡の分類（IAETの分類）

軽度

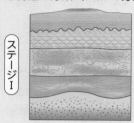

ステージⅠ

・皮膚は表皮から真皮まで欠損している

・水疱やびらん部があり、滲出液がみられる

・痛みがある

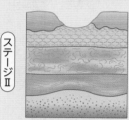

ステージⅡ

・組織の欠損は表皮から皮下脂肪組織に達している

・感染を起こしやすい

・膿がたまっている可能性もある

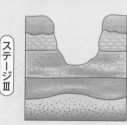

ステージⅢ

・腱、筋肉、骨、関節まで深い潰瘍ができている

・神経組織もおかされて、強い痛みがある

・命にかかわる感染症を起こす危険がある

・外科的治療が必要である

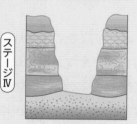

ステージⅣ

重度

3 疾患にともなう機能低下

　疾患により、筋肉や骨、関節、神経系などに異常があると、疼痛や麻痺を生じることで、運動機能が低下します。高齢者の多くは腰痛症や変形性関節症などで、腰や膝、股関節に疼痛を訴える場合が多くあります。高齢者の腰痛では圧迫骨折に由来するものが多く、長期間持続します。また、脳卒中は、四肢麻痺や片麻痺を生じることがあります（**図 3 −21**）。脳卒中による片麻痺では、**図 3 −22** に示すような肢位になる場合が多くみられ、運動機能が低下します。

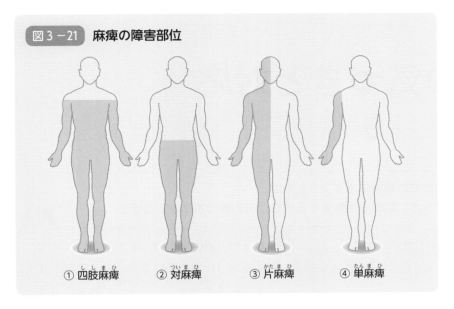

図3-21　麻痺の障害部位

① 四肢麻痺　　② 対麻痺　　③ 片麻痺　　④ 単麻痺

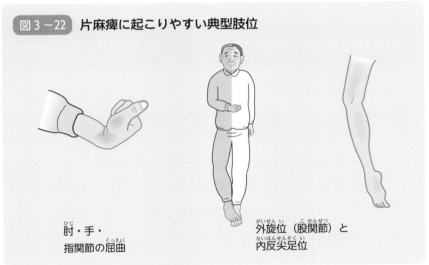

図3-22　片麻痺に起こりやすい典型肢位

肘・手・
指関節の屈曲

外旋位（股関節）と
内反尖足位

　歩行では、身体状況の変化により、特徴的な歩行の様子（歩容）が観察されます。高齢者によくみられる円背[9]は、通常よりも前方に重心位置を移動させるため、代償的に膝を屈曲して、安定した立位・歩行姿勢をとります。このような歩容では、足先の上がりが悪くなるため、つまずきやすくなります。脳卒中などにより片麻痺がある場合には、麻痺側の下肢を振りまわすようにして前に出します。股関節に痛みがあったり、股関節周囲の筋力が低下していたりすると、体幹を傾斜させた歩容になる場合があります。パーキンソン病では、すくみ足や突進現象などがみられるため、転倒しやすくなります。

[9]円背
圧迫骨折などの理由で脊椎の変形が生じ、背中が丸くなった姿勢になること。

第3章　移動に関連したこころとからだのしくみ

変化の気づきと対応

1 移動での観察のポイント

1 歩けなくなることを防ぐために

転倒による大腿骨頸部骨折や脊椎圧迫骨折による腰痛などで、一時的にでも歩行が困難になると、機能低下をきたして廃用症候群を引き起こすおそれがあります。これを防ぐためには、動作の変化に気づき、適切な対応をとる必要があります。

移動場面では**表3－1**のような点に注意して動作を観察し、必要に応じてしっかり手すりをにぎってもらったり、より身体を支える介助を行ったりするなどして安全を確保します。

2 外に出なくなることを防ぐために

活動量の低下やそのきざしを把握することは、生活の不活発による機能低下を未然に防ぐことにつながります。不安や疲労を感じている動作は行わなくなってしまうおそれがあるほか、意欲の低下は活動量の低下につながります。ふだんどのような場所にどの程度の頻度で外出しているかなどを把握しておくと、変化をつかみやすくなります。これらは、

表 3 - 1　移動での観察のポイント

〈階段や送迎車のステップを昇降する場面〉
- □階段やステップの角に足先やかかとをぶつけていないか
- □片側下肢で身体を支える時間が極端に短くなっていないか（素早い動作になっていないか）

〈歩行場面〉
- □足をつく場所が定まらなかったり、歩調が乱れたりしていないか
- □方向を変えるときにふらついていないか
- □歩く速さがふだんよりも遅くなっていないか
- □すり足になっていないか
- □表情に余裕があるか（痛み、不安な様子や疲労感はないか）

〈立ち座りや移乗、その他の場面〉
- □勢いをつけて立ち上がったり、立ち上がりをやり直したりしていないか
- □落ちるような動作で座っていないか
- □あざなどの打撲跡がないか（顔面、手、膝など）

表 3 - 2　活動量の低下の把握のポイント

- □不安や疲労を感じている動作がないか
- □近親者や友人との死別など、意欲を減退させるような出来事が起きていないか
- □定期的な外出先やその頻度に変化がないか

　日々の会話のなかからキーになるエピソードを把握するようにします（**表 3 - 2**）。

2 移動での医療職との連携のポイント

1 身体能力の判断

　身体能力に見合った移動方法や介助方法の選択は、安全な移動の実現と運動機能の維持につながるばかりでなく、本人の主体性や意思を尊重する場面をつくることにつながります。過剰な介護は、本人の能力を発揮する場面をうばい、廃用による機能低下をもたらすおそれがあります。

　どの程度の移動能力か、どういった移動手段でどの程度の介助が必要かを、医師や理学療法士などに、服薬による影響などを、医師や看護師、薬剤師に確認しましょう。

　移動手段を確認する場合は、生活場面を想定すると、より具体的になります。たとえば、脳卒中による片麻痺で、下肢装具を利用している人では、入浴時に装具をはずす場合があります。このため、装具をはずしても安定して立ち座り動作や歩行ができるかどうかを確認しておかなければなりません。また、脊柱管狭窄症などにより間欠性跛行の症状があれば、ふだんＴ字型杖などで歩行していても、距離によっては車いすが必要な場合もあるでしょう。移動する目的や場所、距離を明確にすることで、より生活に即した移動手段の確認が可能です。

　ただし、介助歩行が可能でも、入浴では介助者の負担や利便性を考慮して入浴用車いすを利用することもあります。医療職から移動能力の情報をえながら、介護福祉職が全体のバランスを考慮して移動手段を選択することも重要です。

2 緊急対応が必要なとき

　移動場面では、転倒した際に緊急対応が必要になります。

　出血があれば止血をする必要があるほか、打撲による腫れがあれば、患部を冷やすことが大切です。骨折のおそれがある場合には、支えたり固定したりするなどして、なるべく患部を動かさないようにします。

　また、転倒していなくても、脳血管疾患や心疾患などの発症が疑われ

る場合には、緊急の対応が必要になります。

　脳卒中の場合には、脱力のほか、めまいやしびれ、**ろれつがまわらない❶**、見え方の異常などがみられます。また、心不全の急性増悪の場合には、動悸や胸痛の訴えがみられます。

　このような症状や痛みの訴えなど、ふだんの様子と異なる状態がみられたら、できるだけ動かさず、本人の楽な姿勢をとらせたうえで、すぐに医師や看護師に連絡します。事前に、医師へ、その利用者の予測される状態の変化と対応について確認しておいたり、看護師から利用者の最近の状態を確認したりしておくと、余裕をもって対応することができます。

　そのほか、ふだんよりも動作が不安定で、歩行や移乗動作に介助が必要になったり、介助量が増えたりした場合には、介護支援専門員（ケアマネジャー）や家族と利用者の状態を共有し、自宅での生活が安全にできるかどうかを確認しておく必要があります。

❶**ろれつがまわらない**
舌がまわらず、何を言っているかよく聞き取れない状態。

◆ 参考文献
● 日本老年医学会編『老年医学テキスト 改訂第 3 版』メジカルビュー社、2008年
● 上田敏編『新・セミナー介護福祉 三訂版 4　リハビリテーションの理論と実際』ミネルヴァ書房、2007年

 **演習3−2　利用者の変化の気づきと対応**

　次の事例を読んで、いつもと違う様子のAさんに対し、何を確認し、どのように対応するかをグループで考えてみよう。

　ある施設に週１回通っているＡさん（男性、70歳）は、脊柱管狭窄症があり、いつも腰痛と下肢のしびれを訴えているが、周囲の人ともおしゃべりを楽しんだり、杖を使ってトイレに行くなどしている。しかし、今日は歩く速度も遅く、いつものように会話を楽しむ様子もみられない。

---

1 ロールプレイでＡさん役と施設職員役を決めて原因を確認してみよう（原因は、はじめは施設職員役には伏せておく。原因としては、疾患の悪化などの運動機能の変化が原因のもの、意欲などの気持ちの変化が原因のものなどを想定する）。

運動機能の変化が原因のもの：

気持ちの変化が原因のもの：

2 原因がわかったら、その原因に対してどのように対応するかを考えてみよう（運動機能の変化が原因の場合には、関係するどの医療スタッフに何を確認するか。気持ちの変化が原因の場合、今後本人に対して何に注意し、どのように接していくか）。

運動機能の変化が原因の場合：

気持ちの変化が原因の場合：

第4章

身じたくに関連した
こころとからだのしくみ

身じたくのしくみ

1 なぜ身じたくを整えるのか

身じたくを整えるために、人は、見る、味わう、かぐ、触る、聞く、のいわゆる五感を用いて情報を収集します。収集された情報は脳で分析・判断され、行動へと移します。

また、身じたくを整えるということは、からだの健康を維持するうえでも重要なことです。

人は他者とかかわるとき、時と場所を考えて自分から身だしなみを整えようとします。それは、自分と他者との関係において、不快感を与えないようにする気づかいや、よい印象をもってもらいたいという効果を考える、こころの動きが関係しています。こころの動きは、身じたくを整えるという具体的な行動につながります。

表4−1 身じたくの効果

① 健康的な生活ができる
② 生活のリズムを整える
③ 社会生活の維持・向上がはかれる
④ 生活のなかに楽しみが生まれる

　介護福祉職は身じたくの意義をよく理解したうえで、その人の立場に立ち、その人なりの身じたくを支援することが、健康で社会的な生活を維持することにつながるということを意識します。

2　身じたくに関連したこころのしくみ

1　目的が行動につながる

　着替えをしたり、歯みがきをしたりなど、身じたくを生活習慣として継続することの重要性はいうまでもありません。そのようななかで、「今日は大事な人に会う」という目的があると、何を着ていこうか、髪型はこれでよいか、鏡の前であれこれ考えませんか。人は目的があると、その場を想定し、多くのことを考え、判断し、主体的に行動します。高齢であっても、障害があってもこの思いは変わりません。何かをするとき、人はこころを動かすのです。それは意欲につながり、行動になるのです。

2　利用者の価値観を大事に

　利用者には、その人らしい身じたくの価値観があります。その価値観は、個性や今までの生活習慣などによって形成されたものです。それは自己表現でもあります。思いは第一に優先されなくてはいけません。その人らしい身じたくを整えることは、こころの満足になります。

3　身じたくに関連したからだのしくみ

1　顔面の構造と機能

　顔には、「眼、耳、鼻、口」があります。これらは「見る」「聞く」「かぐ」「話す」という行為につながる役割があります。顔面を構成す

表4－2	顔面を構成するおもな骨とその部位など
前頭骨 （ぜんとうこつ）	頭蓋冠を構成し、前頭部の額をつくっている
眼窩 （がんか）	前頭骨、頬骨、上顎骨、蝶形骨、篩骨、口蓋骨、涙骨の7種類の骨に囲まれている。眼球が入るくぼみ
蝶形骨 （ちょうけいこつ）	頭蓋底の中央に位置する骨。羽を広げた蝶の形に似ている
側頭骨 （そくとうこつ）	頭蓋外側壁と頭蓋底の一部を構成する左右1対の骨
上顎骨 （じょうがくこつ）	上顎を形成する1対の骨。上は眼窩下壁、内面は副鼻腔壁、下面は左右の口蓋突起が合わさって口蓋となる。口蓋は口腔の天井を形成している
下顎骨 （かがくこつ）	顔面頭蓋の下部を構成する馬蹄形の骨。左右の顎関節と可動的に結合している

図4－1 頭部の骨

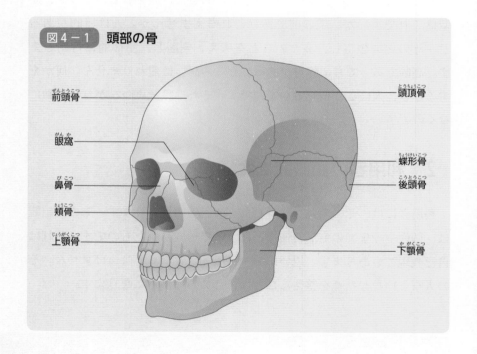

前頭骨（ぜんとうこつ）　眼窩（がんか）　鼻骨（びこつ）　頬骨（きょうこつ）　上顎骨（じょうがくこつ）　頭頂骨（とうちょうこつ）　蝶形骨（ちょうけいこつ）　後頭骨（こうとうこつ）　下顎骨（かがくこつ）

る骨と筋肉には、次のようなものがあります。

　顔面を構成する骨は、頭蓋骨といわれています。頭蓋骨はいくつかの骨が組み合わさって形成されています。脳頭蓋は頭蓋腔を形成し、脳を入れて保護しています。頭蓋骨の上方を頭蓋冠といい、底の部分は頭蓋底といい、区別されています。顔面を構成する骨としては、**表4－2**のようなものがあります。

表4-3　顔面を構成するおもな筋肉

表情筋 （ひょうじょうきん）	前頭筋 （ぜんとうきん）	両側の眉（まゆ）を上げて、額（ひたい）に横じわをつくる
	眼輪筋 （がんりんきん）	瞼（まぶた）を閉（と）じる
	口輪筋 （こうりんきん）	口をすぼめたり唇（くちびる）をとがらせる
	皺眉筋 （しゅうびきん）	眉間（みけん）に縦（たて）じわをつくる
	笑筋 （しょうきん）	えくぼをつくる、口角を横に引く
	頬筋 （きょうきん）	頬（ほお）をすぼめる
咀嚼筋 （そしゃくきん）	咬筋 （こうきん）	側頭筋（そくとうきん）とともに口を閉（と）じる、下顎（かがく）を引き上げて歯をかみ合わせる
	側頭筋 （そくとうきん）	下顎（かがく）を挙上（きょじょう）して口を閉（と）じる、歯をかみ合わせる、下顎（かがく）を後方に引く
	外側翼突筋 （がいそくよくとつきん）	口を開ける、顎（あご）を前に引き出す、食べ物をすりつぶす、内側翼突筋（ないそくよくとつきん）とともにはたらく
	内側翼突筋 （ないそくよくとつきん）	下顎（かがく）を挙上（きょじょう）する、外側翼突筋（がいそくよくとつきん）とともにはたらく

図4-2　頭部の筋肉（表情筋）

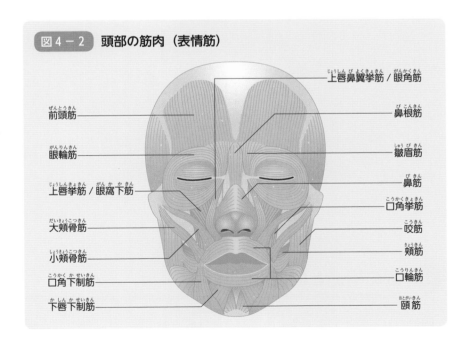

前頭筋（ぜんとうきん）
眼輪筋（がんりんきん）
上唇挙筋（じょうしんきょきん）/ 眼窩下筋（がんかかきん）
大頬骨筋（だいきょうこつきん）
小頬骨筋（しょうきょうこつきん）
口角下制筋（こうかくかせいきん）
下唇下制筋（かしんかせいきん）

上唇鼻翼挙筋（じょうしんびよくきょきん）/ 眼角筋（がんかくきん）
鼻根筋（びこんきん）
皺眉筋（しゅうびきん）
鼻筋（びきん）
口角挙筋（こうかくきょきん）
咬筋（こうきん）
頬筋（きょうきん）
口輪筋（こうりんきん）
頤筋（おとがいきん）

顔面を構成する筋肉（こうせい）には、表情筋（ひょうじょうきん）と咀嚼筋（そしゃくきん）があります（**表4-3**）。表情筋（ひょうじょうきん）は、顔面神経（がんめんしんけい）[1]に支配（しはい）されています。咀嚼筋（そしゃくきん）は、三叉神経（さんさしんけい）[2]に支配（はい）されています。

❶顔面神経（がんめんしんけい）
脳神経（のうしんけい）12対のうちの、第7脳神経（のうしんけい）。顔の表情筋（ひょうじょうきん）の運動を支配（しはい）する神経。

❷三叉神経（さんさしんけい）
脳神経（のうしんけい）12対のうちの、第5脳神経（のうしんけい）。頭部および顔面と、口腔（こうくう）、鼻腔（びくう）等粘膜（ねんまく）の感覚にかかわり、筋の運動も支配（しはい）する神経（しんけい）。

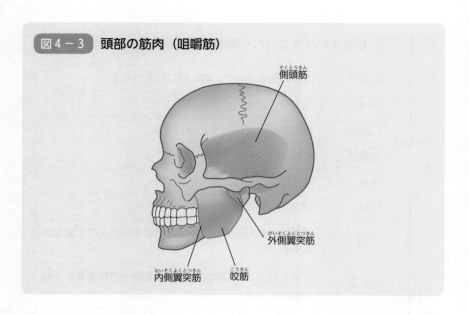

図4-3 頭部の筋肉（咀嚼筋）

側頭筋（そくとうきん）

外側翼突筋（がいそくよくとつきん）

内側翼突筋（ないそくよくとつきん）　咬筋（こうきん）

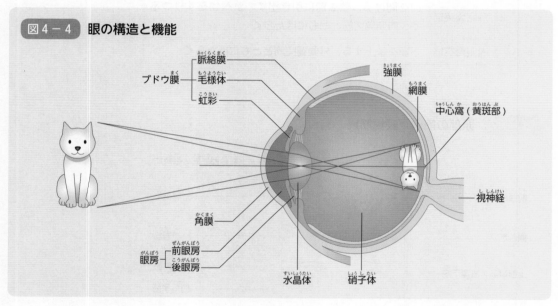

図4-4 眼の構造と機能

脈絡膜（みゃくらくまく）

毛様体（もうようたい）

虹彩（こうさい）

ブドウ膜（まく）

強膜（きょうまく）

網膜（もうまく）

中心窩（黄斑部）（ちゅうしんか　おうはんぶ）

視神経（ししんけい）

角膜（かくまく）

前眼房（ぜんがんぼう）

後眼房（こうがんぼう）

眼房（がんぼう）

水晶体（すいしょうたい）

硝子体（しょうしたい）

2　眼の構造と機能

　眼（め）は、外界の光による多くの情報を受け取る感覚器です。感覚器が受け取る情報の約8割が眼からの情報だといわれています。眼の重要性は、眼（め）が頭蓋骨（とうがいこつ）の中の眼窩（がんか）と呼（よ）ばれるくぼみにあり、その周囲を脂肪組織（しぼうそしき）が囲み、外界からの衝撃（しょうげき）から保護（ほご）されるように位置していることからもわかります。

表4－4　眼を構成するおもな部位とそのはたらき

眼球	角膜		厚さ約0.5〜1mmの透明な膜。眼球全体を包む外膜の前方6分の1の無色透明な部分。知覚に敏感で、角膜反射等で眼を保護するはたらきがある
	強膜		後方6分の5の白目の部分。眼球を保護する膜
	毛様体	ブドウ膜	水晶体とつながっていて、水晶体の厚さの調節をする
	虹彩		水晶体の前を縁どるように円状に位置しており、光の量を調節するはたらきがある。日本人は茶褐色をしている。中央部を瞳孔といい、明るいと小さくなり、暗いと大きくなる
	脈絡膜		強膜の内面に位置し、血管と色素に富む膜
	網膜		視細胞と視神経を含む、やわらかく剥離しやすい膜
	水晶体		瞳孔の後ろにあり、直径約1cm。無色透明で、弾力性がある。血管や神経は分布していない。レンズのはたらきをする
	硝子体		水晶体と網膜のあいだを満たす、無色透明でゼリー状の物質。眼球の内圧を保つはたらきをする
	眼房（眼房水）		透明の液体で、水晶体と角膜のあいだを満たしていて、水晶体・硝子体・角膜に栄養を与えるはたらきをする。眼圧を一定に保つはたらきをしている。眼房は前眼房と後眼房に区別される
副眼器	眼瞼		上下2枚のヒダで、外面は皮膚、内面は結膜に続く。眼球の保護や光刺激の調節を行うはたらきがある
	結膜		眼瞼に続く粘膜で、血管や神経に富む部分。眼瞼のはたらきを円滑にするはたらきをもつ
	涙器		涙腺から分泌された涙は眼球前面をうるおし、最終的には鼻腔に流れる
	眼筋		眼球運動をつかさどり、6対の筋からなる。脳神経である動眼神経、滑車神経、外転神経により支配されている

　眼球（図4－4）は直径約25mm、重さ約8gほどのほぼ球形をしています。

（1）見えるしくみ

　外界からの光は、角膜、前眼房に入ります。眼はカメラによくたとえられますが、虹彩はカメラのしぼりのようなはたらきをしています。ピントを合わせるのは毛様体で、その筋肉組織を伸縮させて水晶体の屈折力を調整しています。外界からの光の刺激は硝子体を進み、網膜で映像を結び、視神経を刺激し、大脳の視覚中枢に伝えられ、色や物の形をとらえるはたらきをしています。大脳の視覚中枢は後頭葉に位置しています。

　視神経が大脳にいたるまでに、左右網膜からの視神経は、頭蓋内で交差する部位があり、それを視交叉といいます。視交叉では、網膜の内側半分（鼻側）からの神経線維だけが交差しています。これは、物を立体的にみるためのしくみとされています。

（2）その他のはたらき

　眼は眼球以外に、副眼器と呼ばれるもので構成されています。副眼器の1つである眼瞼（まぶた）が行うまばたきは、無意識のうちに1分間に約15～20回行われ、それとともに分泌物（涙等）によって角膜をうるおすはたらきがあります。また、眼で見ることのできる範囲を視野といいます。視野は1点を見つめているときに、上下左右同時に見える空間をいいます。このほかには、光覚という光を感じその明るさの差を判断する機能と、色覚という色を判断する機能があります。

3　耳の構造と機能

　耳は、聴覚と平衡感覚をつかさどる器官です。その構造は、外耳・中耳・内耳から構成されています（図4－5）。外耳と中耳は、音の伝達器です。内耳は、音と平衡感覚の受容器です。内耳の前半部には聴覚器、後半部には平衡感覚器があります。

（1）外耳の構造と機能

　外耳は、音を集めるはたらきのある耳介と、音を伝えるはたらきのある外耳道から構成されています。外耳道の長さは約2.5～3cmとされており、耳介から鼓膜までの部分をいいます。外耳道は中央が軽く高くなり曲がっています。

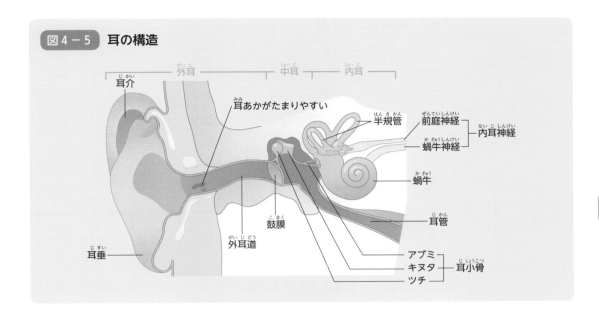

図 4 － 5 耳の構造

外耳道内の皮膚には、**アポクリン腺❸**が開いています。ここからの分泌物は、耳垢（耳あか）と呼ばれています。耳垢が大量にたまると、**耳垢栓塞❹**となります。アポクリン腺は、外耳の高くなったところより奥にはないとされています。

❸アポクリン腺
p.182参照

❹耳垢栓塞
耳垢が大量にたまり、耳の穴をせまくしたり、つまらせた状態。

（2）中耳の構造と機能

中耳は、外耳道からの音を骨振動に変えて内耳に伝えるはたらきがあります。鼓膜・鼓室・耳管で構成されています。鼓膜は、外耳と中耳をわける楕円形の薄い膜で、ツチ骨が付着しています。鼓室は鼓膜の奥にある空洞になった部分で、ツチ骨・キヌタ骨・アブミ骨という３つの小さい骨（耳小骨）があります。鼓膜に付着するツチ骨から順に音が骨伝導し、アブミ骨が内耳へと伝えます。

耳管は、鼓室と咽頭を結ぶ長さ約3.5cmほどの管です。鼓室内に空気を送り、内圧を外気圧と同じにするはたらきをしています。

（3）内耳の構造と機能

内耳は、聴覚器と平衡感覚器からなります。骨迷路と膜迷路からなります。骨迷路は中央部の前庭と前方に蝸牛（カタツムリに似た形）、後方に半規管が連なっています。膜迷路はその中にあります。半規管は前庭神経（平衡神経）と連結し、平衡感覚を受けもっています。

（4）音の伝わり方

　耳介で集められた音は外耳道から入り、鼓膜を振動させます。鼓膜の振動が伝わったアブミ骨が前庭窓に伝えます。前庭窓からの振動は、内耳にあるリンパ液に満ちた蝸牛を通りながら、物理的刺激であった振動が電気信号に変わり、聴神経に伝わり大脳に送られます。大脳の聴神経は側頭葉にあります。

4　鼻の構造と機能

　鼻は、空気が出入りする鼻孔（鼻の穴）とその奥にある鼻腔からなっています（図4－6）。鼻腔は、鼻粘膜におおわれて鼻甲介により上鼻道・中鼻道・下鼻道に分けられています。ここは多くの毛細血管があるため、空気の温度を感知しています。そのことで、急激な温度変化から気管支や肺を保護しているとされています。また、鼻毛は、細菌やほこりを気管の奥に入れないような役割があります。

　鼻腔の奥は咽頭に続いています。鼻腔を左右に分ける中央の部分は、鼻中隔と呼ばれています。頭蓋骨の頬の部分や額と眉毛の後ろ部分などには空洞があり、副鼻腔と呼ばれています。このはたらきは明確になっておらず、大きさも形もさまざまであるとされています。

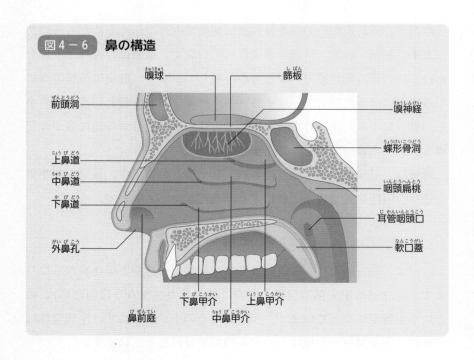

図4－6　鼻の構造

嗅球　　篩板　　前頭洞　　嗅神経　　上鼻道　　蝶形骨洞　　中鼻道　　咽頭扁桃　　下鼻道　　耳管咽頭口　　外鼻孔　　軟口蓋　　鼻前庭　　下鼻甲介　　中鼻甲介　　上鼻甲介

　においを感じる嗅細胞は、鼻腔の一番奥上の部分にあります。嗅細胞の表面には、嗅小毛と呼ばれる多数の突起があり、においの刺激を受けると興奮し、その興奮を嗅神経がとらえて大脳に送ります。嗅覚には順応性があるとされています。同じにおいをかぎつづけると、そのにおいを識別しなくなるとされています。

5 爪の構造と機能

　爪は、皮膚の付属器官で、皮膚の成分のたんぱく質がケラチンというかたい組織に変化したものです（**図 4 - 7**）。医学用語では、爪甲と呼ばれています。母胎の中にいる胎生 7 週間から生じます。

　爪は皮膚の中にある、爪根の内側にある爪母で細胞分裂によりつくられ、1 日に約0.1mmずつ指先に向かって伸びます。また、爪の下部には毛細血管があります。そのため正常な爪の色は、桃色とされ、圧迫すると白くなります。毛細血管があることを利用して、パルスオキシメーターでの動脈血酸素飽和度（SpO$_2$）の測定を指先で行います。また、爪の色が青紫色に変化した場合には、**チアノーゼ❺**が出ていることを確認できます。爪半月は、白くはっきりしています。この部分は爪がまだ角質化していない部分です。

　爪のおもなはたらきには、指先を外力から保護する、指を支える、手足の動きを助けるという、生活行動に重要な役割があります。また、爪と指の皮膚のあいだは、汚れがたまりやすい部分ですから、清潔に保つ必要があります。

❺チアノーゼ
赤血球内にあり、酸素の運搬の役割をになうヘモグロビンが酸素と結合せず、二酸化炭素と結合している状態。

第 4 章　身じたくに関連したこころとからだのしくみ

図 4 - 7　爪の構造

爪床
爪根
爪甲
爪半月
爪母
爪根
爪甲
爪床

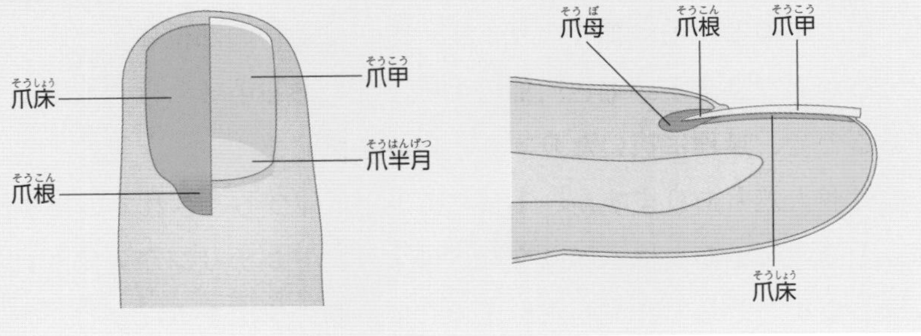

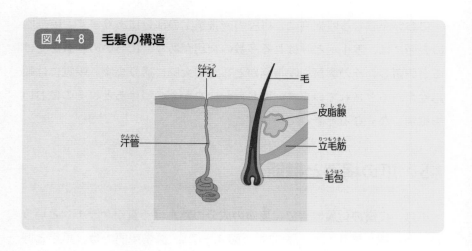

図4−8 毛髪の構造

汗孔

毛

皮脂腺

汗管

立毛筋

毛包

6 毛髪の構造と機能

毛は皮膚が糸状に角化したものです。母胎の中にいる胎生9〜12週ごろから伸びてきます。皮脂腺は遅れて発生します。

毛をそのかたさで分類すると、やわらかい毛（軟毛＝からだ全体をおおう）とかたい毛（硬毛＝毛髪・眉毛・髭・陰毛）があります。また、長さで分類すると、長毛（毛髪・髭・腋毛）と短毛（眉毛・睫毛（まつげ））になります。毛は皮膚面に斜めに一定方向に生えています。

毛髪（図4−8）は、たんぱく質の構成物であり、毛母と外毛根鞘でつくられ、押し上げられて毛が伸びます。日本人は1日に0.3〜0.45mm伸びるといわれています。日本人の毛髪は約10万本といわれ、白人より多く、太いとされています。頭髪には伸びるリズムである**毛周期**[6]といわれるものがあります。人の毛は、1本1本がそれぞれの周期をもっているので、一度に全部抜けることはありません。

毛髪は毛包で産生されるメラニン色素によって黒くなります。毛包の数が減少すると、毛は細くなります。毛包は身体の部位により、大きさや分布が異なります。毛包内部の毛根下部にある毛球には、血管や神経があるので、無理に抜いたりすると痛みを感じます。

髭は個人差もありますが、1日に0.38mm伸びるとされています。

立毛筋（起毛筋）は、寒さや興奮によりアドレナリンが分泌されると収縮します。そして、皮脂腺を圧迫して皮脂の排出をうながします。ただし、睫毛や眉毛、腋毛にこの筋はありません。

頭皮は、表皮保護作用のあるトリグリセライド（中性脂肪）を分泌し

[6]**毛周期**
p.185参照

ます。トリグリセライドは、常在菌が産生するリパーゼにより分解され遊離脂肪酸になります。遊離脂肪酸は有害作用があるので毛包に炎症やかゆみを起こし、悪臭の原因をつくることになります。頭髪の汚れは、外観からの審美性（見た目の美しさ）に影響するので、清潔が保たれないと、外出意欲が欠如するなど社会性に影響が出ます。

　毛はおもに、外界のさまざまな汚染物質からからだを守る、保温するという機能をもっています。

7　口腔の構造と機能

　口腔は、食べ物を摂取し消化器に送るはたらきとともに、呼吸器の入り口としてのはたらきがあります（**表4-5**、**図4-9**）。

　口腔の上の部分を口蓋といいます。口蓋の前3分の2は硬口蓋といい、骨があり、かたい部分です。後ろ3分の1は軟口蓋といい、筋肉と粘膜でできています。軟口蓋の中央にみえる垂れ下がった組織を口蓋垂

表4-5　口腔の機能

① 食べ物を摂取する入り口、咀嚼、唾液を分泌する、嚥下する
② 呼吸器の入り口
③ 発音する
④ 顔貌をつくる

図4-9　口腔の構造

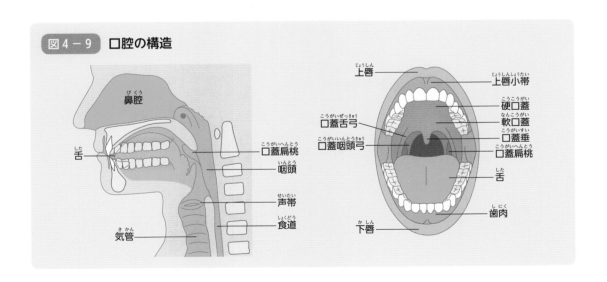

といいます。口蓋垂の左右にあるざらざらした凹凸がある半球状の組織を口蓋扁桃といいます。これはリンパ節の一種です。

　口腔内の組織は、歯肉も含めてピンク色をしています。口腔内に疾患があると、赤くなったり、白くなったりなどの変化がみられます。

8　おもな歯の構造と機能

　歯の構造は図4－10のとおりです。エナメル質は、からだのなかでもっともかたい部分です。これは、食べ物のなかの化学物質や、かたい食べ物、咀嚼から、長い年月、歯を守らなければならないからです。セメント質は、歯根部分の表面をおおうもので、薄くかたい組織からできています。エナメル質とセメント質の内部にあるのが象牙質と呼ばれる部分です。歯のもっとも内側にあるのは歯髄腔で、その中に歯髄があります。歯髄には血管や神経が入りこみ、象牙質に栄養を補給します。また、神経があることから、温かい、冷たい等の刺激を感じます。虫歯が進行し、しみる、痛いと感じるのは、齲蝕がここまで進んだということになります。歯肉は、やわらかく傷つきやすい部分ですが、治癒力が強いという性質をもっています。歯槽骨は、歯を土台からしっかり支えるはたらきがあります。

（1）歯の数

　歯は母胎の中にいるときからその形成を始め、おおむね生後6～7か月ごろから下顎や上顎の中央から生えはじめます。これは乳歯といい、2歳半くらいまでには20本が生えそろいますが、個人差もあります。6

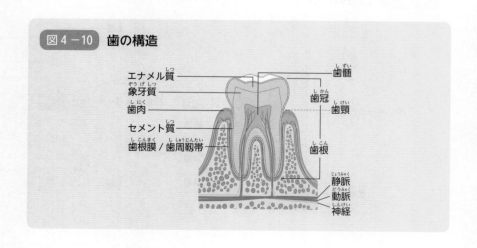

図4－10　歯の構造

エナメル質
象牙質
歯肉
セメント質
歯根膜／歯周靱帯
歯髄
歯冠
歯頸
歯根
静脈
動脈
神経

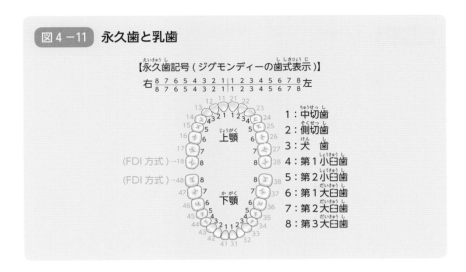

図4-11　永久歯と乳歯

【永久歯記号 (ジグモンディーの歯式表示)】

右 8 7 6 5 4 3 2 1 | 1 2 3 4 5 6 7 8 左
　 8 7 6 5 4 3 2 1 | 1 2 3 4 5 6 7 8

上顎
下顎
(FDI方式)
(FDI方式)

1：中切歯
2：側切歯
3：犬　歯
4：第1小臼歯
5：第2小臼歯
6：第1大臼歯
7：第2大臼歯
8：第3大臼歯

歳ごろから乳歯は抜けはじめ、永久歯へと徐々に生え替わりはじめます。ただし、大臼歯は最初から永久歯として生えます。智歯（＝親知らず）といわれる第3大臼歯がすべて生えそろえば永久歯は32本になりますが、上下左右の智歯4本が生えそろわない場合もあるので、永久歯の数は28～32本となります（図4-11）。

（2）歯の機能

切歯と犬歯は食べ物を食べやすい大きさにかみ切るはたらきがあります。臼歯は、食べ物をかみくだき、すりつぶし、唾液と混ぜ合わせるはたらきがあります。このようなかみくだく機能に支障をきたす疾患として虫歯[7]や歯周病[8]があります。また、加齢にともない歯が欠落することで、食べ物の消化が不完全になったりします。

さらに、顔貌や発音にも変化をきたします。口腔周囲のしわが増えて一気に老けた感じになったり、言葉が不明瞭になることがあります。

❼虫歯
p.148参照

❽歯周病
p.148参照

9　舌の構造と機能

舌は、粘膜におおわれた筋肉の組織です（図4-12）。成人で7～9cmくらいの長さがあります。正常な状態の色はピンク色を呈しています。舌は咀嚼や話すために重要な器官です。また、舌の前3分の2の表面にある舌乳頭と味蕾は、味覚を感じる受容器でもあります。舌の動きやはたらきには、舌咽神経[9]・舌下神経[10]・迷走神経[11]などが関与しています。

❾舌咽神経
p.53参照

❿舌下神経
p.53参照

⓫迷走神経
p.53参照

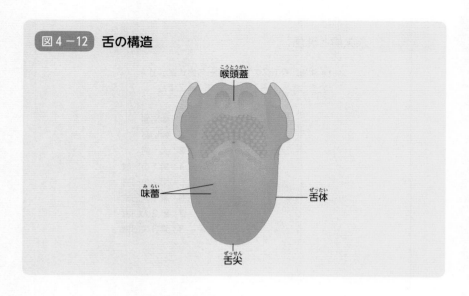

図4-12 舌の構造

喉頭蓋

味蕾 — 舌体

舌尖

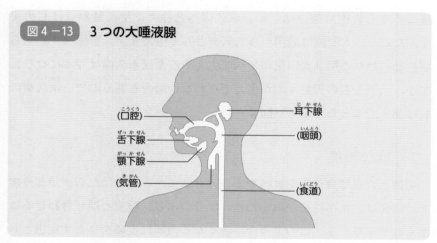

図4-13 3つの大唾液腺

(口腔) — 耳下腺

舌下腺 — (咽頭)

顎下腺

(気管) — (食道)

食べ物を口に入れると、その食べ物の味の成分が味蕾に触れ、その刺激が神経を通じて大脳に送られて、味覚を感じます。このように、舌のはたらきには味覚を感じるほかに、食べ物を舌の上にのせ、歯で咀嚼したものと唾液を混ぜ合わせるはたらき、舌の形を変え発声を補助するはたらきなどがあります。

舌の上に白くみられるのは舌苔といわれるものです。通常の状態でもみられますが、唾液分泌量の低下、不十分な口腔ケア、疾患、喫煙などの生活習慣等を要因として、口臭の原因になったりします。

(1) 唾液と唾液腺

唾液[12]は食べ物を口にしたとき以外にも、食べ物を見たり、連想した

⑫唾液
唾液分泌は、歯やからだの健康を保つために、次のようなはたらきがある。
食物残渣を洗い流す自浄作用、消化作用、緩衝作用、潤滑作用、薬物排泄作用、抗菌作用。

り、においをかいだりすることで分泌されます。とくに分泌が多くなるのは、食べ物を口にしたときとされています。唾液が分泌されることで、食べ物を飲みこむことを補助する役割もあります。

　唾液は唾液腺から分泌されるもので、約99％以上が水分です。1日に約1 *l* ほどを分泌するとされています。そのほかの成分としては、消化酵素や少量のホルモンも含まれます。この唾液を分泌する唾液腺は袋状の器官で、小唾液腺と大唾液腺があります。小唾液腺は口唇・頬・舌の粘膜組織に分布する細い管で唾液を分泌します。大唾液腺は、耳下腺・舌下腺・顎下腺の3つが左右にあります（図4－13）。

　唾液の性質は、唾液腺の種類や、自律神経のはたらきによって異なります。自律神経のうち交感神経が刺激された場合には唾液は粘りが強く、副交感神経が刺激された場合の唾液はサラサラして粘りが弱く、量も多く分泌されます。

10　口臭のしくみ

　口臭とは、口から吐く息にいやなにおいがあるものをいいます。口臭は会話をする相手にいやな印象を与えたりすることで、互いを気まずくさせたりもします。口臭には、生理的なものや食べ物によるもの、疾患によるものがあります。その多くの原因は、口腔内にあります。

表4－6　口臭の種類

生理的な口臭	起床時。睡眠中、唾液分泌量が低下することで口腔内が乾燥し、食物残渣などの変化から発生 水分不足の状態で、唾液分泌量が少なくなって発生
食べ物等による口臭	にんにく・にら・ネギ等においの強い食べ物を食べたときに発生 喫煙により発生
疾患による口臭	虫歯・歯周病等、口腔内疾患で発生 発熱による口腔内乾燥で発生 鼻炎・呼吸器・消化器疾患で発生
その他	義歯の汚れ、舌苔、不完全な歯みがき、口腔内乾燥

第 4 章　身じたくに関連したこころとからだのしくみ

洗顔のしくみ

　洗顔は、朝夕に行われる生活行動の1つです。また、汗をかいたあとなどにも洗顔をすると気分が爽快になったりします。

　洗顔をする効果としては、皮膚の汚れを落とす、皮膚を清潔に保つことができるということがあります。

（1）眼の清潔

　眼は、涙などの正常な分泌物やまばたきにより角膜をうるおし、涙とともに洗い流されています。しかし、睡眠中にはこの作用がはたらかないために、起床時の目やに（眼脂）として、目頭や目尻に残ることがあります。開眼できないような多量な目やにや、膿が混じるような目やにには、眼の病気の場合があるので、医療職に報告することが必要です。

　通常の洗顔では、目やにがある場合には、洗顔でやわらかくして除去することが可能になります。介助が必要な場合には、タオルを目頭から目尻に向けて一方向に向かってふきます。片目ずつふき、タオルの面は替えるようにします。

（2）耳の清潔

　高齢者の難聴の場合、自然にたまった耳垢が両耳をふさいでいることがあります。耳垢は外耳道にあるアポクリン腺等でつくられ、量やかたさは遺伝等により個人差があるとされています。アポクリン腺は、外耳道の少し高くなった部分の手前に分布され、たまった耳垢は自然に外に排出されるとされています。

　耳介後部や耳の内側のヒダのあいだにはほこりや垢が蓄積しやすいので、洗顔時にはかたくしぼったタオルでふくようにします。

　耳の穴の内側にたまった耳垢は無理に除去せずに、綿棒でやさしくふき取るようにします。かたくなった耳垢や、ダラダラと流れるような耳垢、においをともなうような耳垢の場合には、耳の疾患の場合があるので、医療職に報告することが必要です。

（3）鼻のケア

　通常の鼻の分泌物は、鼻をかむ行為で取り除くことができます。しかし、終日臥床している場合はほこりなどを吸いこみやすく、鼻の分泌物

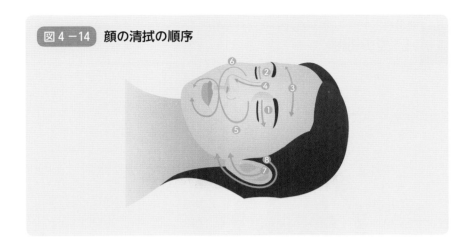

図4-14　顔の清拭の順序

がたまりやすい状態になります。固まった分泌物は無理にはがそうとしてはいけません。鼻の入り口部には血管に富んだキーゼルバッハ部位があり、傷つきやすく、鼻出血を招きやすい部位ともいえます。

　固まった鼻の分泌物は、入浴後あるいは熱いお湯でしぼったタオルを鼻の上にのせてから行うと、湿気で除去しやすくなります。また、洗顔時に鼻をかみたくなるのは、分泌物がやわらかくなったからともいえます。

（4）顔のふき方

　顔のふき方には、利用者によって習慣化されたものがありますが、介助が必要な場合には、次のような方法もあります。

　眼は目頭から目尻に向けて、口は口唇の周囲にそって、額はしわのよる横方向に向けてふくなどということは、筋肉や皮膚の自然な流れにそうということです。それは皮膚に刺激が少なく、汚れが取れやすい方向となっています。額や鼻にかけては、皮脂腺の多い部分でもあるので、意識してふくことも必要です。

演習4−1　**口腔の観察**

1 鏡で自分の口腔内の状態を見てみよう。

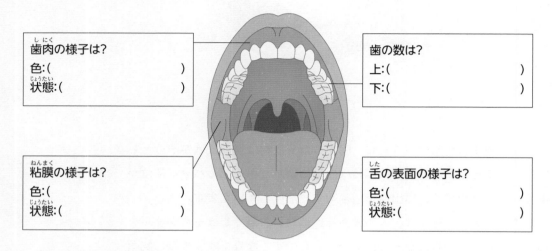

歯肉の様子は?
色:(　　　　　　　　　　)
状態:(　　　　　　　　　　)

歯の数は?
上:(　　　　　　　　　　　)
下:(　　　　　　　　　　　)

粘膜の様子は?
色:(　　　　　　　　　　)
状態:(　　　　　　　　　　)

舌の表面の様子は?
色:(　　　　　　　　　　)
状態:(　　　　　　　　　　)

2 観察した内容と正常な口腔の違いがあるか確認してみよう。違いがある場合には、なぜなのか考えてみよう。

 演習4−2　**口臭の予防と対応**

　次の事例を読んで、Aさんに対して介護福祉職のBさんが行ったケアがなぜ必要なのか、その根拠をまず自分で考え、次にグループで、それぞれが根拠をもとに説明できているか発表してみよう。

> 　Aさん（80歳、女性）は、要介護4で、ほとんどすべての生活動作に支援が必要な利用者である。最近自分の口臭が気になるとのことで、自室から出ない状態が続いている。担当する介護福祉職のBさんは、食事摂取量と食事内容、水分摂取量の確認をし、食事の前には口腔のまわりの運動をし、食後の口腔ケアにも注意するようにした。

心身の機能低下が
身じたくに及ぼす影響

学習のポイント

- 老化にともなう機能低下について学ぶ
- 身じたくを整えることをさまたげる要因について理解する

関連項目	④ 『介護の基本Ⅱ』	▶ 第1章「介護福祉を必要とする人の理解」
	⑦ 『生活支援技術Ⅱ』	▶ 第1章「自立に向けた身じたくの介護」
	⑦ 『生活支援技術Ⅱ』	▶ 第3章「自立に向けた入浴・清潔保持の介護」
	⑫ 『発達と老化の理解』	▶ 第4章「老化にともなうこころとからだの変化と生活」

1 精神機能の低下が身じたくに及ぼす影響

1 意欲の低下

　病気になると、人は生きるための欲求、健康になる欲求が優先され、身じたくに関する気持ち、意欲は少し薄れてしまいます。高熱が続き、体力が低下した場合には、身じたくは必要ないのでしょうか。身じたくと病気の関係を少し考えてみましょう。

　高熱が続き汗をかいた状態になると、皮膚は汚れます。汚れた皮膚をそのままにしていては、皮膚のかゆみや悪臭の原因となります。また、汗で濡れたままの衣服を着替えないと、気化熱で体温が失われるなど、病気を悪化させることもあります。この場合、汗をふき取り、着替えることが必要です。高熱が続くと、水分が失われ、口腔内も乾燥しがちです。口の中がネバネバした状態は気持ちが悪いものです。このような状態をそのままにしておくと、口の中の細菌が繁殖してしまいます。この場合、口腔ケアをすると気分は爽快になります。そして、口の中の健康

も維持されます。このように、身じたくを整えることは、病気の状態でも意欲の低下を防ぐことにつながるのです。

たとえば、高齢者に多い脳卒中後遺症により、麻痺が残る利用者の場合を考えてみましょう。身じたくを行ううえでの支障として次のような場面が考えられます。

・麻痺があることでいつものように着替えることができず、イライラする

・好きな衣服を着られないので、あきらめてしまう

・食べこぼしがある汚れた衣服でも、着替えが面倒でそのまま着る

これらの要因をそのままにしておくことは、意欲を低下させることになります。いつもしていたことができない苛立ちから、こころに不安やストレスを蓄積させることにもつながります。

また、認知症が進行した場合には、着替えることを忘れてしまう（着衣失行）など、その人らしい行動がみられなくなります。そのことで戸惑い、不安になる家族等に対して、介護福祉職が利用者のこれまでの好みや習慣を聞き、支援することも重要になります。それによって、利用者本人の思いを引き出し、意欲につなげることができます。また、家族等の戸惑いや不安をやわらげることにもなります。

たとえ障害や疾患があっても、自分らしい身じたくをすることが、QOL（Quality of Life：生活の質）の維持・向上に必要です。介護福祉職としては、できることはしてもらい、できない部分を支援することが、意欲の低下を防ぐことにつながります。

2 身体機能の低下が身じたくに及ぼす影響

身じたくに関する情報収集能力や分析・判断能力、行動能力に支障を生じたり、機能が低下することは、身じたくを整えることに影響を与えます。身じたくに関連するおもなからだの機能としては、五感機能にかかわる感覚器の機能が加齢にともない低下することで起きる影響、上肢や指の機能が加齢にともない低下することで起きる影響などがあります。具体的な影響としては、次のような場面が考えられます。

・よく見えないことで、衣服の汚れに気がつかない

・腕が曲がりにくく、うまく着替えることができない

・指の動きが悪く、ボタンをかけるのが困難になる、かけ違いがある

・よく見えないことで、髭の剃り残しがある

・髪の毛の汚れに気がつかない

・爪がうまく切れない

・口臭に気がつかない

・歯がなくなったので、うまく咀嚼ができない

　また、これら加齢や障害にともなうからだの変化が要因となって、こころにも変化をきたすことがあります。ここでは、身じたくに関連する身体機能の低下によるからだの変化を知り、何が機能低下による生理的な変化なのかを確認しておきます。

1 眼の機能低下による変化

　眼の老化にともなう機能低下では、まず老眼（「老視」ともいいます）があります。この変化では、近くのものが見えにくくなることや、眼が疲れやすい状態になります。これは水晶体の弾力性低下によるものとされます。また、老化にともない明暗に順応する時間を多く必要とします。これを明暗順応の低下といいます。これは網膜の毛細血管の変化や水晶体の混濁が関係しているとされ、見え方への変化はありません。

　さらに高齢になると、角膜の周囲に灰色のリングのようなものが見えることがあります。これは老人環と呼ばれるもので、角膜周囲にコレステロール等の脂肪成分が沈着したものであるとされ、この場合も見え方への変化はありません。

　眼の周囲では眼窩や眼瞼の脂肪組織が減少するために、眼が落ちくぼんでいるようにみえます。眼瞼を上げる筋力の低下では、眼瞼が下がったような印象を受けます。その眼瞼を上げようとして、前額部に皮膚のしわが寄りやすい状態も、加齢にともなう変化といえます。涙は眼の表面をうるおす重要なはたらきをもっていますが、一般的に加齢にともない涙腺が萎縮し、高齢者は若年者よりも涙の量が減る傾向にあります。

2 爪の老化による変化

　爪の老化による生理的変化としては、次のようなものがあります。

・色がにごり、全体に荒く艶のない状態

・脆弱化（もろく弱くなること）
・縦に走る線条（すじ）が出る
・厚くなる
・巻き爪になりやすい

　なお、巻き爪になりやすい状態は、爪の老化とともに、きつい靴を履くなど、日ごろの生活習慣が関係します。

3　毛の老化による変化

　毛の老化による生理的変化としては、次のようなものがあります。

・毛が細くなる
・毛髪が減少する（毛包の数が減少するため）
・白髪になる（毛嚢が萎縮し、色素産生能力が低下するため）
・はげてくる（40〜50歳代から顕著。遺伝と男性ホルモンが関与）

　ただし、毛髪の加齢にともなう変化は、個人差が大きく、そこには、遺伝・ストレス・食事が関係しているとされています。男女にみる変化では、男性では、眉毛が長くなり、人によっては耳毛もみられるようになります。女性では、腋毛は60歳以上の女性では無毛となるとされています。皮脂腺の大きさは変化しませんが、分泌は低下します。**エクリン腺**❶も15％減少するといわれています。

❶エクリン腺
p.182参照

　毛髪はその人の外観にかかわることで、こころへの影響も大きいものです。白髪が出る、毛髪の数が少なくなることで地肌が見えるなどの変化により、老いを感じることにもつながります。ただし、人が自分の老いをどのように感じるかは千差万別です。そのため、前述のような変化を自分らしいおしゃれにする人もいれば、自分らしいおしゃれができにくくなるということに不安を感じる人もいます。不安を感じる人は、その不安によるこころの変化が社会性を低下させることにもつながります。

4　口腔の老化による変化

　口腔内の老化によるおもな生理的変化としては、次のようなものがあります。

・歯の数が減る（虫歯や歯周病が関与）

・不適切な歯みがきで、知覚過敏になりやすい
・咀嚼力が低下する
・唾液分泌量が低下する
・味蕾の数が減る
・顔貌が変化する（歯の有無が関与）

　歯の数が減ることで、喪失した歯の機能は、入れ歯（義歯）により代用されることが多くなります。入れ歯には、部分床義歯（部分入れ歯）や全部床義歯（総義歯）等、利用者の残存歯の状態によって選択されます。近年は、インプラント（人工歯根）技術も発達してきています。

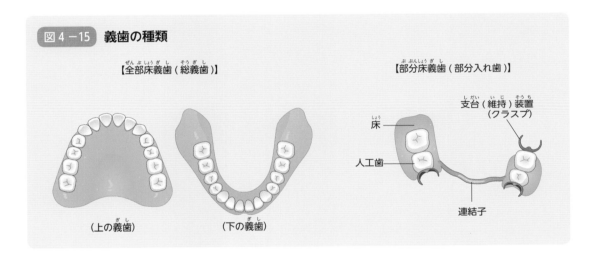

図4−15　義歯の種類

【全部床義歯（総義歯）】

（上の義歯）　　（下の義歯）

【部分床義歯（部分入れ歯）】

床
人工歯
支台（維持）装置（クラスプ）
連結子

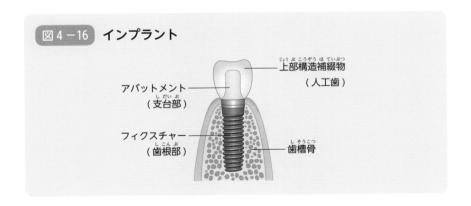

図4−16　インプラント

アバットメント（支台部）
上部構造補綴物（人工歯）
フィクスチャー（歯根部）
歯槽骨

　味蕾は、舌以外の咽頭粘膜等にも分布していますが、老化にともないその数が減少し、乳頭の萎縮が起きます。また、味覚中枢への神経経路にも加齢にともなう変化が起きるので、老化とともに味覚は低下しま

す。とくに、苦味や塩味に対する感覚の低下がいちじるしいとされています。そのため、高齢者は濃い味のものを好みやすくなります。

　歯の数の変化、咀嚼力の変化、味覚の変化、唾液分泌量の変化は相互に関係するはたらきでもあります。このように、口腔内の老化による変化は、栄養を摂取することへの支障にもつながります。

　歯がないと、発音がうまくできない、口のまわりのしわが目立ち顔貌も変化することがあります。不適切な義歯の手入れで口臭を感じることもあります。これらのことで、人は、人前で話すこと、人とかかわることを苦手に感じる場合があります。このような、こころの変化が社会性を低下させることにもつながります。

第3節

変化の気づきと対応

学習のポイント

■ 身じたくを支援する際の観察のポイントについて学ぶ
■ 他職種と連携するうえでどのような判断が必要かを理解する

関連項目	⑦ 『生活支援技術Ⅱ』	▶ 第1章「自立に向けた身じたくの介護」
	⑦ 『生活支援技術Ⅱ』	▶ 第3章「自立に向けた入浴・清潔保持の介護」
	⑫ 『発達と老化の理解』	▶ 第5章「高齢者と健康」

1 身じたくでの観察のポイント

　ここでは、身じたくという日常生活のなかで気づくことのできる、こころとからだの変化や機能低下の前触れのための観察のポイントを学びます。

1 眼の変化

　眼は、人が行動をするための情報を収集する感覚器です。日ごろのケアを行う際に、次のような点を注意して観察します。また、眼の変化は眼そのものの観察に加え、生活行動をよく観察することでわかることも多いので、生活面についての注意も必要です。

（1）観察のポイント

・見えにくさの訴え
・見えにくさが疑われる生活行動（物をつかみ損ねる、よく物にぶつかる、など）
・眼周囲の皮膚の状態
・目やにの量と色
・結膜の状態（色）

疾患名	おもな部位とその原因	おもな症状と注意点
麦粒腫	眼瞼にある汗や脂の腺の急性炎症 細菌感染による	眼瞼の腫れや痛み 目やに ＊麦粒腫ができやすい人は糖尿病等の疾患がないか確認する
霰粒腫	眼瞼にある汗や脂の腺の慢性肉芽腫性炎症	眼瞼内の球状のかたまり 腫れや痛み
睫毛乱生・睫毛内反 （逆さまつげ）	睫毛が眼球に触れる状態	ごろごろ感 涙目 目やに 老化が原因のこともある
眼瞼下垂	上眼瞼が下がった状態	＊先天性もあるが、動眼神経麻痺、重症筋無力症でもある
鼻涙管閉塞	鼻涙管の内部が老化や菌により閉塞した状態	涙目 目やに
急性結膜炎	結膜に感染や炎症が起きた状態 細菌やウイルスによる	結膜の充血、腫脹 目やに ＊ウイルス性では感染に注意
流行性角結膜炎	ウイルスによる結膜炎 角膜にも影響し、視力低下の原因になる場合がある	強い結膜の充血、腫脹 目やに 異物感 ＊感染力が強い
ベーチェット病	ブドウ膜の炎症がくり返し起きる 黒目下に三日月型の白い炎症	眼痛 視力低下 ＊口腔内アフタの存在
糖尿病性網膜症	基礎疾患としての糖尿病	視力低下
網膜剥離	網膜が眼底から剥離した状態	視力低下 視野狭窄
白内障	加齢にともなう水晶体の混濁 糖尿病によるもの、先天性のものなどもある	視力低下
緑内障	眼圧の上昇による ただし正常眼圧の緑内障もある	視力低下 急激な眼痛 視野狭窄 全身症状として頭痛、悪心、嘔吐
加齢黄斑変性	網膜の黄斑部が加齢にともない変化する	ものがゆがんで見える 視野の中心が暗くなる、欠ける 視力低下

注：糖尿病性網膜症、網膜剥離、緑内障、加齢黄斑変性は、失明を引き起こす疾患として注意が必要である。

（2）眼の変化への対応

　目やには、涙の量の増減でみられる場合と、睫毛乱生・睫毛内反（逆さまつげ）や感染によりみられる場合があります。起きたときに目やにがついている場合は、睡眠中にまばたきが減ることにより生じたことが考えられます。洗顔時には目頭から目尻に向かってふきます。目やにの量が異常に多い、結膜が赤くなっている、眼周囲の皮膚の状態がいつもと異なるような場合は、感染やアレルギー等が考えられるので、医療職に報告するようにしましょう。

　見えにくいという訴えや、物をつかみ損ねる、物にぶつかることが多くなった場合は、視力に変化が出ていることが考えられるので、医療職に相談します。

◆ **2** 爪の変化

　爪はからだの状態をよくあらわす部位でもあります。日ごろのケアや爪切りを行う際に、次のような点を注意して観察します。

（1）観察のポイント
・爪の色
・爪の性状
・爪周囲の皮膚の状態（赤くないか、周囲との色の変化はないか）
・かゆみや痛みの有無
・全身状態に変化はないか
・生活に変化はないか

（2）爪の変化への対応

　爪は加齢にともなう変化があらわれる部位です。まず、爪の状態が加齢による生理的な変化なのか、病気によるものなのかを確認します。

　爪の色が急激に変化した場合、たとえば青紫色になり**チアノーゼ❶**が疑われる場合には、呼吸器や循環器の変化が考えられます。この場合には、ほかの全身症状を確認しながら、医療職に報告します。

　爪の色が白くにごっている、黄ばみがみられる、爪が厚くなってきた、ポロポロと落ちてくるような場合には、爪白癬（水虫）による性状の変化も考えられます。この場合も医療職に相談します。生活場面のな

❶チアノーゼ
p.127参照

　爪の変化と予測されること

	どのような変化か	予測されること
爪の色	Half and half nail： 爪のほぼ中央に白色帯が出た状態	腎疾患
	全体に白い爪	肝障害や低栄養、貧血等
	青紫色の爪：チアノーゼがみられる状態	心臓疾患や呼吸状態の悪化等
爪の性状	巻き爪、陥入爪： 足指の爪側縁が指に食いこんだ状態	老化 足に合わない靴 爪の切り方
	スプーン爪： 爪がスプーン状になっている	重症の貧血 鉄欠乏性貧血
	バチ状爪： 指先が太鼓をたたくバチのようになっている	おもに心臓疾患
その他	爪の白濁・肥厚がみられる	爪白癬＝水虫 白癬菌を原因とする

かでは、靴下を履き替えているか、指をよく洗っているかを確認します。

　爪周囲の皮膚の状態では、発赤など色の変化を確認します。発赤がある場合には、皮膚の炎症が疑われるので、痛みやかゆみというほかの症状がないかを確認します。ほかの症状がある場合には医療職に報告します。ほかの症状がない場合には、生活のなかで発赤になるような生活習慣がないかを確認します。

　巻き爪、陥入爪、不適切な爪切りや深爪により、周囲の皮膚を損傷することがあります。糖尿病のある利用者は、その血液の状態から感染症にかかりやすく治りにくいという特徴をもっているので、爪だけではなく、周囲の皮膚の観察もおこたらないことが重要です。

3 　毛の変化

（1）観察のポイント

・異常な抜け毛はないか

・かゆみや痛みの有無

・周囲の皮膚の状態（赤くないか、周囲との色の変化はないか）

・全身状態に変化はないか

・生活に変化はないか

　抜け毛による変化で予測されることとしては、円形脱毛症があげられます。その原因としては、ストレス説・ホルモン説があり、硬貨大くらいの範囲で毛髪がない、いわゆる「はげた」状態となるもので、1か所の場合もあれば数か所の場合もあります。1〜3か月で治癒することが多いようです。

（2）毛の変化への対応

　かゆみとともに痛みがある場合には、発毛部位の皮膚状態を確認してみます。発赤や皮膚周囲に盛り上がりがある場合には、炎症の可能性があるので医療職に報告します。かゆみやふけが多いような場合には、洗髪時に使用するシャンプー等を変更したか、洗い方に問題があるかを一度確認してみましょう。かゆみは、季節や生活習慣の変化が影響する場合があります。利用者の生活習慣を確認することも必要になります。

◆4　口腔の変化

（1）観察のポイント

・グラグラした歯はないか

・入れ歯は合っているか

・痛みの有無

・出血の有無

・周囲の口腔粘膜と異なる色調はないか（赤くないか、白くないか）

・口臭はないか

・食事量の変化

・嗜好の変化

・食事に対する気持ちの変化

・全身状態に変化はないか

・生活に変化はないか

（2）口腔の変化への対応

　口腔の変化を確認する場合には、食事摂取量の変化と口腔ケア時の観察が重要になります。

　食事量の変化や嗜好の変化、食事摂取に対する気持ちの変化は、口腔内の状態が悪化しているために生じる場合もあります。入れ歯が合っていない場合や歯がグラグラしている場合、歯が痛い場合には、食事量が減少する、好きだったものが食べられない等の変化がみられます。

　日ごろの口腔ケアでは、歯をみがく前後に歯と歯肉の状態を確認しておきましょう。歯肉の色が異常に赤く痛みがある、歯肉から出血している、歯をみがくと痛みを訴える、口腔粘膜が白く痛みがある場合には、医療職に報告します。

　口腔ケアは実施できているのに、口臭が気になるような場合には、口腔ケアの方法を再確認してみます。再確認しても気になるようであれば、全身状態の変化も疑われるので医療職に相談します。

5 　口腔内の変化として予測されること

（1）虫歯

　虫歯とは「歯の硬組織の軟化とくぼみの形成をともなう局所的な歯牙の外因性疾患」と定義されています。進行状況はCaries（カリエス❷）を略して「Ｃ１～Ｃ４」で分類されています（**表４－９**）。虫歯をそのままにすると、全身疾患につながる場合もありますので注意が必要です。

　虫歯の原因には３つの要因があります。①歯質、②細菌、③食べ物です。この３つが重なると、虫歯になります。②の細菌は**歯垢（プラーク）❸**のなかにあります。毎食後の歯みがきと就寝前の歯みがきはこれらの要因を抑えることにつながります。とくに、歯垢がたまりやすい歯と歯の境界部分や、奥歯の溝にみがき残しがないように注意が必要です。

（2）歯周病

　歯周病とは、歯肉や歯を支える骨である歯槽骨など、歯の周囲組織に起きる病気をまとめた呼び方です。歯周病の原因も歯垢（プラーク）のなかの細菌です。とくに、歯周病では歯と歯肉の境界部分に付着した歯

❷カリエス

もとはドイツ語Kariesで「腐朽」の意。歯学で「う歯」を意味する（虫歯を専門用語ではう歯という）。

❸歯垢（プラーク）

歯垢は正しい歯みがきで取り除くことができる。歯みがきで残った歯垢は歯石となる。歯石は歯みがきでは取り除くことはできない。

表4－9　虫歯の進行状況

程度	状況	症状
C 1	歯の表面、エナメル質	とくにない
C 2	歯の内面、象牙質	水がしみるなど
C 3	歯の中心部、歯髄	神経圧迫による痛みがある
C 4	歯表面の欠損部分が広い。歯髄の内部まで	持続的な痛みや腫れ
	放置すると歯根膜へと広がる	全身症状としての発熱につながる場合もある

図4－17　歯周病の変化

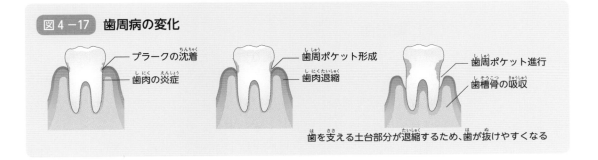

プラークの沈着
歯肉の炎症

歯周ポケット形成
歯肉退縮

歯周ポケット進行
歯槽骨の吸収

歯を支える土台部分が退縮するため、歯が抜けやすくなる

垢が原因とされます。歯みがきの際には、虫歯になりやすい部位とともに、歯と歯肉の境界部分にも注意が必要です。

　また、定期的に歯石を除去することが、歯周病の予防にもなります。

（3）口腔内アフタ

　アフタとは、丸く白い偽膜をもつ小さな潰瘍をいいます。周囲は赤く腫れていて、痛みがあります。原因には、細菌、食べ物、アレルギー、ビタミン不足などがあります。慢性再発性の全身性炎症性疾患であるベーチェット病では、外陰部潰瘍、皮膚症状、眼症状のほかに、再発する口腔内アフタが特徴的な症状としてみられます。

2 身じたくでの医療職との連携のポイント

　身じたくについて、いつもとは異なる身なりや状態が利用者にみられる場合には注意が必要です。そして、「1　身じたくでの観察のポイント」(p.143)で示した項目があった場合には、医療職に報告・相談し、連携をはかるようにします。とくに、糖尿病のように全身にかかわる病気をもっている利用者の場合には、何を注意すればよいのか、ポイントを共有して介護にあたることが重要になります。

1　緊急時の対応

（1）鼻出血

　鼻出血の原因として、鼻の入り口1〜1.5cmほどの位置にある、左右の鼻を分けているしきり（鼻中隔）の粘膜である、キーゼルバッハ部位と呼ばれる部分からの出血があげられます。この部分は、血管表面が保護されていないので、出血しやすい部分です。

　鼻出血がみられた場合には、キーゼルバッハ部位を意識して、この部位を圧迫し、止血するように小鼻全体を指で少し強めに抑えます。脱脂綿やタバコ状に巻いたティッシュペーパーを鼻の穴の大きさにあわせて入れて、10〜20分程度、圧迫止血を行います。途中で脱脂綿等を交換すると、出血が止まりにくくなるので、途中で変えないようにします。鼻出血があるときには、座位にして、顔はやや下向きにし、喉に血液がまわらないようにします。

　圧迫止血を試みても出血が止まらないような場合には、耳鼻咽喉科を受診します。脳梗塞後の利用者の場合など、血液が固まらないようにするため経口抗凝固薬等を服用している場合の鼻出血は、医療職に報告して対応してもらいます。

（2）義歯を飲みこんだ

　義歯にはさまざまな種類がありますが、高齢者の場合、小さな部分床義歯を飲みこんでしまうことがあります。消化器からの出血や、痛みのある場合には受診が必要です。

　症状がない場合には、自然に排泄物として排泄されますが、医療職へ

の報告はおこたらないようにします。

（3）歯肉からの出血など

　口腔ケア実施中に歯肉からの出血がある場合には、歯周病が進行している場合があります。また、歯周病の進行で歯がグラグラしている場合には、歯が抜ける場合があるので、医療職に報告します。

　強い力での歯みがきが原因となって、歯肉から出血する場合もあるので、口腔ケアの際の状況を観察することも重要です。経口抗凝固薬等を服用している場合には、歯周病がなくても出血しやすい、止まりにくい状況となるので、十分注意が必要です。

（4）目やにが多い

　目やには、健康な状態でもみられるものですが、異常に量が多い場合や、粘り・黄色が強い場合には、感染症が考えられるので医療職に報告するようにします。その際の観察の視点として、両方の目からのものか、片方だけなのか、白目の充血はあるか、痛みなどの症状はあるかなどがあります。

　強い感染症の場合には、感染症が拡散しないような対策も必要になります。

（5）耳だれがある

　耳だれは、耳の炎症等により滲出液が出ている状態であると考えられます。洗顔時などに、耳からの滲出液が固まっていた、耳介をきれいにしても耳だれが出てくるなどといった場合には、耳の疾患が考えられるので医療職に報告します。その際の観察の視点として、聴力に変化はあるか、痛みはあるか、そのほかの全身症状はあるかなどがあります。

第
4
章　身じたくに関連したこころとからだのしくみ

◆ 参考文献
- 『新看護観察のキーポイントシリーズ』各巻、中央法規出版、2010〜2014年
- 白井孝子『基礎から学ぶ介護シリーズ 改訂 介護に使えるワンポイント医学知識』中央法規出版、2011年
- 鈴木央監、平原優美編『症状別在宅看護ポイントブック——緊急時にどう動く？』照林社、2015年

食事に関連した
こころとからだのしくみ

食事のしくみ

1 なぜ食事をするのか

　食事は、栄養素をからだにとり入れ、エネルギー源に変換したり、生体を構成する元となったり、生体内の各種の化学反応に用いたりなど、活動や生命を維持するために必要とされる、もっとも基本的な日常生活行為です。食べることは、人間の基本的欲求でもあり、おいしく食事をとることは、生活を豊かにすることにもつながります。

1 栄養素と水分

　人間に必要不可欠な栄養素には、炭水化物（糖質）、たんぱく質（アミノ酸）、脂質、無機質（ミネラル）、ビタミンの5つがあります（**表5－1**）。

　なお、体重50kgの人は1日に約2000mlの水分摂取が必要とされていますが、3回の食事に約500～1000mlが含まれますので、残りをそれ以外から摂取する必要があります。

表5−1	1日に必要な栄養素	
炭水化物 (糖質)	ブドウ糖が主体。炭水化物が小腸で分解されて、肝臓で分解され、その多くが血液中の血糖となり、組織、脳や神経のエネルギー源として用いられる。易消化性炭水化物を糖質、難消化性炭水化物を食物繊維と呼ぶ。炭水化物の目標量は、1日の必要摂取エネルギーの約50〜65%。	
たんぱく質 (アミノ酸)	たんぱく質はからだを構成する細胞質の主成分。筋肉・爪・皮膚・臓器・毛髪・血液・酵素・インスリン・脳下垂体ホルモン・免疫抗体・遺伝子など、さまざまな部分を構成している。たんぱく質維持必要量は0.66g/kg(体重)/日。たんぱく質の目標量は、1〜49歳、および妊婦(初期・中期)で1日の必要摂取エネルギーの13%、50〜64歳で14%、65歳以上および妊婦(後期)、授乳婦で15%とし、上限は20%。	
脂質	細胞膜・血液・ホルモンなどの原料となり、ビタミンA・D・Eなどの脂溶性ビタミンの吸収を助ける。脂質の目標量は、1日の必要摂取エネルギーの約20〜30%。	
無機質 (ミネラル)	Na	細胞外液量と浸透圧の調節、血圧・循環血漿量の維持、細胞機能の維持
	K	神経・筋肉の興奮・伝達・収縮の作用、細胞の構成、たんぱく代謝、酵素活性、内分泌刺激
	Cl	細胞外液量と浸透圧の調節、酸塩基平衡の維持
	Ca	硬組織の形成、細胞内メッセンジャーとしての役割、酵素活性、ホルモン代謝、筋収縮など
	P	硬組織の形成、細胞内高エネルギー物質、酵素活性、膜形成成分、血球機能の維持、酸塩基平衡の維持
	Mg	細胞内イオン、骨鉱質の形成、細胞内酵素活性(触媒)、膜興奮性
	微量元素 (Fe、Zn、Cu等)	酸素受容、組織内呼吸のたんぱく、脂質、糖、骨、結合織、コレステロール、尿酸、アミノ酸などの代謝、創傷治癒促進、抗酸化作用、神経機能、色素調節能、造血、生殖、免疫能など
ビタミン	水溶性 ビタミンB₁	糖質をエネルギーに変える
	ビタミンB₂	いろいろな栄養素が代謝されるときに使用
	ナイアシン	〃
	ビタミンB₆	アミノ酸をつくったり分解されるのに使用
	パントテン酸	脂肪酸をエネルギーに変えるときに必要
	葉酸	たんぱく質の合成、赤血球の形成に必要
	ビタミンB₁₂	〃
	ビタミンC	コラーゲンの合成、血液の循環、酸化防止
	脂溶性 ビタミンA	視覚作用、発育、粘膜の維持
	ビタミンD	カルシウムの吸収、骨形成
	ビタミンE	生体膜をつくっている脂質の酸化防止
	ビタミンK	血液の凝固因子、カルシウムの代謝

注：微量元素とは、体重1kgあたり1mg以下、もしくは体内貯蔵量が鉄よりも少ない金属をいい、多くの生理作用と関係している。

2 食事に関連したこころのしくみ

　おなかが減ると、「食事がしたい」という空腹感を生じますが、これはおいしそうな物を見た際に生じる食欲とは異なった感覚です。また食欲は、胃腸管、ホルモン中枢と自律神経系の神経をともなう複雑なプロセスです。

❶視床下部
脳の一部で、容積は脳全体の1％に満たないが、体内の活動の調節を行う総合中枢として重要な役割をもつ。

空腹感、満腹感は視床下部❶における摂食行動を取り仕切る本能行動や、体温調整、血圧などの自律神経機能や内分泌機能を調整する中枢が関係します。なかでも神経核と呼ばれる部位が摂食機能に関係します。さらに、視床下部には、口渇中枢も存在しているため、発汗や呼吸によって水分量が減り、体液の浸透圧が高くなると、口の渇きを感じます。食欲調節には脂肪細胞（レプチン）や血糖値（血中のブドウ糖）などが関与しており、血糖値が70～110mg/dl（空腹時血糖値）になると視床下部の摂食中枢が反応し、空腹感を生じます。血糖値が上昇すると、視床下部の満腹中枢が反応し、食欲がなくなります。また、**大脳辺縁系**❷は、視床下部をコントロールする部位ですが、におい（嗅覚）や見た目（視覚）、食感や舌触り（触感）といった五感の過去の記憶がこの部位に入力され、伝達された情報が分析、統合されて摂食のための行為へとつながります。

❷大脳辺縁系
p.27参照

食べ物を見た際に、食欲が増加したり、減退したりするのは、このようなコントロールによるもので、この部位の障害の有無や過去の体験が食事に影響します。食事をしているときの状態（雰囲気や気分、食べる人の状態など）と食体験の記憶、知識は脳の扁桃核という部分で突き合わされ、これらの判断は摂食中枢、あるいは満腹中枢に伝えられます。なお、好みの食品が提供されると、脳内に**ドーパミン**❸が増加し、摂食中枢を刺激し、食がさらにうながされることがあります。

❸ドーパミン
p.26参照

3　食事に関連したからだのしくみ

❹上肢
腕や手。

❺食塊
食物のまとまり。

❻嚥下
食べ物を飲み下すこと。

❼蠕動
規則的な筋運動。

食べる動作には、視覚（食べ物の確認）、嗅覚（におい）、聴覚（聞く）、味覚（味の確認）、触覚（手触り）、**上肢**❹の動き（口まで運ぶ）、口唇の動き（食べ物を取りこむ）、咀嚼（食べ物をくだく）、**食塊**❺形成、舌による移送、**嚥下**❻反射、咽頭・食道**蠕動**❼などといった多くの器官や機能が複雑に関係しています。

1　口腔から食道までのしくみ

食事の機能を理解するうえで、口腔から食道までの覚えておくべき解剖図とその名称については図5－1のとおりです。外見からわかる部分

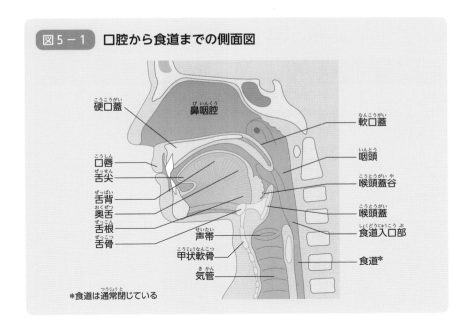

図 5 − 1　口腔から食道までの側面図

硬口蓋（こうこうがい）
鼻咽腔（びいんくう）
軟口蓋（なんこうがい）
咽頭（いんとう）
口唇（こうしん）
舌尖（ぜっせん）
喉頭蓋谷（こうとうがいや）
舌背（ぜっぱい）
奥舌（おくぜつ）
喉頭蓋（こうとうがい）
舌根（ぜっこん）
食道入口部（しょくどうにゅうこうぶ）
舌骨（ぜっこつ）
声帯（せいたい）
甲状軟骨（こうじょうなんこつ）
食道*（しょくどう）
甲状軟骨（こうじょうなんこつ）
気管（きかん）
＊食道は通常閉じている（つうじょうと）

には、口唇（こうしん）、甲状軟骨（こうじょうなんこつ）（喉仏（のどぼとけ））などがありますが、多くの器官は内部に位置しています。舌（した）は先のほうから舌尖（ぜっせん）、舌背（ぜっぱい）、奥舌（おくぜつ）、舌根（ぜっこん）と呼び、顎（あご）と頸（くび）のくびれの内側にある舌骨（ぜっこつ）、気管（きかん）の入り口にあって嚥下（えんげ）をする際（さい）に蓋（ふた）の役割（やくわり）をする軟骨（なんこつ）の喉頭蓋（こうとうがい）、甲状軟骨（こうじょうなんこつ）の裏（うら）あたりに声帯（せいたい）、仮声帯（かせいたい）があります。なお、喉頭蓋谷（こうとうがいや）と食道入口部（しょくどうにゅうこうぶ）はくびれた箇所（かしょ）となります。

2　摂食と嚥下運動

　食事の動作には、先行期、準備期（じゅんび）、口腔期（こうくう）、咽頭期（いんとう）、食道期といった段階（だんかい）があり、これを「摂食嚥下（せっしょくえんげ）の 5 期モデル（5 分類）」といい（**表 5 − 2**）、さらに、口腔期（こうくう）から食道期の 3 つの時期は「嚥下（えんげ）3 期（相）」といわれる嚥下運動（えんげ）を示（しめ）します。

　先行期は、食べ物の形や色、においなどを認知（にんち）する時期です。この段階（だんかい）では、しっかりと目が覚めていることや配膳（はいぜん）されたテーブルに向かっていすにしっかりと座（すわ）るなど、環境（かんきょう）の設定（せってい）がなされていることが重要です。そして、準備期（じゅんび）は、食べ物を取りこみ、唾液（だえき）とともに咀嚼（そしゃく）し、食塊（しょっかい）を形成する時期です。唾液腺（だえきせん）は口腔内（こうくう）に開口しており、食べ物を見たり、食べ物を取りこむと、唾液（だえき）がじわじわと出てきて、咀嚼（そしゃく）によって固形の食べ物と混ざります。ある程度（ていど）、やわらかくなると、食塊（しょっかい）が形成され、一連の協調運動によって口の中で移送（いそう）されますが、この時期が口腔（こうくう）

表5−2	摂食嚥下の5期モデル（5分類）と内容

	状　態	内　容
先行期 （認知期）		食べ物の形や色、においなどを認知する時期。食事を見ながら食べ物のかたさや味などを過去の経験から想像するが、条件反射的に、唾液が分泌され、食事の準備が行われる。
準備期 （咀嚼期）		食塊を整える時期で、捕食、咀嚼、食塊形成の3段階がある。食事の取りこみには、姿勢や上肢の動き、口唇の力、スプーンや食器、あるいは集中できる環境などの要因が関係する。また、食事を口に取りこんだら、固体の際は、咀嚼し、食塊の形状を整える。
口腔期		食塊が形成され食事の準備ができ、食塊を口腔から咽頭へ移送する時期。移送はおもに舌で行われる。また、舌は食塊を形成したり、周囲の部分を硬口蓋に押しつけ、送りこむのに重要なはたらきをしている。声帯は内転し、仮声帯は閉鎖する。
咽頭期		食塊が咽頭を通過する時期。軟口蓋が鼻腔を閉鎖し、喉頭は舌骨上筋群により引き上げられ持ち上げられる。食塊が咽頭に入ると、舌骨が咽頭後壁に押しつけられ、咽頭に蠕動様運動が生じ、喉頭蓋が反転して喉頭の入り口を閉鎖する。嚥下反射のタイミングは食塊によって変わる。
食道期		食塊が食道入口部から胃へ移送される時期。食塊は輪状咽頭筋がゆるみ、食道に入りこむと、食道括約筋が閉鎖し、蠕動運動、重力、腹腔内圧によって、胃へと移送される。食道下部（胃との境）には、下部食道括約筋があり、胃からの上行への逆流を防止している。

期です。口腔期では、ほとんどが筋肉である舌を上下左右前後に動かしてたくみに食塊を形成していきます。食塊が奥舌のほうに移送されてくると、軟口蓋が持ち上がり、鼻への逆流を防ぎ、咽頭の入り口あたりの部分で嚥下反射が引き起こされ、ごっくんと飲みこみます（嚥下）。この嚥下反射は不随意（意識をしない状態）に行われます。食塊が咽頭に入る時期を咽頭期といい、この時期から食道期にかけての運動も不随意に行われます。一連の運動により、食塊は0.5～１秒程度で咽頭を通過しますが、鼻腔への通路閉鎖による呼吸停止を「嚥下性無呼吸」と呼びます。また、この嚥下運動の際、口唇、軟口蓋、喉頭蓋、食道入口部（食道の入り口）、下部食道部位は開閉しますが、このことによって、一定の圧が発生し、奥に送りこまれるので、上手に飲みこむことが可能となります。なお、「先行期」は認知期、「準備期」は咀嚼期、あるいは口腔準備期ともいいます。

3　治療食

通常の食事に対し、食べ物のカロリーや塩分、脂質、たんぱく質、糖質などが医師の処方[8]によって規定、制限されている食事を治療食といいます。

（1）カロリーの制限食

カロリーが制限されている食事をエネルギーコントロール食といいますが、生活習慣病の一次予防、治療の補助手段として妊婦、授乳婦、肥満、高コレステロール、高中性脂肪、低HDL[9]などを示す脂質異常症、脂肪肝、糖尿病、急性・慢性肝炎、代償性肝硬変[10]、高尿酸血症、痛風[11]、甲状腺機能低下症などの人に適応されます。

（2）塩分や脂質の制限食

塩分の制限が必要な疾患として、高血圧や心臓病、妊娠中毒症があり、さらに脂質異常症の場合はタイプによっては、コレステロール摂取量を１日あたり300mg以下とする制限を加えることもあります。脂質制限食は、膵炎や胆石症、胆嚢炎などの急性増悪期の症状が消失し、一定期間の絶食後に開始になることが多く、流動食の形態が多くなります。回復に従って三分粥[12]、五分粥[13]、全粥[14]食というように段階的に上げ、

❽処方
医師が患者の病状に応じて（薬の調合と服用を）指示すること。

❾HDL
High Density Lipoprotein の略。高比重リポたんぱくのことで動脈硬化の防止につながるため「善玉コレステロール」ともいわれる。

❿代償性肝硬変
壊された肝細胞のはたらきを、残された肝細胞が代償することをいう。ほとんど症状はみられない。肝硬変初期のころの状態。

⓫痛風
プリン代謝異常で、男性に多く発生する。症状の激しい急性関節炎をくり返す。

⓬三分粥
米１に対して水20の割合でつくる粥。

⓭五分粥
米１に対して水10の割合でつくる粥。

⓮全粥
米１に対して水５の割合でつくる粥。

エネルギーも炭水化物を中心とし、たんぱく質、脂質を少しずつ増やしていきます。

（3）低たんぱく食・高たんぱく食

　低たんぱく食は、たんぱく質不耐や高アンモニア血症のみられる肝不全や**非代償性肝硬変**[15]、たんぱく尿や乏尿、尿毒症、高窒素血症をきたす急性糸球体腎炎、慢性糸球体腎炎、急性腎不全、慢性腎不全、ネフローゼ症候群、糖尿病性腎症、あるいは血液透析、持続携帯式腹膜透析（Continuous Ambulatory Peritoneal Dialysis：CAPD）などを行っている人に対し、病状に応じて適用されますが、ナトリウム、カリウム、リン、水などの調整が必要になります。そして、**高たんぱく食**は、低アルブミン血症、貧血など、栄養状態の低下に対して積極的な栄養補給を必要とする場合に適用されます。

⓯非代償性肝硬変
肝細胞が多く壊され、からだが必要とする十分なはたらきができなくなった状態をいう。黄疸、むくみ、クモ状血管腫（クモが足を伸ばしたような赤い斑紋ができる）、手掌紅斑（指や指のつけ根が赤くなる）、貧血、食欲不振などの症状があらわれる。

演習5-1　**摂食嚥下の5期モデル（5分類）と内容**

摂食嚥下の5期モデル（5分類）について、次の表の空欄に入る適切な語句を考えてみよう。

	状　態	内　容
（①　　　）期 （認知期）		食べ物の形や色、においなどを認知する時期。条件反射的に、（⑥　　　）が分泌され、食事の準備が行われる。
（②　　　）期 （咀嚼期）		（⑦　　　）を整える時期。捕食、（⑧　　　　）、（⑦　　　）形成の3段階がある。食事を口に取りこんだら、固体の際は、（⑧　　　）し、（⑦　　　）の形状を整える。
（③　　　）期		（⑦　　　）を（③　　　）から（④　　　）へ移送する時期。移送はおもに（⑨　　　）で行われる。また、（⑨　　　）は（⑦　　　）を形成したり、周囲の部分を硬口蓋に押しつけ、送りこむのに重要なはたらきをしている。声帯は内転し、仮声帯は閉鎖する。
（④　　　）期		（⑦　　　）が（④　　　）を通過する時期。（⑦　　　）が（④　　　）に入ると、（④　　　）に（⑩　　　）運動が生じ、（⑪　　　）が反転して喉頭の入り口を閉鎖する。
（⑤　　　）期		（⑦　　　）が食道入口部から（⑫　　　）へ移送される時期。（⑦　　　）は（⑬　　　）がゆるみ、食道に入りこむと、食道括約筋が閉鎖し、蠕動運動、重力、（⑭　　　）によって、（⑫　　　）へと移送される。

心身の機能低下が食事に及ぼす影響

1 精神機能の低下が食事に及ぼす影響

❶潰瘍
皮膚・粘膜・角膜などにできる、深部にまで及ぶ欠損。

　高齢者は、さまざまな原因で食事摂取がスムーズにいかなくなることがあります。いわゆる食欲不振は、「食欲がない」状態ですが、原因となる疾患には、がん、十二指腸などの潰瘍❶、肝硬変、胃炎、膵炎、腸炎、便秘などの消化器症状のほか、うっ血性心不全などの循環器疾患、アジソン病、甲状腺機能低下症などの内分泌疾患、重症の気管支喘息といった呼吸器系疾患、悪性リンパ腫などの血液・免疫系疾患、腎不全などの泌尿器系疾患、そのほか、亜鉛欠乏症、アルコール依存症、感染症、薬の副作用などがあります。

　さらに精神神経系疾患では、認知症、うつ病、神経性食思不振症、神経症、自律神経失調症、脳腫瘍、統合失調症など多様です。

2 身体機能の低下が食事に及ぼす影響

1 加齢による機能低下

　加齢にともない、口の中に残っている歯は減少していきます。総義歯（入れ歯）になると粉砕能力は健全歯列者の能力の3分の1から6分の1になるといわれています。咀嚼に関連する筋力の低下が起きるため、咀嚼時間が延長し、口唇の閉じが悪くなり、食べこぼしが起きます。唾液腺の萎縮や腺細胞の脂肪変性のために唾液の分泌量が減り、粘性が強くなり、口腔内は不潔になりやすくなります。咽頭や食道の解剖学的な変化はないとされていますが、食道の入り口では圧が高い傾向になります。喉頭は筋肉で吊られていることから、筋肉のゆるみで1頸椎分くらい下がることがあります。声帯筋も生理学的な加齢による萎縮にともない、ややかすれた声（嗄声❷）になります。このように加齢による変化がみられることから予備能力は少なくなりますが、一連の協調運動である嚥下運動は比較的維持されるといわれています。また、関連する機能として、視野はせまくなり、白内障、眼の乾燥がみられるとともに、聞き取りづらくなります。視覚、聴覚、味覚、嗅覚などの知覚は低下し、反応時間は遅延します。さらに、咳反射は低下し、息切れがみられます。腸蠕動は減少し、腹壁の緊張も低下します。

2 病気による機能低下

　摂食嚥下障害の原因は、おもに病気による機能低下です。器質的障害、機能的障害、および心理的原因による嚥下障害に分類されます。

（1）器質的障害の場合

　器質的障害においては、口腔・咽頭、食道ともに、炎症、膿漏、腫瘍（がん）、腫瘤、奇形などのほか、食道ではウェッブ❸や咽頭食道憩室❹（Zenker憩室）などの疾患があります。

　食道がんでは、反回神経麻痺❺が加わると、食道入口部の開大や声門閉鎖がしづらくなります。また、咽頭がんでは部位によって、舌根の後

---

❷嗄声
かすれ声のこと。咽頭がん等の指標にもなっている。

❸ウェッブ
食道の一部位の前壁にみられる突出のこと。

❹憩室
咽頭や食道の内圧上昇による粘膜の突出。

❺反回神経麻痺
反回神経とは迷走神経の1つで、脳から頸部のところで枝分かれする。いったん下方へ向かったあと、左右別の道筋を通って上方に向かう。反回神経麻痺とは、手術、けが、感染症、薬物、神経疾患などが原因で麻痺が生じた状態。

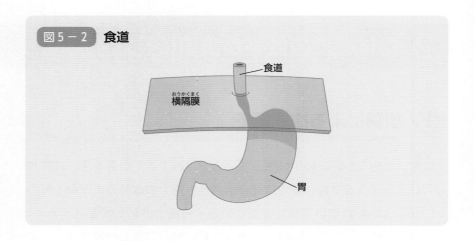

図5-2　食道

食道
横隔膜（おうかくまく）
胃

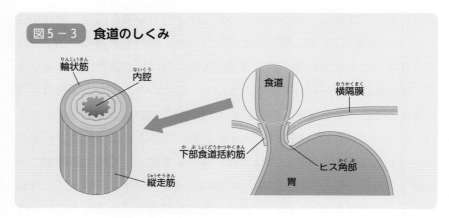

図5-3　食道のしくみ

輪状筋（りんじょうきん）
内腔（ないくう）
食道
横隔膜（おうかくまく）
下部食道括約筋（かぶしょくどうかつやくきん）
ヒス角部（かくぶ）
縦走筋（じゅうそうきん）
胃

方への動きや収縮の左右差、本来生じる蠕動波（ぜんどうは）が途絶（とだ）え、軟口蓋（なんこうがい）の麻痺（まひ）が生じます。喉頭（こうとう）がんでは、進行すると、嚥下（えんげ）障害を生じます。口腔内（こうくう）のがんは、舌（ぜつ）がんと口腔底（こうくうてい）がんが多く、食べ物の移送（いそう）などが遅延（ちえん）します。

　頸部外傷（けいぶがいしょう）や術後症例（じゅつごしょうれい）では、食べ物の通過（つうか）障害、塩酸（えんさん）などの**誤飲**（ごいん）[6]による**瘢痕狭窄**（はんこんきょうさく）[7]などを生じることがあります。また、頸椎の前縦靭帯（けいつい　ぜんじゅうじんたい）という部位が骨化（こつか）することで食道が圧迫（あっぱく）され狭窄（きょうさく）することがあり、時に外科的な手術（しゅじゅつ）を必要とします。

（2）機能的障害の場合

1 仮性球麻痺

　仮性球麻痺（かせいきゅうまひ）（あるいは**偽性球麻痺**（ぎせいきゅうまひ））と呼ばれる運動障害をともなう疾患（しっかん）として、脳血管障害（のうけっかんしょうがい）（脳出血（のうしゅっけつ）、くも膜下出血（まくかしゅっけつ）、頭蓋内出血（とうがいないしゅっけつ）、および脳梗塞（のうこうそく）など）が代表例となります。仮性球麻痺は、嚥下（えんげ）障害と構音（こうおん）障害が

❻誤飲（ごいん）
食べ物以外の物を誤（あやま）って口から摂取（せっしゅ）してしまうことをいう。なお、誤嚥（ごえん）とは、食べ物や唾液（だえき）を飲んだときに通常食道へ行くはずのものが、誤って気管（きかん）に入ってしまうことをいう。

❼瘢痕狭窄（はんこんきょうさく）
潰瘍（かいよう）や創傷（そうしょう）などによって生じたさまざまな器官の組織欠損（そしきけっそん）が肉芽組織（にくげそしき）の形成を経（へ）て修復（しゅうふく）されたために、すぼまってせまくなることをいう。

164

おもな症状となります。仮性球麻痺の嚥下障害は、口唇の閉鎖が不十分なために口唇からの取りこみ不良、口唇からの食べこぼし、唾液分泌過剰、流涎（口からよだれが垂れること）、咀嚼の不完全、食塊形成時の咽頭への流入、口腔内での食塊移送不十分、嚥下反射の随意的誘発不完全、反射の低下、協調性の低下、嚥下反射誘発の遅延などがみられます。

2　球麻痺

球麻痺とは、延髄から出ている脳神経障害による運動障害で、完全麻痺と不全麻痺があります。さらに、前者は両側麻痺、片側麻痺に分かれ、いずれも嚥下反射が消失します。球麻痺では、延髄外側の梗塞や出血などによるワレンベルグ症候群が有名で、ホルネル徴候（交感神経幹という部位の損傷による諸症状）、同側の小脳失調、および反対側の痛覚低下を三徴候とします。嚥下反射が起きないといった難治性の重症例が多く、誤嚥が頻発します。

3　変性疾患・その他

変性疾患⑧（筋萎縮性側索硬化症⑨、ギランバレー症候群⑩など）による食事への影響は、表5−3のとおりです。

その他、橋延髄腫瘍、延髄などの腫瘍、外傷（手術を含む）、ほかの自己免疫疾患⑪などもあります。

⑧変性疾患
大脳、脊髄、運動ニューロンなどの変性により起こる疾患で、いわゆる「難病」と呼ばれている。

⑨筋萎縮性側索硬化症
通称、ALS（Amyotrophic lateral sclerosisの略）。重篤な筋肉の萎縮と筋力低下が起こり、呼吸筋麻痺により死亡にいたる。有効な治療法はない。

⑩ギランバレー症候群
筋肉を動かす運動神経が障害されるために、急に手足に力が入らなくなったり、しびれ感をともなう。症状は2〜4週間以内がピークで、その後多くが改善する。

⑪自己免疫疾患
本来異物に対しての防御反応としてあらわれる免疫が、自己の正常な細胞や組織に対して反応、攻撃し、症状があらわれる疾患をいう。

第**5**章　食事に関連したこころとからだのしくみ

表5−3	変性疾患による食事への影響

疾患名	食事への影響
筋萎縮性側索硬化症	上位運動ニューロンの障害により仮性球麻痺症状が、下位運動ニューロンの障害により球麻痺症状があらわれ、嚥下障害が起こる。舌の萎縮と麻痺により咽頭での食塊の移送が困難となる
パーキンソン病	末期になると口腔から食道まで、全体にわたる嚥下障害があらわれる。食塊の移送、嚥下反射の遅れなども時折みられる
多発性筋炎	頸筋、咽頭筋の筋力低下が生じることが多く、構音障害、誤嚥あるいは窒息を起こすこともある
進行性全身性硬化症	食道に病変が及ぶことで、胸やけ、嚥下困難、息切れが最初の症状としてあらわれることがある
ギランバレー症候群	球麻痺症状を呈する
重症筋無力症	筋力低下による構音障害、嚥下障害があらわれる

（3）心理的原因による嚥下障害の場合

　心理的原因による代表として、認知症、心身症、うつ病などがあげられます。

3　障害による機能低下

⑫覚醒
目が覚めている状態。

⑬半側空間無視
見ている空間の半分を失認（無視）することをいう。

　先行期では、食べ物の認知に関し、意識レベルの低下はもちろんのこと、覚醒⑫レベルが悪い、高次脳機能障害により集中力や反応がとぼしいなどの場合、食事動作の遅延や停止、誤嚥などが生じることがあります。傾眠傾向の場合も同様に注意が必要です。また、白内障や視野狭窄・半側空間無視⑬といった視力障害があると、食器の置き場所が正確にわからず、食べ残しやこぼしたりしやすくなります。また、声かけは、覚醒をうながし、食事準備につながりますが、聴力の低下はこの刺激を遮断してしまうことになります。

　また、準備期における取りこみに際し、体幹や頸部をしっかり保持できなかったり（姿勢）、テーブルの高さ、食器やスプーンといった補助具が合っていなかったりすると、口に運び入れることが困難となります。また、歯牙が欠損していたり、義歯が適合していないと、歯肉などに痛みを生じたり、咀嚼、食塊形成のさまたげとなります。唾液分泌の低下は粘つきが増し、食事を適度なやわらかさに整えるまでに時間がかかり、食塊形成が十分でなく口腔内や咽頭壁への付着や残留が多くなります。一口量や食べるペースにも影響します。

　口腔内（歯牙や舌など）の汚れは、においや菌の繁殖のみならず、味覚や食欲、嚥下反射、咳反射にも影響します。痰も可能な限り、取り除くことが大切です。自身で咳払いをして出せる場合には、こまめに吐き

出してもらいます。

（1）全身的な機能低下

　脱水、低栄養、全身状態の悪化（肺炎、心不全、がん、貧血、疼痛性疾患、肝障害など）、嘔吐、下痢、食欲不振といった消化器症状、糖尿病や高血圧による食事制限、易疲労性（疲れやすさ）などは、食事行為への影響を及ぼすとともに、食事からも影響を受けるといったように悪循環におちいる内容となります。

1 高血圧
　基礎疾患に対する食事の工夫としては、高血圧のある場合、塩分の制限を行うとともに、食事の減量、カリウム・カルシウム・マグネシウムの適正摂取、食物繊維（とくに水溶性）を同時に摂取するようにします。

2 腎臓病食
　腎臓病食は、急性・慢性腎炎、ネフローゼ、糖尿病性腎症等の腎疾患がある場合に用いられますが、エネルギー、塩分、たんぱく質、糖質、脂質、カリウム、リン、水分、カルシウム、アミノ酸、必須脂肪酸を疾患の種類や病期により調整します。

3 糖尿病
　糖尿病では、適正エネルギーを標準体重から算出し、1日のエネルギーを決め、単位配分をします。糖尿病のためにインスリンをおぎなっている場合には、低血糖症状（脱力感、手指のふるえ、冷汗、動悸、生あくび、眼の焦点が合わない、異常行動、意識消失など）に留意しながら調整を続けます。

4 心臓病食
　心臓病食では、減塩、糖質の制限、カフェインが含まれるコーヒー・紅茶・緑茶などを制限します。

5 その他
　高コレステロールの場合は、コレステロールの含まれる食品を制限したり、適正に栄養素をとり入れたりします。
　潰瘍のある場合は、嘔吐、悪心などの症状があれば絶食し、食事が可能な場合は繊維の多いもの、脂肪の多いものを避け、消化のよいものを摂取します。
　膵臓病食では脂肪を適切に制限し、肝臓病食では脂質、とくに塩分を

制限します。

　アミノ酸製剤使用の場合は、たんぱく質を制限します。

　手術後や身体のストレスの高い状態では、高エネルギー、高たんぱく質、高ビタミンで消化・吸収のよい調理法・食材を選択します。食事時は、ゆっくりと時間をかけて摂取するよううながします。

　消化器症状がある場合は、経口摂取は禁忌となります。

変化の気づきと対応

学習のポイント

- おもな身体機能の変化について網羅的に正しく理解する
- 緊急性をともなう異常の具体的内容を1つずつ正しく理解する
- おもな症状について網羅的に正しく理解する
- 医療職との連携のポイントを学ぶ

関連項目
⑥『生活支援技術Ⅰ』▶第6章「応急手当の知識と技術」
⑦『生活支援技術Ⅱ』▶第2章「自立に向けた食事の介護」

---

1 食事での観察のポイント

1 おもな身体機能の変化

　基礎疾患の有無、症状の増悪（ますます悪くなること）、薬剤の服用による副作用の出現（口腔内乾燥、唾液分泌不良、精神活動の低下、飲みこみの悪さなど）、反応・表情などを把握します。その日、その時、一時的に状態が悪くなるということもありますので、そのたび、観察することが大切です。

（1）姿勢

　体幹の左右の傾き、円背❶、頸部の支持力、頸部のうなだれ、頸部後屈、顎の突き出し、顎の引け具合、全体的に姿勢に無理はないか、持久力といったことを総合的に判断します。通常、頭部はまっすぐか顎を少し引くような姿勢になります。手術による舌郭清❷など、舌の送りこみがむずかしい場合、頸部後屈の姿勢をとることがありますが、この際、気管の入り口が広がり、食べ物などを誤嚥しやすい構造になります。食事の姿勢、易疲労性（疲れやすさ）や腹筋、背筋の力、枕などの補助具

❶円背
p.111参照

❷郭清
悪性腫瘍を摘出する際、腫瘍のほか、周囲のリンパ節および転移の可能性がある箇所を取り除くこと。

による支持力なども観察します。姿勢の保持は、食事の基本ですので、どのくらいの時間（食事のときは、最低30分）、適切に座っていられるかなど、注意深く観察します。

（2）顔と口腔

表情、顔色、顔がむくんでいないか確認します。また、顔面麻痺（片側の場合、一方の口角や目尻の下垂、鼻唇の溝、眼瞼状態の左右差）がある場合、口唇の閉じや動き、会話を判断します。流涎（口からよだれが垂れること）や開口ぎみでないか、顔面痙攣などの不随意運動などがないかも見ますが、ふだんよりも悪化していないか確認します。また、利用者が食事をする際、下顎関節の動きのスムーズさ、左右差、痛み、摩擦音などを確認します。顎がはずれていると、動きが悪くなります。

口唇の乾燥、口腔内の粘膜の色、腫瘤（腫れもの）・炎症の有無、歯肉の色、腫脹（はれ）・出血・膿・退縮（組織や器官などの縮小）の有無、唾液分泌などは口腔ケアの際に同時に観察するとよいでしょう。また、高齢者では、義歯が合っていないことがありますので、食事の様子や気にしていないかを確認します。発音や滑舌（なめらかな話し方）の悪さ、口腔内残渣（残された食べ物のかす）は舌の動きが悪いことを示します。

（3）頸部・咽頭

頸椎可動域は、動作指示を出して（指示がうまく伝わらない場合、無理のない範囲で手をそえてゆっくり動かす）、前後屈、左右側屈（顔は正面のまま左右に頭を傾ける）、左右回旋（左向き、右向き）ができるかを確認します。動きがないときは、頸のまわりの筋肉がかたくないか、疼痛（ずきずきとした痛み）はないかを確認します。

声については、開鼻声（鼻に抜ける声）、嗄声（かすれ声）、湿性の嗄声（痰がからんだようなゼロゼロした声）の有無を確認します。風邪を引いていたり、痰が喉にからんでいると声の変化がみられます。「あ〜」と発声してもらうと、より確認がしやすくなります。また、口唇の動きは、「い〜」（口角をしっかり引く）、「う〜」（口唇をしっかり突出する）、「い〜う〜」と連続して発声してもらうと確認できます。「パ」は口唇、「タ」は舌尖、「カ」は奥舌を使った発声ですので、「パタカ」と

発音してもらうと舌の動きが確認できます。最初は、一言ずつはっきり
と、続けて同じ言葉の連続発音、さらに「パタカパタカパタカ」といっ
た発音をしてもらいます。また、反射的な咳の有無、随意的に行う咳
（咳払い）は、誤嚥したものを喀出する（吐き出す）力を評価するのに
大切です。この部位の確認は、ふだんから注意深く観察します。

（４）胸部

　嚥下と呼吸は相互関係にあるので、嚥下をくり返すことで呼吸が切迫
する（はーはーする、息切れする）際には、呼吸が苦しいことを示しま
す。食事をとることで疲労感を生じていないか、聞き慣れない呼吸音が
しないかなどを確認します。なお、**誤嚥性肺炎❸**では、副雑音は確認さ
れず、元気がなくなり、高熱が出ます。
　咽頭に痰がたまっている場合や呼吸が荒くなっている場合には、利用
者の口や鼻からの音を注意深く聴取します。

❸誤嚥性肺炎
p.172参照

（５）皮下脂肪・筋肉・皮膚

　皮下脂肪や筋肉は、栄養状態の悪化によって喪失します。手足が細く
なってきたり、鎖骨の下あたりを軽く指でつまみ、皮膚をつまむことが
できるようであれば、皮下脂肪が少ないと判断されます。

（６）摂食行動

　食べ物の入っている器を持ったり、スプーンや箸の使い方、口までの
食べ物の運び方、上肢の可動域、さらに、食べ物を口に運んだあと、口
に取りこむ動作として、口唇や前歯を使って取りこんでいるか、口に入
れている時間、飲みこむ時間、全体の食事時間のほか、集中力、疲労感
など、総合的に摂食行動を確認します。介護者がいる場合には、介助方
法と利用者の状態との関係性も確認します。立ち位置、テーブルの上の
食べ物は見えるか、利用者の食べ物への反応、あるいは声かけ時の反
応、場所の変化や時間ごとに変化する具体的な状況（たとえば、午前中
はいつも覚醒が十分でなくて食が進まない）など、食事場面全体を観察
することが重要です。

（７）経管栄養を実施している場合

　経管栄養を実施している場合には、流速が速くなっていないか、

第
5
章

食事に関連したこころとからだのしくみ

171

チューブが曲がっていないか、コネクト部分（チューブとチューブのつなぎ目）がはずれていないかといった器具に関することや、嘔気や嘔吐がないか、下痢をしていないかといった症状を確認します。

2 緊急性をともなう異常

（1）誤嚥

誤嚥（誤って食べ物や液体が気管に入ること）がくり返されると、誤嚥性肺炎を引き起こし、高齢者や状態の悪い人は死にいたることがあります。通常、健康な人の気管に誤って食べ物や液体が入ると、かなり激しい咳が出ます。これは、咳反射によるもので、食べ物や液体が気管に入ると、咳やむせによって気管から出るようなしくみになっているためです。

しかし、反射が低下していると咳も弱かったり、あるいは反射が消失していると誤嚥しても一見、何も起こらないため（不顕性誤嚥）、問題がないようにみえたりすることがあります。なお、誤嚥性肺炎が起こると38℃近くの発熱がみられますが、高齢者の場合には高熱がみられないことがあります。また、介護が必要であっても意識のはっきりしている人の場合、食事中であっても食が急に進まなくなったり、拒否したり、緊張した表情になったりします。十分に観察していると、甲状軟骨（喉仏）の動きがはっきりしなかったり（ためらっており、なかなか飲みこまない）、活気や元気がなく「何だかいつもと様子がおかしい、違う」といった感じであったり、喉が痰でごろごろしてくるといった前触れがあります。これら以外でも、症状や異常所見を早期に発見することが重要です。なお、誤嚥が疑われる病歴や状態には**表5－4**のものがあげられます。

表5－4　誤嚥が疑われる病歴や状態

① 過去に誤嚥・窒息がある	⑥ 肺炎、発熱をくり返す
② 脱水、低栄養状態がある	⑦ 拒食、食欲低下がある
③ 食事時間が1時間以上かかる	⑧ 食事の好みが変わった
④ 食事中・食事後にむせや咳が多い	⑨ 嗄声がある
⑤ 夜間に咳きこむ	⑩ 咽頭違和感・食物残留感がある

図 5 - 4　チョークサイン

（2）窒息

　窒息の場合、声が出せない、もがく、チョークサイン（図5-4）、呼吸音のごろごろ、ヒューといった音の発生、呼吸困難となり、顔面の青紫色（**チアノーゼ❹**）がみられるようになり、脈拍（測定の実施は緊急度が比較的低い場合か、ほかに人がいる場合に限る）、血圧が上昇します。さらに進行すると、痙攣、脱糞をともない、激しくのたうちまわるようになります。1分を過ぎると、意識を消失し、硬直した表情になるとともに、昏睡状態、筋肉の弛緩、仮死状態におちいり、1分半を過ぎると回復の可能性は少なくなります。近くで食事を観察する場合には注意が注がれますが、義歯がゆるい場合や、大量の食事を一口でほおばるといった行動がみられる人にはとくに注意を払う必要があります。一瞬、動きが止まる、様子がおかしいといった状況を見逃さないよう注意します。また、このような様子は嘔吐の前触れとしてもあらわれることがあります。動きが止まったかと思うと、口を押さえ、突然、嘔吐したりします。

❹チアノーゼ
p.127参照

3　おもな症状

　食欲不振、脱水・低栄養、摂食嚥下障害に関係する内容として、まず食事にかかる時間や摂取量の確認をします。食事時間は1回30分程度で、摂取量は1日3食の合計で1日の総摂取量の約3分の2以上、水分量は1000～1500mlを目安にします。

（1）食欲不振

　食欲不振は、胃、腸、肝臓、膵臓などの消化器系の異常、心臓や肺な

第5章　食事に関連したこころとからだのしくみ

どの病気、その他腎臓などの泌尿器系の問題、感染症や発熱、痛み、ストレス、中毒などの原因により生じます。

　食欲不振の症状は多様で、少し食べただけですぐにやめる、食べたいと思わない、食べない、易疲労性（疲れやすさ）、気力がない、やせる、声に力がない、おなかが張っている、胃のあたりが悶々とする、便秘（気張らないと便が出ない）、軟便（便が泥状でベタッとしている）、下痢、口が粘る、嘔気、痰が多い、だるい、頭がしめつけられるように重い、頭痛、尿が濃く少ない、イライラして怒りやすい、皮膚が黄色くなる（黄疸）、発熱（汗をかいても下がらない）、胸やけ、胃の痛み、おなかがグルグル鳴る、げっぷ、ガスがよく出るなどがあります。

（2）脱水・低栄養

　脱水症状の観察のポイントとしては、口渇、口唇の乾燥、わきの下の乾燥、肌荒れ、尿量の減少・濃縮尿、頭痛、全身倦怠感、食欲不振、めまい、嘔気・嘔吐、発熱、意識低下、痙攣などがあげられます。体重の２％に相当する水分（体重60kgの人で1.2ℓ）が失われると、「強い喉の渇き、食欲減退」などの症状があらわれるとされますが、高齢者では症状があらわれにくいのが特徴です。実際の臨床では、高張性脱水、低張性脱水の混合型が多くなります（表5-5）。

　低栄養は、血清アルブミン値（3.5g/dℓ以下）、体重減少率（1か月に３〜５％未満で中リスクとなり、対応が求められるようになります。

表5-5	脱水の種類
高張性脱水	水分が多く失われる水欠乏性の脱水 症状：発熱といちじるしい口渇感をともない、口腔などの粘膜が乾燥する。意識は保たれるが、不穏・興奮の状態となる。手足は冷たくならず、脈拍もしっかりと触れる
低張性脱水	ナトリウムが多く失われる塩類欠乏性の脱水 症状：発熱や口渇感をともないにくく、皮膚・粘膜の乾燥も少ない。全身倦怠感や眠気がみられ、手足は冷たく、脈拍が弱くなる
等張性脱水	水分とナトリウム欠乏とがほぼ同じ割合で起こっている混合性の脱水

症状には、食欲低下、咀嚼力・嚥下力の低下、唾液や消化液の分泌量の減少、腸蠕動の低下、味覚の低下、嗜好の変化、感染症、浮腫（むくみ）、活気・ADL（Activities of Daily Living：日常生活動作）の低下、うつ病、うつ状態、認知症にともなう症状などがあります。

（3）摂食嚥下障害

　摂食嚥下障害の症状として、流涎（口からよだれが垂れること）、咀嚼ができない、嚥下開始が困難である（飲みこみがスムーズでない）、鼻腔への逆流がみられる、咳・むせがみられる、喉に食べ物の引っかかる感じ（残留感）がある、嗄声（かすれ声）がある、胸部に食べ物の引っかかる感じ、胸やけ・胸部不快感がある、食事時間が1時間以上かかる、摂取量が少ない、食事前後のバイタルサインが不安定で疲労度が多い、発熱、痰がいちじるしく増える、その他の感染徴候といった所見が確認されます。

2 食事での医療職との連携のポイント

　チーム医療促進のために必要な要素は、安全で確実なケアの遂行です。判断が困難な場合、緊急事態の場合、さらに、すぐに処置が必要だと思われる状況のときには医療職を呼ばなければなりません。また、症状や身体的機能でいつもと明らかに異なる様子がみられたら、すぐに医療職に申し送りをします。調子が悪いときに食事を無理にすすめることで、誤嚥を誘発することもあります。日々の生活のなかで、ちょっとした変化を観察、報告し、他職種との連携をはかっていくことが、予防的措置としても非常に重要であるといえます。

◆参考文献

- 山田好秋『よくわかる摂食・嚥下のしくみ』医歯薬出版、1999年
- 才藤栄一・植田耕一郎監、出江紳一・鎌倉やよい・熊倉勇美ほか編『摂食嚥下リハビリテーション 第3版』医歯薬出版、2016年
- 日本嚥下障害臨床研究会編『嚥下障害の臨床 第2版——リハビリテーションの考え方と実際』医歯薬出版、2008年
- 藤島一郎編著『よくわかる嚥下障害 改訂第3版』永井書店、2012年
- Leopold, N.A., et al., 'Swallowing ingestion and dysphagia ; A reappraisal' *Arch Phys Med Rehabil*, 64, 1983.
- Schultz, A.R., Niemtzow, P., et al., 'Dysphagia associated with cricopharyngeal dysfunction', *Arch Phys Med Rehabil*, 60, 1979.
- 河村洋二郎『歯科医のための臨床口腔生理学 第1（補綴・矯正篇）』医歯薬出版、1959年
- Leopold, N.A., Kagel, M.C.,'Prepharyngeal dysphagia in Parkinson's disease', *Dysphagia*, 11, 1996.
- 藤島一郎、藤森まり子、北條京子編著『ナースのための摂食・嚥下障害ガイドブック 新版』中央法規出版、2013年
- 千葉由美「摂食・嚥下障害のアセスメント法」『看護技術』第52巻第9号、2006年
- Bickley, L.S., *Bates' Guide to Physical Examination and History Taking Twelfth edition*, Lippincott, 2016.
- 鎌倉やよい編、鎌倉やよい・藤本保志・深田順子『嚥下障害ナーシング——フィジカルアセスメントから嚥下訓練へ』医学書院、2000年
- 小野田千枝子監、高橋照子・芳賀佐和子・佐藤冨美子編『実践！フィジカル・アセスメント 改訂第3版——看護者としての基礎技術』金原出版、2008年
- 戸原玄・才藤栄一「嚥下造影を用いないスクリーニングテスト」『EBNursing』第6巻第3号、2006年
- 才藤栄一「摂食・嚥下障害の治療・対応に関する総合的研究」『平成13年度長寿科学総合研究事業報告書』2002年
- 窪田俊夫・三島博信・花田実ほか「脳血管障害における麻痺性嚥下障害——スクリーニングテストとその臨床応用について」『総合リハビリテーション』第10巻第2号、1982年
- Nishiwaki, K., Tsuji, T., et al., 'Identification of a simple screening tool for dysphagia in patients with stroke using factor analysis of multiple dysphagia variables', *J Rehabil Med*, 37(4), 2005.
- DePippo, K.L., Holas, M.A., Rading, M.J., 'Validation of the 3-oz water swallow test for aspiration following stroke', *Arch Neurol*, 49, 1992.
- Wu, M.C., Chang, Y.C., et al., 'Evaluating swallowing dysfunction using a 100-ml water swallowing test', *Dysphagia*, 19(1), 2004.
- 戸原玄・才藤栄一・馬場尊ほか「Videofluorographyを用いない摂食・嚥下障害評価フローチャート」『日本摂食嚥下リハビリテーション学会雑誌』第6巻第2号、2002年
- 植松宏監、千葉由美・山脇正永・戸原玄編『摂食・嚥下障害のVF実践ガイド——一歩進んだ診断・評価のポイント』南江堂、2006年
- Gordon, C., Hewer, R.L., et al.,'Dysphagia in acute stroke',*BMJ*, 295,1987.
- 塚本芳久「急性期嚥下障害へのアプローチ」『臨床リハ』第4巻第8号、1995年
- Logemann, J.A., 道健一・道脇幸博監訳、倉智雅子ほか訳『Logemann摂食・嚥下障害』医歯薬出版、2000年
- 道健一・黒澤崇四監、道脇幸博・稲川利光編『摂食機能療法マニュアル』医歯薬出版、2002年
- 高橋博達「摂食・嚥下障害と薬物療法」『Modern Physician』第26巻第1号、2006年

第 **6** 章

入浴・清潔保持に
関連した
こころとからだのしくみ

入浴・清潔保持のしくみ

学習のポイント

- 入浴・清潔がもたらす心身への効果について理解する
- 汚れが皮膚に及ぼす影響と清潔保持の必要性を理解する
- 心身機能が清潔保持に及ぼす影響について理解する

関連項目 ⑦『生活支援技術Ⅱ』 ▶ 第3章「自立に向けた入浴・清潔保持の介護」

---

1 なぜ入浴・清潔保持を行うのか

　全身をおおう皮膚は、新陳代謝や外部からつく汚れで汚れます。汚れを落とすことで感染を予防し、皮膚を健康に保つことができます。また、リラックスしたいとき、疲れをとりぐっすり眠りたいとき、あるいは代謝を高める目的など、さまざまな理由で入浴など清潔にする方法を用い、爽快感や満足感をえています。からだを清潔にするのは、人間の基本的欲求でもあり、人としての尊厳を守ることでもあります。

1 入浴と作用

　清潔にする方法として最も効果的なのが入浴です。それは**表6－1**のような作用があるからです。

　洗身や清拭などにともなう機械的刺激も血行を促進しますが、お湯の中に入ると、からだの重さから解放され、代謝も活発になります。高齢や障害により代謝の低下や関節の可動域制限など、日常生活に不自由さが出現した場合においても、いくらか楽にからだを動かせるようになります。ただし、高齢や障害により体力が低下している場合には、お湯の中に入ること自体でその後の活動に影響するほどに疲労することがあります。そこで、入浴の作用による心身機能促進の面と体力の消耗による

表6-1	入浴の作用	
温熱作用	皮膚の毛細血管や皮下の血管が拡張し、血行がよくなる	・新陳代謝が促進され、体内の老廃物や疲労物質が排出されやすくなる ・内臓のはたらきを活発にする ・腎臓のはたらきが活発になり、利尿作用がはたらく
静水圧作用	からだが一まわり小さくなるほどの水圧を受け、血液循環が促進され、心臓のはたらきを活発にする	・下肢の血液が心臓に戻りやすくなる ・心肺機能が促進される
浮力作用	体重が9分の1程度になり、重さから解放される	・腰や膝などへの負担が軽減され、動きやすくなる ・からだの負担が軽減されてリラックスできる

疲労の両面から考えて効果的に取り入れることが望ましく、また、入浴の時間帯や清潔にする方法についても、1人ひとりの心身の状況と生活の仕方など個別に考えることが必要です。

2　入浴・清潔保持に関連したこころのしくみ

　人間は、胎児のときには羊水に浸かり、生まれると沐浴をします。風呂に入るとリラックスできるのは、その体験が大きいのかもしれません。その後は育った環境のなかで、気候や文化に影響を受け、それぞれの生活（入浴）習慣にもとづき、心身の状況にあった方法で清潔を保ちます。リラックスするには、今までの生活習慣が尊重されること、羞恥心への配慮がなされること、尊厳が守られることが重要です。

1　清潔がもたらす効果

　人と会う前の身だしなみ、学習・仕事前の心身の活性化、運動のあとの汗で汚れたからだをきれいにするなど、さまざまな目的で人はからだ

を清潔にします。清潔感はまわりにもよい印象を与え、人間関係を円滑にします。

しかし、病気や障害、加齢による機能低下などで介護が必要になったとき、気兼ねや遠慮から清潔の水準を今までより下げることがあるといわれています。そのことが機能低下を促進させたり、自信のなさにつながり、外出を制限したり、生活全般が不活発になったりするなど、悪循環におちいりやすいため注意が必要です。

2001（平成13）年に厚生労働省が発行した「身体拘束ゼロへの手引き」では、「清潔にする」ことは基本的ケアであり、「風呂に入ることが基本である。（中略）皮膚をきれいにしておけば、本人も快適になり、また、周囲も世話をしやすくなり、人間関係も良好になる」と書かれています。

3　入浴・清潔保持に関連したからだのしくみ

私たちのからだは、皮膚という薄い器官で表面がおおわれています。成人の皮膚は約1.6㎡の面積があり、重さは約3kg、皮下組織を含むと体重の約16%を占めます。

1　皮膚のしくみ

皮膚は大きく分けて、表皮、真皮、皮下組織、皮膚付属器（爪、毛、汗腺、皮脂腺）から構成されています（図6−1）。表皮は、角質層、淡明層、顆粒層、有棘層、基底層の5層に分かれ（図6−2）、汗腺と皮脂腺の出口があります。皮膚の最外層の角質層は、水分の蒸発や異物の侵入、紫外線などからからだを守るバリア機能を受けもっています。表皮の厚さは平均約0.2mm、細胞の95%は角化細胞で、基底層で分裂し上層に移行します。基底層での分裂から角質層で脱落するまでの時間をターンオーバー時間と呼び、約45日といわれています。真皮は、厚さが表皮の約15〜40倍で弾力性に富み、汗腺、皮脂腺、感覚受容器、血管が分布されています。皮下組織は、おもに脂肪でできており、中性脂肪の貯蔵所、物理的外力に対するクッションの役目、体温喪失の遮断、熱産生等などの保温機能の役割のほか、**アポクリン腺❶**の分泌部がありま

❶アポクリン腺
p.182参照

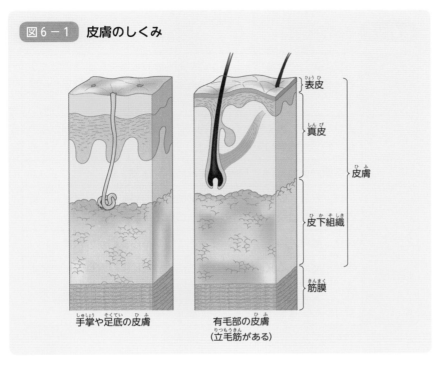

図6-1　皮膚のしくみ

手掌や足底の皮膚

有毛部の皮膚
（立毛筋がある）

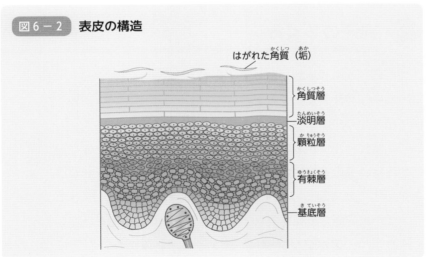

図6-2　表皮の構造

はがれた角質（垢）

角質層
淡明層
顆粒層
有棘層
基底層

す。通常、皮膚のpHは 4 ～ 6 の弱酸性に保たれており、殺菌作用を有し細菌の増殖を抑えています。

　皮膚には**表6-2**のような機能があり、人間のからだを外界から守っています。

表6－2	皮膚の機能
保護	真皮の弾力によるクッションのやわらかさと表皮による衝撃を吸収する強さにより、外部からの衝撃を吸収し、体内の臓器を保護する
防御	正常な皮膚にある常在菌が病的細菌の増殖を防止し、外部からの化学的・生物学的な刺激を防ぐ
保湿	皮脂腺からの皮脂、汗腺からの汗により保湿する
漏出防止	角質、水分、皮脂により、バリア機能をもつ皮脂膜を形成し、体内の水分や血漿、栄養分の体外への漏出を防ぐ
感覚器	痛覚、触覚、温覚、冷覚、圧覚を受容する感覚点が分布する
体温調節	脂肪組織による保温、発汗による熱の放散により、体温を調節する
産生	紫外線を吸収し、ビタミンDを産生する

2 発汗のしくみ

汗には、次の3種類があります。

① 温熱性発汗：運動をしたときや気温が上昇したときにかく汗

② 精神性発汗：緊張したときなどにかく汗

③ 味覚性発汗：からい物など刺激の強い物を食べたときにかく汗

　発汗は、視床下部にある体温調節中枢が、自律神経を介して汗腺に指令を出すことで起こります。発汗はエクリン腺からの排出により起こり、汗が皮膚面で蒸発するときに体熱を放散し、体温を調節します。

　もう1つのアポクリン腺は、腋窩や乳房、陰部などに分布しています。エクリン腺から出る汗の成分が水と電解質なのに対して、アポクリン腺から出る汗は有機成分を含んでいるので、においがあり、体臭の原因の1つとなっています。

　エクリン腺が最も多く分布しているのは手掌で、次に足底、腋窩、額と続きます。全身の総数は約300万個といわれています。

　汗をかかない生活は能動汗腺を減少させ、汗をかきにくくします。すると、発汗による排熱ができず、からだは熱の産生を抑えるために代謝活動を抑制し、低代謝の悪循環におちいります。

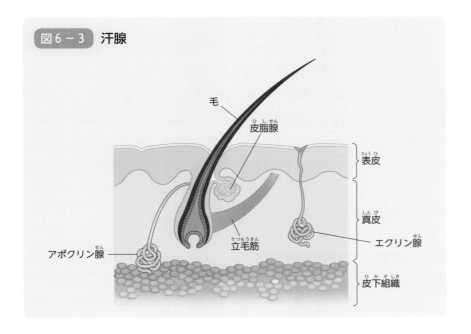

図6-3　汗腺

毛
皮脂腺（ひしせん）
表皮（ひょうひ）
真皮（しんぴ）
立毛筋（りつもうきん）
エクリン腺（せん）
アポクリン腺（せん）
皮下組織（ひかそしき）

　側臥位（そくがい）になり左右一方の半身が圧迫（あっぱく）されると、圧迫（あっぱく）されている半身は発汗（はっかん）せずに、反対の半身に発汗（はっかん）がみられますが、これを「半側発汗（はんそくはっかん）」といいます。

　発汗（はっかん）以外にも生物学的放熱機構（きこう）として、目には見えませんが、1日に肺（はい）から300ml、皮膚（ひふ）から500～600mlの水分が**不感蒸泄**（ふかんじょうせつ）[2]として排出（はいしゅつ）されています。

3　皮膚の汚れのしくみ

　私（わたし）たちのからだは、常（つね）に日光やほこり、温度（しつど）や湿度（かんそう）、乾燥（かんそう）、酸（さん）やアルカリなど、さまざまな刺激（しげき）にさらされています。また、日本は高温多湿（たしつ）の気候風土であり、汗（あせ）をかきやすく、皮膚（ひふ）が汚れやすい傾向（けいこう）にあります。

　皮膚（ひふ）の汚（よご）れには、①外部からつく汚（よご）れ、②皮膚（ひふ）から出る汚（よご）れ、③体内から排出（はいしゅつ）されたものが付着することによる汚（よご）れがあります。

[2]不感蒸泄（ふかんじょうせつ）
からだから失われている水分のうち、皮膚（ひふ）および肺（はい）から呼気内の水蒸気（すいじょうき）として蒸発（じょうはつ）する分をいう。発汗（はっかん）と異（こと）なり、常（つね）に行われており、暑い部屋では蒸発（じょうはつ）する量が多くなるため、脱水（だっすい）の予防のうえで考慮（こうりょ）する必要がある。

（1）外部からつく汚れ

　外部からつく汚れには、ほこりやごみ、油性の化粧品、細菌などがあります。油分を含まない汚れは水洗いで十分ですが、油分を含む場合は石けんで汚れを落とします。この場合、石けんは皮膚のpHに近い弱酸性のものを使用します。外部からつく汚れでは、感染予防の観点から手指の清潔についてはとくに気をつけなくてはなりません。感染を伝播しないためにも、液体石けんを使い、流水による十分な手洗いを行います。必要時、消毒もします。このとき、薬効を失わないために石けんをしっかり流してから消毒します。

（2）皮膚から出る汚れ

１　皮膚からの汚れ

　皮膚からの汚れには、汗❸、皮脂、垢があります。汗は血液からつくられ、汗腺に取りこまれた汗は排出前に血管に再吸収されます。塩分はそのときにほとんど再吸収され、排出される汗は99％以上が水です。残りは塩分や微量のミネラルや電解質です。さらに、ごく微量の尿素や乳酸などの老廃物も含まれますが、尿と異なり、汗の成分は血漿を薄めたものと同じといわれています。汗のpHは4〜6の弱酸性で、この酸性度が皮膚表面での細菌増殖を防ぐと考えられています。

　皮脂は、皮膚をなめらかにするとともに、抗菌作用のある物質が含まれ、細菌からからだを保護する役割をもっています。しかし、分泌が過剰な場合は、表皮の汚れと一緒になり毛孔をつまらせることがあります。

　皮膚からの汚れは、水洗いか、石けんを使用して洗います。このとき、洗いすぎにより、皮脂を落としすぎないように気をつけます。垢も自然にはがれ落ちるものですから、ごしごしこすらないようにします。洗身用具や洗い方で乾燥を助長することがありますので、注意します。必要時、入浴後に保湿クリームなどを使用し乾燥を防ぎます。

　皮膚の汚れとは異なりますが、中高年になると、加齢臭を気にする人が多くなります。においのもとはノネナールという物質で、加齢とともに増え、皮脂が変化したものとされています。ノネナールは水に溶けるので、濡れたタオルでこまめに身体をふく、洗濯をした清潔な衣服に毎日着替えるなど、清潔保持が効果的です。また、においには食生活や生活習慣なども大きく影響しますので、生活習慣の見直しも必要になりま

❸汗
水が99％とNaCl（塩化ナトリウム）が約0.65％、尿素0.08％、乳酸0.03％、カリウムやマグネシウムなどのミネラルや電解質。

す。

2 頭皮からの汚れ

頭部には毛髪が密生しています。**皮脂腺**❹は毛器官に付属しているため、頭皮は分泌される**皮脂量**❺がほかの部位より倍以上に多く、頭皮、頭髪は、皮脂や汗、剥離した角質、ほこりなどで汚れやすいです。そのため、定期的な洗髪が必要ですが、過剰な洗髪や強い力での不適切な洗い方は、頭皮を保護している脂質や角質を取りすぎ、乾燥化、脆弱化を招き、皮膚のバリア機能を損ない、アトピー性皮膚炎を悪化させたり、刺激性皮膚炎の原因となることもあります。活動や季節などによる影響を考慮しますが、洗髪は 1 ～ 3 日に 1 回程度が適切とされています。

毛髪は、成長期（2 ～ 6 年）、退行期（2 ～ 3 週間）、休止期（3 ～ 4 か月）の毛周期で成長と退縮をくり返し、成長期には 1 か月に約10～12mmずつ伸び、休止期に脱毛します（**図 6 - 4**）。1 日に約100本抜けます。毛の外側にある毛小皮（キューティクル）は、毛の栄養を保持したり、毛に汚れがつくのを防いでいます。洗髪時はシャンプーを十分に泡立てて、髪と髪がこすれ合ってキューティクルが傷つくのを避けます。また、毛髪はたんぱく質で構成され、熱でたんぱく変性を起こします。濡れた毛髪では55℃程度で変性が始まるといわれています。必要以上に乾燥させると頭皮を傷めて**ふけ**❻の原因になったり、毛髪内部の水分を失いますので、ドライヤーを使用するときには注意が必要です。

❹**皮脂腺**
皮脂を分泌する皮脂腺には、毛包上部に開口し、手掌と足底を除く全身に分布する皮脂腺と、乳輪、口唇、大陰唇、小陰唇、亀頭、肛門付近に直接開口する毛器官に付属しない独立皮脂腺がある。

❺**皮脂量**
皮脂腺の密度は皮膚面積 1 cm² あたり頭部で約800個、前額部で約400個、背部で約160個、四肢で約50個と、頭部からの皮脂量はほかの部位よりも多い。

❻**ふけ**
ふけはおもに頭皮から脱落する角化細胞と皮脂の混合物である。

図 6 - 4　毛周期

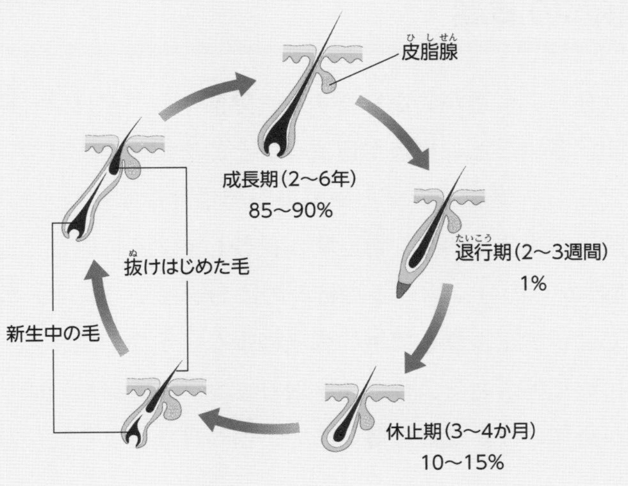

皮脂腺

成長期(2～6年)
85～90%

退行期(2～3週間)
1%

抜けはじめた毛

新生中の毛

休止期(3～4か月)
10～15%

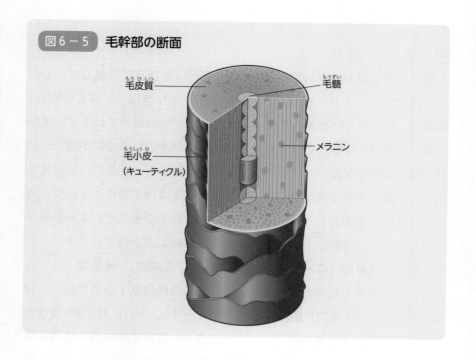

図6−5 毛幹部の断面

毛皮質（もうひしつ）

毛髄（もうずい）

メラニン

毛小皮（もうしょうひ）
（キューティクル）

（3）体内から排出されたものが付着することによる汚れ

　体内から排出される「尿（にょう）」と「便（べん）」は、排出と同時にからだから離れることが必須です。付着した汚（よご）れはできるだけすみやかに取り除（のぞ）き、排泄物（はいせつぶつ）による皮膚（ひふ）への刺激（しげき）を除去（じょきょ）し、清潔（せいけつ）を保持（ほじ）します。月経血（げっけい）については、個人差はありますが平均28日に一度、5日以内の月経（げっけい）があり、前半（ぜんはん）は経血量（けいけつ）も多く、適宜（てきぎ）のパッド交換（こうかん）とシャワーなどによる陰部（いんぶ）の清潔保（せいけつほ）持（じ）が必要です。

4 陰部の清潔

　男性（だんせい）と女性（じょせい）では構造（こうぞう）が異（こと）なりますが、陰部（いんぶ）や肛門部（こうもんぶ）は常在菌（じょうざいきん）が多いこと、分泌物（ぶんぴつぶつ）が多いこと、構造（こうぞう）が複雑（ふくざつ）なこと、排泄物（はいせつぶつ）により汚染（おせん）されやすいことなどから、皮膚（ひふ）トラブルや感染（かんせん）が起こりやすくなります。また、陰部（いんぶ）には陰毛（いんもう）が生えており、排泄物（はいせつぶつ）が付着しやすく、陰部（いんぶ）に分布（ぶんぷ）する**アポクリン腺**（せん）[7]からの分泌物（ぶんぴつぶつ）による特有のにおいもあります。清潔にする方法としては、清拭（せいしき）よりも機械的刺激（しげき）の少ない洗浄（せんじょう）が望ましく、水分はこすらずに軽く押（お）さえるようにふき取（と）ります。小陰唇（しょういんしん）の内側や包皮（ほうひ）は皮膚（ふ）の厚（あつ）さが身体のなかで最も薄（うす）いので、傷（きず）つけないように注意します。

❼アポクリン腺（せん）
p.182参照

（1）女性の陰部

　女性の陰部は皮膚が重なり合っているので、通気性も悪く、不潔になりやすい部分です。また、尿道が約4cmと短く、直線であるため、細菌が尿道口から膀胱へ入りやすく、膀胱炎などの尿路感染を受けやすくなります。したがって、洗浄や清拭および排泄後のふき取りは必ず尿道口から肛門に向けて行います。小陰唇の内側や肥満している人の鼠径部、排泄時に広がっていた肛門は汚れがつきやすいので、広げて、ていねいに洗います（**図6－6**）。

（2）男性の陰部

　尿道は約16〜20cmと長く、曲線で、精液の通路にもなっています。皮膚が重なる陰嚢の裏や陰茎の先端部に汚れがたまりやすいです。陰茎

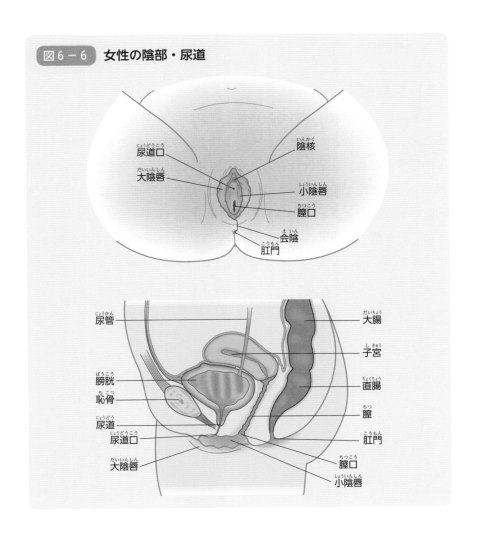

図6－6　**女性の陰部・尿道**

尿道口
陰核
大陰唇
小陰唇
膣口
会陰
肛門

尿管
大腸
子宮
膀胱
恥骨
直腸
尿道
膣
尿道口
肛門
大陰唇
膣口
小陰唇

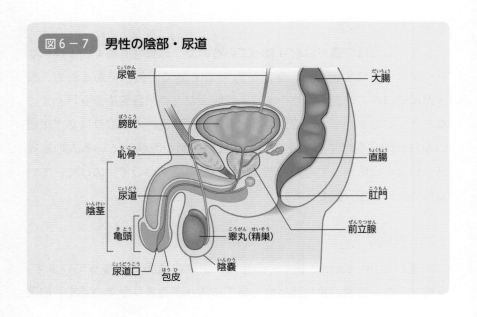

図6−7　男性の陰部・尿道

尿管　　大腸
膀胱
恥骨　　直腸
尿道　　肛門
陰茎　　前立腺
亀頭　　睾丸（精巣）
尿道口　　陰嚢
包皮

は包皮を引き下げて包皮の内部や亀頭の汚れを取り除きます（**図6−7**）。

（3）尿路感染

　腎臓、尿管、膀胱、尿道の尿路が、細菌、ウイルス、真菌等に感染することを尿路感染といいます。膀胱より上部尿路に起こる感染症は上部尿路感染症といい、急性腎盂腎炎や急性巣状細菌性腎炎を疑います。膀胱より下の尿路感染症を下部尿路感染症といい、膀胱炎、尿道炎、急性前立腺炎があります。下部尿路の感染の場合、通常、熱は出ませんが、頻尿、排尿痛、下腹部の不快感があります。膀胱炎や尿道炎は細菌感染による頻度が高いので、陰部をふくときには前から後ろにふくこと、おむつに便をした場合はすみやかに取り除くことが重要です。

演習6−1　入浴の効果

入浴によって、どのような効果がえられるか、まとめてみよう。

入浴の作用	効果
温熱作用 からだが温まるとどうなる？	・血管は… ・内臓のはたらきは…
静水圧作用 水圧を受けるとどうなる？	・血液循環は… ・心肺機能は…
浮力作用 浮力がはたらくとどうなる？	・身体面では… ・精神面では…

演習6−2　陰部・肛門の清潔

陰部・肛門周辺の汚れの特徴と清潔保持の方法について、まとめてみよう。

汚れの特徴	
清潔保持の方法	

心身の機能低下が
入浴・清潔保持に及ぼす影響

学習のポイント

■ 心身機能の低下が及ぼす清潔保持への影響を理解する

関連項目 ▶ ⑦『生活支援技術Ⅱ』 ▶ 第3章「自立に向けた入浴・清潔保持の介護」

1 精神機能の低下が入浴・清潔保持に及ぼす影響

❶認知機能
物事や状況を認識したり、総合的に判断し問題を解決したりするなど、人の知的機能を総称した概念。

　加齢による中枢神経系の変化にともない、**認知機能❶**が低下すると、脳内での情報処理速度が遅くなっていくため、行動するのに時間がかかるようになります。また、注意力や集中力を保つのがむずかしくなるため、同時に多くのことに注意を払いにくくなり、瞬時の反応や判断が遅く、むずかしくなります。

　入浴時は、浴室の床面が濡れていること、石けんですべりやすいこと、裸であること、お湯を使うことなどから、まわりの状況に注意を払い、瞬時の反応や判断が必要とされます。認知機能の低下は安全をおびやかすことにもつながりますので、1人ひとりの心身の状態をよく知り、細心の注意を払うことが大切です。高齢者の認知機能は個人差が非常に大きいことにも留意します。

2　身体機能の低下が入浴・清潔保持に及ぼす影響

　身体機能は、年齢、性別、活動、環境などにより影響を受けます。加齢、病気、障害は身体機能にさまざまな変化を起こし、入浴・清潔の保持にも影響を及ぼします。

1　皮膚機能の変化と影響

（1）加齢にともなう皮膚機能の変化

　高齢者に多い皮膚の変化の特徴を知って、入浴・清潔の方法に留意します。
① 表皮・真皮が薄くなり、血管が透けて見えるようになります。傷つきやすいので、ふくときはこすらずに押し当てるようにします。
② 拡張・蛇行した毛細血管が皮膚表層に浮き出てきます。
③ 汗や皮脂の分泌が減少し、皮膚が乾燥しやすくなるため、かゆみを感じやすくなります。体温調節にも影響が出ます。皮脂の取りすぎと乾燥に注意します。
④ 真皮のコラーゲンが減少し、皮膚の弾力性が低下します。皮膚はたるみ、皮膚が重なる部分が増え、発汗しても気化されず、皮膚を刺激します。
⑤ 皮膚の感覚器機能（温度覚、触覚、振動覚、痛覚など）が低下し、外的な刺激に対する反応が鈍くなります。

（2）皮膚症状がある場合

1 かゆみ

　かゆみを起こす刺激には、物理的刺激、化学的刺激、心理的刺激などがあげられます。かゆみには、皮膚そのものに原因がある場合（**表6－3**）と皮膚以外の要因で皮膚症状があらわれている場合（**表6－4**）があります。かゆみが気になり出したり緊張したりすると、さらにかゆみが増し、不快感が増します。かくことで皮膚を傷つけるだけでなく、精神的にも身体的にも大きな苦痛となります。原因を調べ、原因となるものを取り除きます。また、必要な予防をし、清潔で健康な皮膚を保持します。

皮脂欠乏性皮膚炎	発汗や皮脂分泌の減少に加え、表皮の角質層の水分保持機能が低下することで起こる。高齢者の場合は、腹部や下肢を中心に好発する
接触性皮膚炎	異物との接触で起こるかぶれで、おむつ、装飾品、植物、洗剤などによるものが多い
脂漏性皮膚炎	ふけ、落屑が増えるふけ症。皮膚の常在菌が皮脂を分解し、遊離脂肪酸を増加させることで皮膚の新陳代謝を早め、結果としてふけ症が生じる
白癬（水虫）	カビの一種で糸状菌がおもに皮膚の角質層下に寄生する。部位により足白癬、爪白癬、頭部白癬、体部白癬、股部や殿部白癬などがある。感染力は弱いが、不潔、湿潤、こすれ、糖尿病などで起こり、皮膚の乾燥、鱗屑（魚のうろこのようなカサカサ）を生じる。清潔と乾燥が有効である
疥癬	ヒゼンダニ（疥癬虫）が、皮膚の角質層内に寄生して起こる皮膚感染症で、人から人への接触により感染する。毎日入浴して清潔に保つ。衣類、寝具も毎日取り替え、部屋を清潔にする
その他	・低栄養や脱水などにより皮膚の乾燥が起こる ・温熱寒冷が刺激となる。体温が上昇するとかゆみが増す ・清潔保持が不十分でかゆみが起こる

2　かぶれ

　かぶれとは接触性皮膚炎のことで、一時刺激性のものとアレルギー性のものがあります。おむつをつけている場合、おむつ内の皮膚は、排泄物による化学的刺激、洗浄やふき取りによる物理的刺激などから「おむつかぶれ」を起こしやすくなります。その原因と対応として次のようなことがあげられます。

① 原因

❶　おむつの中は、高温多湿な環境となり、細菌が繁殖しやすくなります。

❷　**排泄物による汚れ**❷は皮膚に化学的な刺激を与えます。正常な皮膚は弱酸性ですが、排泄後、時間の経過した尿や下痢便によりアルカリ性に変化し、皮膚を刺激します。

❸　高温多湿状態におかれた皮膚はふやけた状態（浸軟）となり、角質が剥離しやすくなり、皮膚のバリア機能が損なわれます。その結果、感染や**褥瘡**❸を引き起こしやすくなります。

❷排泄物による汚れ
p.241参照

❸褥瘡
p.109参照

表6−4	皮膚以外の要因で皮膚症状がある場合
腎疾患	透析患者のかゆみはきわめて強く、透析歴が長いほど強い傾向にある。皮膚が非常に乾燥し、鱗屑がみられることが特徴
肝疾患	黄疸のあるときには、ビリルビンや胆汁酸などの物質が血液中や組織内に増加して、皮膚の末梢神経を刺激するため、かゆみが生じる
糖尿病	糖尿病のコントロールが悪いと、軽い脱水症状におちいり、皮膚が乾燥する。糖尿病性の感染症を起こし、かゆみが出る
薬疹	薬物の副作用、体質（アレルギー）、肝臓などの臓器や身体の状態により出現する。薬疹は薬剤投与開始後数時間から３日、遅いときには１週間以上経ってから出現するものもある
循環障害	・浮腫：循環障害のため、酸素・栄養不足、免疫力の低下を起こす。皮膚は弾力性にとぼしく、乾燥する。薄くなった皮膚は外的刺激で損傷を起こしやすい。皮膚温も低下する ・褥瘡：長時間の局所圧迫、ずれによる循環障害のため、酸素・栄養不足を起こし、組織が壊死する。汚染、湿潤なども誘因となる。入浴の際は、軽度の褥瘡は開放のまま創部はこすらずに洗い流し、重度の場合は防水フィルムでおおって入浴する ・壊疽：局所の神経障害、血管障害、感染などにより、末梢の循環障害を起こし、組織が壊死する。変性・変色をきたす。神経障害により足の感覚が低下するので、熱湯によるやけどや打撲に注意する。皮膚が化膿している場合は濡れないように保護して入浴する

図6−8　おむつかぶれのメカニズム

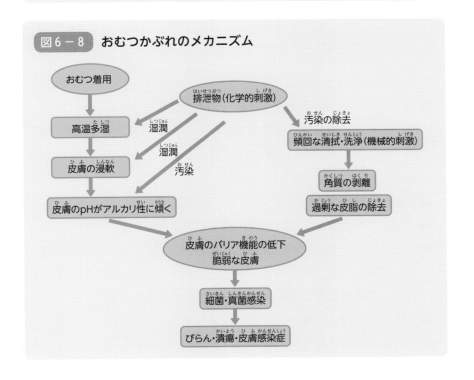

第6章　入浴・清潔保持に関連したこころとからだのしくみ

表6−5　発疹の種類、皮膚の症状

原発疹		続発疹	
紅斑	真皮乳頭層の血管拡張や充血により起こる限局性の紅色の斑	鱗屑	角質層が蓄積した結果、白色のふけ様物質が付着した状態。皮膚が乾燥した場合にもみられる
紫斑	皮内出血による紫色の斑	落屑	鱗屑が皮膚表面から落ちたもの
膨疹	一過性で限局性の皮膚の浮腫。じん麻疹など。掻痒感を有する	痂皮	角質や滲出液が皮膚表面に固着したもの。かさぶた状態
嚢腫	真皮内に生ずる空洞	表皮剥離	表皮の一部が欠損した状態
白斑	色素脱失や局所の貧血により生じた白色の斑	びらん	表皮の全部または表皮の不完全な欠損。皮膚の連続性が失われた状態
色素斑	メラニンなどによる黒褐色の斑など	潰瘍	真皮におよぶ欠損
丘疹	直径5mm程度までの皮膚表面から隆起した皮疹	亀裂	線状に走る皮膚欠損。皮膚が裂けてひびが入った状態
結節	丘疹より大きな隆起性皮疹	膿瘍	真皮に膿が貯留したもの
水疱	透明な内容物を有する隆起性皮疹	瘢痕	一度欠損した皮膚が、結合組織により修復されたもの
膿疱	膿を有する隆起性皮疹	萎縮	皮膚全体が薄くなった状態
		硬化	皮膚がかたくなった状態
		壊疽	表皮・真皮含めて皮膚が壊死し黒色調になる

（原発疹の左側区分：真皮＝紅斑・紫斑・膨疹・嚢腫、表皮＝白斑・色素斑・丘疹・結節、表皮・真皮＝水疱・膿疱）

❹　排泄ごとの頻回な洗浄も皮脂を落としすぎ、皮膚を脆弱化させます。過剰な皮脂の除去を防ぐためにも、おむつ交換時の洗浄は1日に1〜2回が適切といわれています。

② 対応

❶　おむつは排泄のたびに交換し、汚れはすぐに取り除きます。

❷　洗浄剤を使用する場合は使用量を守ります。

❸　石けんは、刺激の少ない弱酸性のものを使用し、洗浄効果を高め、皮膚への刺激を少なくするために、十分に泡立てて洗います。石けんを使用しないで洗い流すだけのこともあります。

❹　汚れや石けんをきれいに取り除きます。

❺　角質を傷つけたり、皮脂を取りすぎないように、押し当てるようにしてふきます。

❻　洗浄のあとは、皮膚の状態によって排泄物の皮膚への付着予防と浸軟予防のために皮膚保護クリームや保護オイルなどで皮膚を保護します。洗浄時以外の清潔方法は、肛門清拭剤やベビーオイルなどの油分を含ませた肌触りのよい不織布などで、摩擦を加えずに汚れをふき取ります。

❼　皮膚症状が強く出ている場合は、医師や看護師に連絡して適切な処置をしてもらいます。

2　視覚機能の低下と影響

　視覚からの情報は80％以上を占めるといわれています。視覚機能が低下すると、視力、視野、明暗順応などに影響があらわれ、今までと同じように情報をえることがむずかしくなります。浴室は、床がすべる、使用物品が多い、熱いお湯が出るなど、転倒や熱傷の危険が多くなるので注意が必要です。また、汚れが見えにくくなるので、洗い残しがないように援助します。

3　運動機能の低下と影響

（1）入浴に関連する動作

　入浴には、居室からの移動、着脱、脱衣室から浴室・浴室内での移動、椅座位、洗身、洗髪、シャワーを使う、浴槽をまたぐ、タオルをしぼるなどの一連の動作を必要とします。運動機能が低下した場合、それらの動作の遂行に影響があらわれます。個別の心身の状況や実行状況、潜在能力、環境などについても十分なアセスメントをし、洗身補助具、福祉用具の使用を含め、自立に向けた安全で適切な清潔保持の方法を考えます。

（2）洗身・洗髪時の姿勢

　麻痺がある場合などは麻痺側に傾きやすいので、座位の安定を確認してから洗いはじめます。洗身時は、上体をひねったり、前傾したり、片足を上げたりするため、バランスをくずしやすくなります。さらに、たとえば上肢が肩より上がらないが自分で洗髪しようとする場合など、上体をいつもより強く前屈し、頭部を下げて洗うことになります。そうす

ると、胸郭が圧迫され呼吸しにくくなります。そのため、どのような姿勢が望ましいのかについて、身体機能、意欲などを考慮し、必要な援助をします。入浴中は、立位、座位、歩行をくり返すため、姿勢による血圧の変動にも気をつけます。

（3） 麻痺・拘縮がある場合

麻痺がある場合、自分でできる行為と援助を必要としている行為についての確認が必要です。片麻痺[4]があり日常的に装具を用いて移動している場合でも、浴室内でははずすので、手引き歩行や浴室用車いすの使用など安全な移動手段を考えます。左半側に麻痺がある場合は空間の失認をともなうことがあるので、安全への配慮が必要です。

拘縮がある場合、皮膚が重なる腋窩、肘関節内側、膝窩、手掌、指間、鼠径部などは通気性が悪く、常に湿った状態となり、皮膚の浸軟、剥離、亀裂や水疱ができることもあります。そのため、注意深い観察とていねいに洗うこと、水分を十分にふき取ることが大事です。また、拘縮により骨が突出している場合は、局所が圧迫され褥瘡の危険が増すので、皮膚の状態を注意深く観察します。

❹片麻痺
「へんまひ」ともいう。左右どちらかの半身が不随の状態。

4 高血圧や動脈硬化がある場合

血管が肥厚したり、弾力を失うなどの血管壁の変化や高血圧の疾患がある場合は、血圧が急激に変動する状態を避けなければなりません。

入浴時の湯温が高いと、その温度の刺激によって、反射的に皮膚の血管が収縮します。そのため、血圧は一時的に上昇します。身体が温まると血液の循環がよくなり、血管が拡張して血圧は下がります。同様に、部屋と廊下、浴室と脱衣室など部屋の温度差がある場合も、血圧が変動します。

たとえば、冬の入浴時では脱衣室から浴室への急激な温度変化が起こり、次に熱いお湯に入り血圧が上昇し、やがて温熱効果で血圧は下降します。これらの温度変化は血管をいちじるしく伸縮させるとともに、血圧や脈拍を大きく変動させます。急激な温度変化が血圧や脈拍などに大きな影響を及ぼすことをヒートショックといい、これにより、脳梗塞や脳出血を引き起こし深刻な事故につながることがあります。

家庭内の不慮の事故死のなかでも浴槽内での溺死・溺水、とくに後期

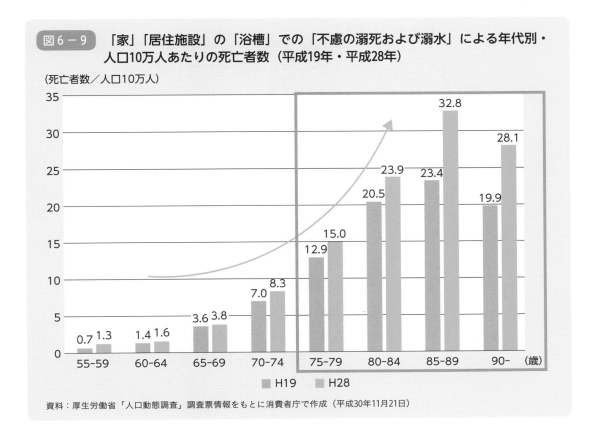

図6−9　「家」「居住施設」の「浴槽」での「不慮の溺死および溺水」による年代別・人口10万人あたりの死亡者数（平成19年・平成28年）

（死亡者数／人口10万人）

年代	H19	H28
55-59	0.7	1.3
60-64	1.4	1.6
65-69	3.6	3.8
70-74	7.0	8.3
75-79	12.9	15.0
80-84	20.5	23.9
85-89	23.4	32.8
90-	19.9	28.1

資料：厚生労働省「人口動態調査」調査票情報をもとに消費者庁で作成（平成30年11月21日）

　高齢者の死亡者数が非常に多いです（図6−9）。事故死に分類されていない脳出血や心不全などの病気や熱傷に分類された人まで含むと、過去には年間の入浴中の急死者数が約1万9000人と推計されたこともあり、部屋間の温度差、浴室のお湯の温度に十分な注意が必要です。

5　心疾患や呼吸器疾患がある場合

　心臓や呼吸器に障害がある場合、温度変化以外にも水圧による影響を受けます。全身浴（首までお湯に浸かる）は肩から下肢までの全身に水圧がかかることにより、心臓や肺に集まる血液量が増して負担がかかります。そのため、負担の少ない半身浴（お湯の量を胸部までにし、水圧がかかるのを胸から下にする）やシャワーの使用が望ましいです。

6 その他

（1）膀胱留置カテーテルを使用している場合

　毎日洗浄をするなど、感染予防と清潔保持の視点が必要です。排便後は汚染を取り除き陰部洗浄をします。入浴時は感染予防のため、カテーテルと蓄尿袋の接続部をはずさずに入ります。留意することとして、入浴前に蓄尿袋の中を空にします。また、逆流を防ぐために蓄尿袋は膀胱より高くならないようにしますが、浴槽では浮いて高くなることも予測されます。そのため、高い位置になっても尿が逆流しないように一時的に管をストッパーで止めて入ります。看護師との連携が必要です。

（2）ストーマを装着している場合

　装具をはずして浴槽に入っても体内の圧のほうが水圧よりも高いので、お湯が体内に入ることはありません。しかし、人工肛門には括約筋がありませんので、腸の動きにより便が出ることがあります。そのため、食後1時間（小腸ストーマの場合、排便量が減るのに食後3〜4時間程度）は入浴を避けることが望ましいです。便の排出が気になる場合

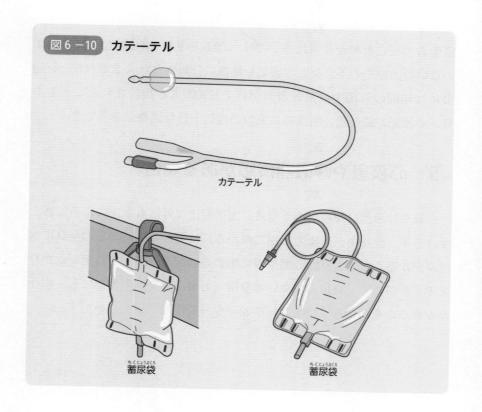

図6−10　カテーテル

カテーテル

蓄尿袋　　　　　　　　蓄尿袋

は、パウチを装着したまま入るか最後に入る方法もあります。温泉など共同の浴槽に入る場合は、入浴用肌色パウチなどを使用して入ると、内容物は見えず安心です。ストーマを装着している場合は、造設部位の皮膚の状態観察もあり、看護師との連携が必要です。

（3）胃ろう、腸ろうを造設している場合

胃ろう❺、腸ろう❻を造設している場合も入浴が可能です。シャワーのお湯がかかっても問題なく、浴槽に入ることもできます。腸ろうの場合は、カテーテルが洗身のときなどにひっかけて抜けてしまわないように、身体の外に出ているカテーテルをまとめてから入ります。入浴後は水気を十分にふき取り乾燥させます。

❺胃ろう
胃に穴を開け、カテーテルを通して直接胃に栄養剤や薬を入れる方法。

❻腸ろう
腹部に穴を開け、小腸までカテーテルを通し、直接栄養剤や薬を入れる方法。定期的に医師によるカテーテルの交換が必要。

図6−11　腸ろう

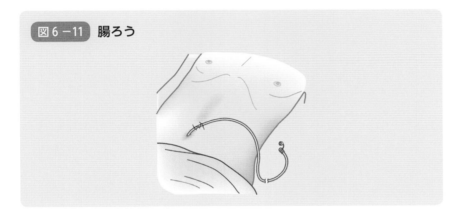

 **演習6－3** 皮膚の変化にあわせた入浴・清拭時の注意点

加齢にともなう皮膚の変化にあわせ、入浴・清拭するときの注意点をあげてみよう。

加齢にともなう皮膚の変化	注意点
表皮・真皮が薄くなり、血管が透けて見えるようになる	
皮膚が乾燥し、かゆみを感じやすくなる	
真皮のコラーゲンが減少し、皮膚の弾力性が低下する	
皮膚の感覚器機能が低下し、外的な刺激に対する反応が鈍くなる	

変化の気づきと対応

学習のポイント

- ■ 入浴、清潔保持の前に確認する内容を理解する
- ■ 清潔保持の機会に確認できる心身の状態を理解する

関連項目 ⑦『生活支援技術Ⅱ』▶ 第3章「自立に向けた入浴・清潔保持の介護」

---

1 入浴が身体に及ぼす負担

　入浴は、心身機能促進やリラックスなどの効果ばかりではなく、身体状況や病気などにより、疲労が増したり、循環器や呼吸器に影響を及ぼすなど、身体に負担を与えることもあります。洗い方によっても健康な皮膚を損なうことがあります。入浴・清潔保持の行為にともなうどの場面でどのような影響が予測されるのか、身体への影響を個別に把握し、安全に気持ちよく、負担が少ない状態で清潔が保持できるように適切な対応をとることが必要です。

2 入浴・清潔保持での観察のポイント

◢ 1 皮膚の状態観察、循環器・呼吸器観察のポイント

　心身の健康、社会生活の活性化がはかられるように、入浴や清拭などにより清潔にしますが、方法を間違えると事故につながります。影響を受けやすい皮膚、循環器、呼吸器について、事故のリスクを最小にするための観察のポイントを整理します。

（1）皮膚の状態観察のポイント

　皮膚の一番外側の表皮には、細菌叢が存在しています。表皮ブドウ球菌などの常在菌は、皮膚をpH4～6の弱酸性に保ち、細菌や真菌が繁殖しにくい環境をつくっています。排泄物による汚染や洗いすぎなどにより常在菌のバランスがくずれてアルカリ性に傾くと、通過菌の黄色ブドウ球菌などが、炎症やかゆみなどの皮膚トラブルを起こします。手荒れや傷があると手洗いだけでは通過菌を取り除くことがむずかしくなるため、健康な皮膚の状態を保つことが大切です。皮膚の表面をおおう皮脂は保湿して乾燥から皮膚を守っていますので、取りすぎないようにします。

・お湯に長く入ると、表皮がふやけた状態（浸軟）となり、垢が落ちやすくなりますが、傷つきやすくなります。

・皮膚に傷があると、洗い方により皮膚炎を起こすことがあります。

・石けんは十分に泡立ててから使い、洗ったあとは石けんを十分に洗い流さなければ、乾燥や皮膚トラブルを起こしやすくなります。

・入浴後、すみやかに水分をふき取らなければ、揮発によって皮膚が乾燥します。

・白癬（水虫）がある場合、皮膚と皮膚が密着し湿潤状態で不潔になりやすい足指のあいだ、足の爪などの状態を観察します。

・糖尿病性末梢神経障害を合併している場合、感覚が鈍り痛覚が低下するため、気づかないうちに外傷ややけどなどを引き起こすことがあります。

（2）循環器観察のポイント

・脱衣室が寒い、入浴後に寒い廊下に出るなど、温度の変化により急激に血圧が上昇することがあります。

・入浴の温熱作用によって、皮膚の毛細血管が拡張して血圧が低下します。

・42℃以上の熱いお湯に入ると、交感神経が刺激され、血圧が上昇します。

・湯船に浸かったときに温熱や静水圧の作用で、静脈環流が増加し、血圧、心拍数が増加します。

・湯船から急に立ち上がると、静水圧作用がなくなるため、めまいや意識消失が起こることがあります。

・長時間湯船に浸かると発汗し、脱水を招き、脳梗塞や心筋梗塞のリスクを高めます。

・首まで湯船に浸かると、温熱や静水圧の作用で血液は一気に心臓に戻り、心臓疾患のある人は負荷が高まります。

（3）呼吸器観察のポイント

・湯船に浸かると、静水圧の作用で、横隔膜がもち上げられ、肺の容量は縮小します。酸素の取りこみを維持するために呼吸数が増えます。

・首まで湯船に浸かると、温熱や静水圧の作用で血液は一気に心臓に戻り、肺循環が活発になり、肺疾患のある人には負荷がかかります。

・洗身や洗髪時の姿勢によっては、胸郭がせばまり息苦しくなります。

2　入浴、清潔保持に必要な観察のポイント

　入浴はこれまでの生活習慣や、現在の心身機能や健康状態、活動の状態、入浴や清潔に対する本人の考えや希望、浴室など清潔にする場の環境、福祉用具の活用など、さまざまな面から検討し、安全で安楽な一番適した方法を選択します。いつもと変わりがないかの確認が必要ですので、ふだんから個別の状態を把握しておきます。

（1）入浴前の観察のポイント

① 心身機能・健康状態

❶ 麻痺の有無と程度、関節の拘縮・変形、関節可動域

❷ 姿勢の保持レベル（立位、座位、臥位、側臥位）

❸ 体調（睡眠、病気、**バイタルサイン❶**、心配事など）

❹ 痛みの有無と部位、程度

❺ 皮膚の状態（乾燥、湿疹、褥瘡、白癬、紫斑、発疹、発赤、傷、かゆみ、爪の状態など。皮膚の乾燥は、濡れるとわからなくなるので、入浴前に確認することが大事です）

❻ 浮腫の有無と部位、程度

❼ 認知機能の状態

❽ いつもの状態からの変化（目がうつろ、なんとなく元気がないなど、いつもとの違いは病気の前触れを示すことがあります）

② 活動の状態

❶バイタルサイン
p.82参照

表6-6 **身体に及ぼす影響と対応**

場所	状況	影響	準備と対応例
部屋	暖かい	血圧は平常	入浴が可能かどうかの確認
廊下	寒い	血管が収縮し血圧が上がる	衣服を多くはおる
脱衣室	寒い、すきま風、脱衣	血管が収縮し血圧が上がる	24±2℃に暖める
浴室	寒い	血管が収縮し血圧が上がる	24±2℃に暖める
	床がすべる	転倒	ゆっくり移動、すべり止めシート使用
	床が冷たい	血管が収縮し血圧が上がる	暖める
	シャワーチェアが冷たい	血管が収縮し血圧が上がる	いすに湯をかける
	シャワー温の変化、熱湯	姿勢をくずし転倒、やけど	湯温の確認、足下からかける
	洗いすぎ	角質、皮脂膜の取りすぎによる皮膚へのダメージ	強くこすらない、皮脂を取りすぎない
浴槽	入った直後	血管が収縮し血圧が上がる	足からゆっくり入る
	湯温が高い	血管が収縮し血圧が上がる	40℃くらいにして入る
	温度がぬるめ	血管が拡張し、血圧が下がる	長湯に注意
	長湯	血管が拡張し、血圧が下がり脳貧血を起こすことがある	10分程度（個人差あり）、長湯を避け、動作をゆっくりする、脳貧血時の対応をとる
	発汗	血液の粘稠度が増す	入浴前・中・後の水分摂取
	腎血流量が増す	利尿作用が高まる	入浴前の排泄
	立ち上がり、浴槽から出る	血管が拡張しているので、血圧が下がる	動作をゆっくりする
	浮力で浮く（体重が9分の1になる）	姿勢、バランスがくずれる	何かにつかまる
	静水圧	心臓・肺への血流量が増す	半身浴にする
	血液循環が活発になる	疲労（個人差あり）	入浴時間の調整、入浴後の休養
		心臓・肺への血流量が増す	負担が多い場合は半身浴にする
	血液が身体の表面に集まる	胃液分泌を弱め、消化能力が落ちる、食欲が落ちる	食前1時間は入浴を避ける
		胃腸のはたらきが弱まる	食後1時間は入浴を避ける
脱衣室	入浴直後	血圧が高めの人は血圧の変動が大きい（上がる）	動作をゆっくりする
	疲労	血液循環促進、脈拍亢進、その後血圧が下がる	休養、いすに座り着衣する
	発汗	汗で着衣動作がしにくい	汗をふいてから着衣
		血液の粘稠度が増す	水分摂取
		体表温度が下がる	汗を十分にふき取る
	皮膚の乾燥、かゆみ	洗浄により乾燥が強まる	保湿クリーム

＊いずれの状況においても認知機能を必要としている。

❶ 移動の状態と方法

❷ 食事・水分摂取の状況（満腹、空腹、水分摂取の時間など）

❸ 排泄の状況（排泄の有無、排泄時間、下痢、便秘、膀胱留置カテーテル使用、ストーマ）

③ 環境の状況

❶ 居室の温度

❷ 浴室までの距離、手すりなど移動の補助手段

❸ 脱衣室・浴室の状況（室温、段差、着脱用のいす、手すり、入浴補助具、水分摂取の準備など）

❹ 必要な設備や物品が整っているか、お湯の温度は適当か

❺ 介護者（プライバシーを守り、状況にあわせた適切な介護をしてくれるか、要望をくみとってくれるかなど）

④ 本人の意向

❶ 入浴・清潔方法の好み（入浴時間、洗い方、入浴後の涼み方など）

❷ 今までの生活習慣がいかされているか

❸ 入浴・清潔保持に対する思い（楽しみ、うれしい、苦痛、羞恥心、負担、遠慮など）

（2）入浴中の観察のポイント

① 移動の安全は確保されているか

② 洗身時の様子（姿勢の安定、洗身補助具の活用、洗い方）

③ 浴槽に入る時間と湯温、顔の表情（のぼせなど）、シャワーの温度

（3）入浴後の観察のポイント

　入浴により血行が促進されるので、入浴後は適度の疲労をともないます。一休みしなければ次の活動に移れないこともあります。また、入浴中は発汗があり、血液中の水分が不足します。水分をおぎなうとともに疲れたからだを休めます。

　入浴後の着脱は、疲労の程度やからだの状況にあわせて座位姿勢で行うと安全です。また、汗でからだが湿り、着にくくなっていますので、十分に汗をふき取ります。このとき、こするようなふき方をせずに、タオルを押し当て汗を吸い取るようにやさしくふきます。

　爪が伸びている場合は、やわらかくなった入浴後に切ると切りやすいです。皮膚に保湿が必要な場合は、汗が引いたあとに保湿クリームを塗布します。

3 全身の状態を見る

　乾燥した皮膚は温まるとかゆみが増します。かゆみを除こうとして入浴時に布目の粗いかたいタオルでからだをごしごしこすったり、石けんで強く洗ったりすると、ますます皮脂分を減らし、掻痒感を増すことになるので、気をつけなくてはなりません。入浴時は全身を見るよい機会でもあります。入浴中に以下の内容を確認しましょう。

① 　皮膚の観察
　・皮膚が薄くなっていないか
　・弾力性を失っていないか
　・皮膚が乾燥していないか
　・色素が沈着していないか
　・皮膚感覚は低下していないか
　・擦過傷❷などの傷はないか
　・湿疹やかぶれはないか
　・褥瘡はないか
　・変色はないか
② 　手足に浮腫はないか
③ 　爪に変化が起こっていないか
④ 　顔色や気分
⑤ 　栄養状態

❷**擦過傷**
すり傷、すりむいた傷のこと。

⑥　関節の動き　など

確認した情報は、スタッフ間で共有します。また、必要時、看護師に連絡・報告をし、適切な対応につなげます。

4　脱水を予防する

入浴中は発汗により水分を失います。水分を失うと、血液の粘稠度が増し、血管がつまりやすくなります。また、水分が不足すると、ぼんやりとしてきます。水分は摂取してもすぐに吸収されませんので、入浴の30分くらい前には水分を摂取してもらうなど、事前の対応が必要です。脱衣室、浴室どこででも、いつでも水が飲める準備をするなど、環境への配慮も必要です。

5　温度変化の影響を小さくする

（1）環境の確認

入浴前に脱衣室や浴室の温度を調節しておきます。廊下については衣服を調節することでも対応が可能ですが、からだに急激な温度変化が起こらないようにします。気をつけなくてはならないのは、からだが冷えている入浴前ばかりではありません。からだが温まった入浴後の温度変化と浴室、脱衣室、廊下など部屋間の温度差により発生する空気の流れ（風）にも注意が必要です。健康な人には気持ちよく感じる微風や冷たい空気も、体温をうばい、血圧の変動を引き起こす要因になりますので注意が必要です。11月から3月の気温が低い冬季間は、とくに注意が必要です。比較的気温の高い日中に入浴するなど配慮します。

（2）お湯の温度がからだに与える影響

入浴は心身の状態だけではなく、生活時間との関係によってもからだに影響を与えます。それぞれの影響について知ることが大切です（表6－7）。

湯温による血圧の変動幅[1]は、お湯の温度が高いほど血圧は急上昇し、収縮期血圧が90mmHg未満の人でも42℃のお湯に入ると130mmHg以上に急上昇するのに対して、38℃のお湯の場合は100mmHg程度とされています。

	中温浴　38〜41℃	高温浴　42℃以上
自律神経	副交感神経を刺激	交感神経を刺激
心臓の動き	抑制される	促進される
血圧	低下する	上昇する
腎臓のはたらき	促進される	抑制される
膀胱の動き	排尿が促進される	排尿を抑制する
腸の動き	活発になる	抑制される
筋肉のはたらき	弛緩する	収縮する
脳	鎮静　リラックス	興奮

表6−7　お湯の温度がからだに与える影響

　発熱時や空腹時、食後1時間は入浴を避けます。排泄も入浴前にすませておきます。

　からだにお湯をかける場合は、心臓に負荷をかけないよう、心臓から遠い足下から行います。

6　心身の状態に応じた入浴・清潔の方法

① 立位、歩行、座位が自立あるいは介助で可能な場合
　──▶一般浴（大風呂）、小浴槽、シャワー浴

② 座位がとれるがやや不安定な場合
　──▶小浴槽

③ 座位はとれるが立位は介助が必要、移動に車いすが必要な場合
　──▶いす式の浴槽

④ 立位や座位がとれず、全介助の場合
　──▶臥位での機械浴

　高齢や障害により筋力がおとろえると、臥位で入浴した場合、浮力作用で軽くなった下半身が浮き、頭部のある上体が沈みやすく、バランスがくずれます。また、やせている場合も、安全ベルトの幅が体格に合わず、隙間ができ不安定になるので注意します。からだにタオルをかけ、羞恥心に配慮します。

⑤ 病気、けがなど、浴槽に入れない場合
　──▶シャワー浴、部分浴、洗浄、清拭

⑥　発熱時、終末期、体力がないなど、入浴ができない場合

　　━━▶清拭、部分浴

　　解熱時にみられる発汗については清拭が効果的です。清拭時には不必要な露出を避け、保温に留意し、体温をうばわないようにします。清拭技術の巧拙が皮膚温（気化熱）に影響を及ぼしているとの研究報告もあり、熟練した手際のよい手技で行うことが大事です。

　　一度に全身を行う全身清拭と、背中、陰部、上半身、下半身など部分に分けて行う部分清拭があります。清拭の方法により温泉に入っているような気持ちよさを提供できますので、安楽の技法としても用います。

⑦　陰部や肛門、瘡などの清潔や血行促進、排泄後の汚物をていねいに除去する場合

　　━━▶洗浄

⑧　頭皮、毛髪の清潔

　　━━▶洗髪（洗髪を行う場所は、浴室か洗面台かベッド上か、また、清拭剤を使用するか、ドライシャンプーを使用するかなど、利用者の状態にあわせて適切な方法を選択します）

　シャワー浴と部分浴（足浴）を組み合わせると、からだに負担をかけずに入浴している気分を提供できます。快の感情はこころにはたらきかけ意欲にもつながりますので、心身の状態に応じた入浴・清潔方法の工夫をします。

3　入浴・清潔保持での医療職との連携のポイント

　入浴・清潔保持は、心身の機能促進、リラックス、感染予防の面からも大切な行為で、安全かつ快適に行われることが大事です。発熱、血圧の状態、全身の消耗が激しい場合、感染症にかかっている場合、終末期にある人など、入浴に判断が必要な場合は、事前に入浴の可否、方法、留意点について医師の指示を受けておきます。しかし、指示された範囲であっても、何となくいつもと違うと感じたり、判断に迷うときには病気の前触れを示している場合がありますので、すぐに医師や看護師に連絡し、現在の状況を伝え、あらためて入浴の可否や留意点について指示

をもらいます。

　介護福祉職は日常生活場面からの情報を提供し、医療職からは疾患や障害にともなう入浴上の留意点や、入浴にともなう変化から考えられる予測を提供してもらいます。在宅の場合は家族からの情報もえておきます。全スタッフで情報を共有し、安全に入浴・清潔が保持できるように準備して入浴介助にあたります。

1　セルフネグレクト

　何日もお風呂に入らず異臭がする、皮膚が汚れている、極端に汚れた衣類を着用している、失禁があっても放置しているなど、通常、人として生活において当然行うべき行為をみずから行わないで、自身の身体や精神状態を悪化させていることをセルフネグレクト（自己放任）といいます。

　セルフネグレクトの背景に何があるのか、認知症やうつなどの病気のために判断力が落ちたためなのか、ほかの理由で生活意欲が落ちたためなのか、身体面、精神面、社会面からその原因を探ります。

　高齢者虐待のネグレクト（養護者および養介護施設従事者等による介護放棄・放任）と同様に、結果としての事実（放任状態）に対し、本人の人権が侵害されないように、また、本人の自尊心を傷つけないように、注意を払い、必要なケアを提供します。

2　緊急対応が必要なとき

　入浴時に起こりやすい事故として、脳梗塞や心筋梗塞の発症、意識消失や寝てしまう（睡眠導入剤や飲酒直後）ことでの溺水、転倒による骨折などが考えられます。高齢者や心疾患、糖尿病、高血圧など慢性疾患のある人は事故のリスクが高くなるので気をつけなければなりません。ほかにも入浴機器の故障によるやけどや転落事故も考えられます。

　予測される緊急時の対応について、医師、看護師と相談し、あらかじめ事故対応マニュアルを作成し、緊急時にもあわてずに対応できるように準備しておきます。

◆ 引用文献

1）植田理彦「入浴の科学──健康への効果」『フレグランスジャーナル』第69巻、pp. 6 -
　　10、1984年

◆ 参考文献

● 堀内ふき・諏訪さゆり・山本恵子編『ナーシング・グラフィカ 老年看護学 1　高齢者の
　健康と障害 第 6 版』メディカ出版、2021年
● 中田まゆみ・岡島重孝編『高齢者のケア』学習研究社、2001年
● 林正健二編『ナーシング・グラフィカ 人体の構造と機能 1　解剖生理学 第 4 版』メディ
　カ出版、2016年
● 高橋龍太郎『図解・症状からみる老いと病気とからだ』中央法規出版、2002年
● 宮地良樹編『皮膚科診療最前線シリーズ スキンケア最前線』メディカルレビュー社、
　2008年
● 清水宏『あたらしい皮膚科学 第 3 版』中山書店、2018年

 演習6－4 **清潔保持の際の注意点と対応**

　心身の負担が少ない状態で清潔が保持できるように注意する点について考えてみよう。

状況	注意する点
部屋、廊下、脱衣室、浴室の温度に差がある	
脱衣室の戸を開けると、中が丸見えである	
浴室の床がすべりやすい（濡れている、石けんの泡が残っている）	
心肺機能に障害のある人が高温のお湯に首まで浸かっている	
風呂から上がり脱衣室にいるが、汗が止まらない	

排泄に関連した
こころとからだのしくみ

排泄のしくみ

学習のポイント

- 排泄に必要な行為を理解する
- 蓄尿と尿排出、蓄便と便排出のしくみを理解する
- 排尿と排便の正常を理解することで、利用者の排泄状態が正常であるかどうかの指標を学ぶ

関連項目 ⑦『生活支援技術Ⅱ』▶ 第4章「自立に向けた排泄の介護」

1 なぜ排泄をするのか

　私たちが毎日なにげなく行っている排泄は、人間が生命活動を行ううえで不可欠なものです。飲んだり食べたりした物は、消化、吸収、代謝の過程を経て全身をめぐった結果、老廃物として排出されます。排出されないと、体内に毒としてたまるため、生きていくことができません。排泄は、生きるために欠かせない人間の基本的欲求であり、障害されたり、尿失禁・便失禁が起こったりすると、人としての尊厳が傷つきます。

1 正常な排泄行為

　トイレに行って排泄するという行為は、尿意・便意を感じ、トイレの場所や使い方を理解するなどの**認知機能❶**と、トイレまで歩く、衣服を脱ぎ着するなどの運動機能、また、尿に関しては泌尿器機能、便に関しては消化器機能のもとに成り立っています。これらのどれ1つできなくなっても、「正常に排泄する」という行為は成立しません（**表7-1**）。

❶**認知機能**
物事を理解、判断する知的能力。

表7－1　排泄行為一覧表

行為	正常	正常にできる条件
尿意を感じる	・膀胱容量の半分ほどで初発尿意を感じる ・初発尿意から30分〜1時間程度はがまんできる ・波のようにだんだん強くなる ・最大尿意では、下腹部の緊満感を感じる ・あまりがまんすると鳥肌が立ったり寒気を感じる ・睡眠中でも覚醒する	・膀胱に尿をためられる ・尿がたまったことを膀胱から末梢神経、脊髄を経て大脳に伝えることができる ・大脳で尿意を判断できる
便意を感じる	・直腸に便がたまると便意を感じる ・15分程度で感じなくなる ・便かガスかを区別できる	・直腸に便をためられる ・便がたまったことを直腸から末梢神経、脊髄を経て大脳に伝えることができる ・大脳で便意を判断できる
トイレ・尿便器を認識する	・トイレの場所がわかる ・尿便器の使用方法がわかる	・トイレおよび表示を視覚または代償しうる知覚で確認できる ・トイレや尿便器を判断する認知機能がある
起き上がってトイレに移動する	・寝返りがうてる ・起き上がれる ・座位が保てる ・立ち上がれる ・立位が保てる ・歩行できる、もしくは車いすなどの移動補助用具を使用できる	・移動の必要性が理解できる ・筋力がある ・四肢の欠損や運動麻痺がない ・関節の拘縮がない ・バランスが保てる ・痛みがない ・移動できる心肺能力がある ・移動用具の使用目的と使用方法を理解し、適合している
衣服の着脱	・ボタン、ファスナー、ベルトなどの着脱ができる ・ズボン、下着の上げ下げ、スカートをまくることができる	・着脱方法を理解できる ・手先の細かい動きができる ・立位保持や腰をかがめる動きができる
尿便器を使用する	・尿便器の位置を確認できる ・ふたを開けたりできる ・尿道や肛門の位置を確認できる	・視覚または代償知覚により確認できる ・尿便器の使用目的と使用方法を理解できる ・手先の動きや腰上げなどの動作ができる
排尿 （p. 216参照）	・日中4〜7回、夜間0回、1回200〜500mlの尿を30秒以内に出せる ・痛みがなく残尿がない ・尿意がなくても出せる ・尿は透明で薄い黄色	・蓄尿時は膀胱が弛緩、尿道は収縮し、尿排出時は膀胱が収縮、尿道は弛緩する ・大脳から脊髄を経て膀胱・尿道までの神経伝達ができる
排便 （p. 218参照）	・1日1〜3回、もしくは1〜3日に1回出る ・1回100〜250g、水分70〜80％程度の、形があり（ブリストル便形状スケールタイプ3〜5、図7－6（p. 220）参照）茶色の便をまとめて出せる ・痛みはなく、ある程度のいきみでスムーズに出せる	・腸の蠕動運動によって便を直腸まで輸送できる ・蓄便時は内・外肛門括約筋を締めて直腸に便をため、便排出時はいきみによって直腸が収縮し、内・外肛門括約筋が弛緩する
後始末をする	・紙を切る ・肛門・尿道口をふく ・水洗の場合は水を流す ・排泄物を捨てる ・手を洗う	・後始末の必要性と方法が理解できる ・手先が動く ・視覚または代償知覚により確認できる

注：拘縮とは固まって動かないこと。また、末梢神経は、中枢神経である大脳から遠い神経で、排尿の場合、膀胱や尿道の近くにある。

2 排泄に関連したこころのしくみ

緊張するとトイレが近くなったり、旅行に行くと便秘になったりすることは、よく経験します。これは、排尿や排便を調整している自律神経がこころの影響をとても受けやすいために起こっています。

このため、ストレスなどのこころの問題が原因で排泄障害が起こることがあります。心身症は、精神的ストレスあるいは不安の結果、身体症状が出るもので、**心因性頻尿❷**や一部の**過敏性腸症候群❸**があてはまります。これについては第2節で説明します。**神経症❹**や精神科疾患の症状の1つとして、排泄障害をともなう場合もあります。

逆に、排泄に問題が生じると、こころにも影響します。それは、排泄が人の尊厳にかかわることだからです。排泄に対する一般的なイメージは、「はずかしい」「人に見られたくない」「汚い」「臭い」といったマイナスイメージがほとんどです。介護を必要とする場合では、排尿や排便のたびに介護者に頼る申し訳なさや遠慮、他者に**陰部❺**をさらし、介助を受ける屈辱感をともないます。その影響のされ方は、その人のパーソナリティや価値観、周囲との人間関係などによります。

❷**心因性頻尿**
p.229参照

❸**過敏性腸症候群**
p.229参照

❹**神経症**
心因性の、精神および身体の機能障害であり、器質的な原因がないもの。

❺**陰部**
外性器のこと。男性は陰茎から陰嚢にかけて。女性は大陰唇およびその内側の陰核包皮から膣まで（p.186参照）。

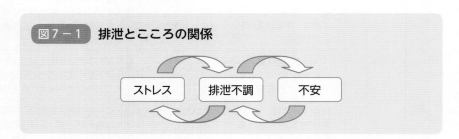

図7-1 排泄とこころの関係

ストレス　排泄不調　不安

3 排泄に関連したからだのしくみ

◆1 排尿のしくみ

（1）尿の生成

尿は**腎臓❻**で血液からつくられます。腎臓には、毎分心拍出量の4分の1に相当する血液（約1200ml）、1日1500〜1700lの血液が運ばれま

❻**腎臓**
p.63参照

表7-2	尿量の異常
無尿	50～100mℓ以下／日
乏尿	400mℓ以下／日
多尿	1日の総排尿量が体重1kg×40mℓ以上

す。全身をめぐった血液は老廃物を含んでおり、それが腎臓の糸球体でろ過されて原尿となります。この原尿のほとんどが尿細管から再吸収され、水分摂取量にもよりますが、1日1000～2000mℓが尿になります。尿量の異常として、無尿、乏尿、多尿があります（**表7-2**）。

（2）尿の性状

　尿の性状は、黄色や薄い茶色がかった透明の液体で無菌です。出た直後は食べ物のにおいなどがしますが、空気に触れると細菌によって尿が分解され、アンモニア特有のにおいとなります。ある程度は食べた物や薬などで色やにおいが変わります。にごっている（混濁尿）、血が混ざって赤い色をしている（血尿）、たんぱく質が腐ったようなにおいがする（腐敗臭）などは異常です。

（3）蓄尿と尿排出のしくみ

　腎臓でつくられた尿は、尿管という細い管を通って膀胱に運ばれます。膀胱はやわらかい筋肉（平滑筋）でできた袋で、尿はいったんここにためられます。膀胱の下は尿道と呼ばれる管につながっていて、ここから体外に排出されます。ふだんは尿道は尿道括約筋と呼ばれる筋肉が栓のような役割を果たしていて、漏らすことなく膀胱に尿をためたり出したりしています。膀胱の許容量は人によって異なり、200～500mℓです。この半分くらいたまったころから、いっぱいになるまで何度か尿意を感じます。波のように寄せては退く尿意はこらえることができて、30分～1時間くらい経つとしだいに強い尿意になります。トイレに移動し、便器に座るなどの体勢になってはじめて、脳から尿排出してもよいという指示が出ます。それまでふくらんでいた膀胱は縮まって小さくなり、同時に尿道括約筋（栓）が開いて、尿は尿道を通って出ていきます。尿をためることを蓄尿、尿を出すことを尿排出といいます（**図7-2**）。

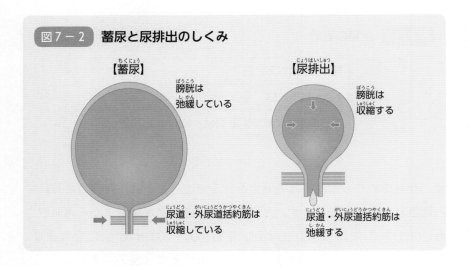

図7－2 蓄尿と尿排出のしくみ

【蓄尿】
膀胱は
弛緩している

尿道・外尿道括約筋は
収縮している

【尿排出】
膀胱は
収縮する

尿道・外尿道括約筋は
弛緩する

❼自律神経
p.52参照

　この膀胱と尿道のはたらきを調節しているのが**自律神経❼**です。自律神経は交感神経と副交感神経からなり、シーソーのようにどちらかが優位になって調節しています。蓄尿期は興奮するときにはたらく交感神経が優位なので、活動時は尿を漏らさずにいることができます。尿排出時はリラックスするときにはたらく副交感神経が優位となり、気持ちよく出すことができます。

2 排便のしくみ

（1）便の生成

　口から入った食べ物は、歯でかみくだかれ、唾液と混ぜ合わされて、咽頭、食道を通って胃に運ばれます。胃は約1300mlの容量の袋状の臓器で、胃液と混ぜ合わせて粥状になった食べ物を小腸へと送ります。小腸は、十二指腸、空腸、回腸からなる管状の臓器で、全長6～7mあります。十二指腸で膵液と胆汁と混ざり、空腸と回腸で消化し、栄養を吸収します。水分は95％を小腸で吸収していますが、この段階では便はまだどろどろの水様です。残りの5％のうち4％を大腸で吸収して、肛門にたどり着くまでには形のある便になります（**図7－3、図7－4**）。大腸は、小腸に続く全長約1.5mの管状の臓器で、盲腸、上行結腸、横行結腸、下行結腸、S状結腸、直腸の順に肛門へと続きます。便が直腸まで移動できるのは、蠕動運動と呼ばれる腸の伸び縮みの動きによるものです（**図7－5**）。通常、食事をしてから排泄されるまでの時間は24～72時間かかります。

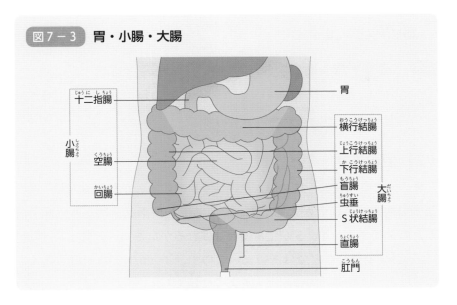

図7-3 胃・小腸・大腸

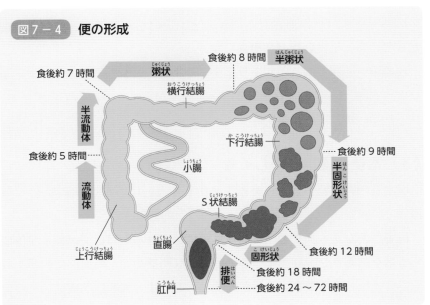

図7-4 便の形成

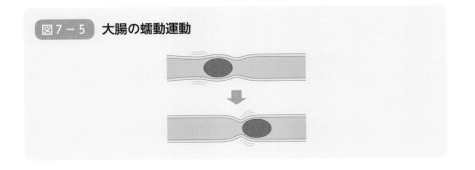

図7-5 大腸の蠕動運動

タイプ1：コロコロ便　　タイプ2：かたい便　　タイプ3：ややかたい便　　タイプ4：普通便　　タイプ5：やややわらかい便　　タイプ6：泥状便　　タイプ7：水様便
かたく、コロコロの便　短く固まった　　水分が少なく、　　適度な　　水分が多く、　　形のない　　水のような便
（ウサギの糞のような便）　かたい便　　ひび割れている便　　やわらかさの便　　やわらかい便　　泥のような便

（2）便の性状・量・回数

便のかたさ（便性）には個人差がありますので、かかわる人が共通の基準で観察することが大切です。ブリストル便形状スケール（図7−6）のタイプ3、4、5が正常便と呼ばれるかたさです。量も、「普通」「多量」「少量」などではあいまいなので、「○cm×○cm」「鶏卵大1個」など、より具体的に記録するようにしましょう。

便に混ざっている食物のカス（食物残渣）や便のかたさが、どれくらいの時間をかけて排泄されたのかのヒントにもなります。便に血が混ざっている、生臭いなどは異常です。

便の量や回数も個人差があります。健常な人では1回100〜250ｇ、1日1〜3回、もしくは1〜3日に1回程度が正常といわれていますが、食べた物、量と関係します。

（3）蓄便と便排出のしくみ

❽自律神経
p.52参照

腸や肛門のはたらきも、脊髄を経由して大脳にいたる**自律神経❽**が調節しています。

直腸に便が送られても便を漏らさずにいられるのは、交感神経が優位で直腸を弛緩させ、肛門をしめている内肛門括約筋と外肛門括約筋を収縮させているからです。これが蓄便の状態です。人間の筋肉には、自分の意志でしめたりゆるめたりできる随意筋と、無意識にしめたりゆるめたりしている不随意筋があります。内肛門括約筋は不随意筋で、外肛門括約筋は随意筋です（図7−7）。

直腸に便がある程度たまると、直腸から脊髄を経て大脳までその刺激が伝わり、便意を感じます。便排出が尿排出と違うところは、便意がないと便排出できないことです。便意は15分程度で感じなくなるので、がまんしないことが大切です。内肛門括約筋は、直腸にあるものが便かガスか、固体かを区別する役割もしています。便意がある場合、トイレにたどり着くまでは、内肛門括約筋と外肛門括約筋がしまっていて、便を

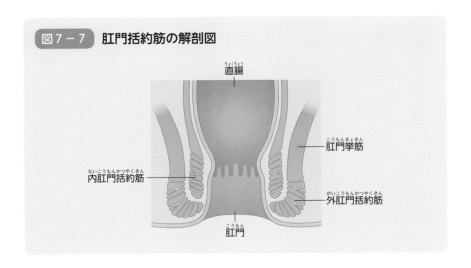

図7-7　肛門括約筋の解剖図

直腸

肛門挙筋（こうもんきょきん）

内肛門括約筋（ないこうもんかつやくきん）

外肛門括約筋（がいこうもんかつやくきん）

肛門（こうもん）

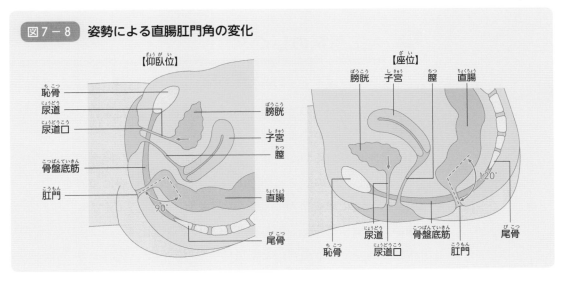

図7-8　姿勢による直腸肛門角の変化

【仰臥位（ぎょうがい）】

恥骨（ちこつ）
尿道（にょうどう）
尿道口（にょうどうこう）
骨盤底筋（こつばんていきん）
肛門（こうもん）
膀胱（ぼうこう）
子宮（しきゅう）
膣（ちつ）
直腸（ちょくちょう）
尾骨（びこつ）
90°

【座位（ざい）】

膀胱（ぼうこう）
子宮（しきゅう）
膣（ちつ）
直腸（ちょくちょう）
尿道（にょうどう）
骨盤底筋（こつばんていきん）
尾骨（びこつ）
恥骨（ちこつ）
尿道口（にょうどうこう）
肛門（こうもん）
120°

漏（も）らさずにいます。

　いざ、トイレで体勢（たいせい）がとれると、少しのいきみをきっかけに、直腸（ちょくちょう）は収縮（しゅうしゅく）し、内肛門括約筋（ないこうもんかつやくきん）と外肛門括約筋（がいこうもんかつやくきん）がゆるむことによって、便を排出（はいしゅつ）します。これが便排出（べんはいしゅつ）です。

　寝（ね）たままで便排出（べんはいしゅつ）がしにくいのには、精神的な理由のほかに、構造上（こうぞう）の理由があります。直腸（ちょくちょう）と肛門（こうもん）のつなぎ目の部分は、直腸肛門角（ちょくちょうこうもんかく）と呼ばれる角度がついているために、便がひっかかって漏（も）れにくい構造（こうぞう）になっています。座位（ざい）になるとこれが鈍角（どんかく）となって便を出しやすくなります（**図7-8**）。したがって、ロダン（Rodin, A.）の彫刻（ちょうこく）「考える人」のように、膝（ひざ）を曲げかかとを上げた**前屈**[9]姿勢（しせい）が便排出（べんはいしゅつ）しやすい姿勢（しせい）です。かかとを上げると肛門（こうもん）が開きやすくなります（**図7-9**）。

❾前屈（ぜんくつ）
前側にかがむこと。

第**7**章　排泄に関連したこころとからだのしくみ

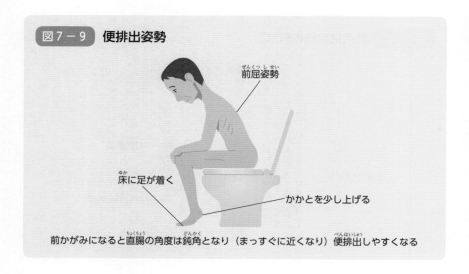

図7-9　便排出姿勢

前屈姿勢

床に足が着く

かかとを少し上げる

前かがみになると直腸の角度は鈍角となり（まっすぐに近くなり）便排出しやすくなる

3　人工膀胱のしくみ

　人工膀胱（尿路ストーマ）とは、尿管・膀胱・尿道の病気や、近くにある子宮や腸の病気の治療のために、使えなくなった尿管や膀胱の機能を代替するものをいいます（**図7-10**）。

　人工膀胱にはいくつか種類があり、①回腸導管（回腸でつくった袋に尿管を接続し、その袋を腹部の皮膚に固定して、皮膚に装着したストーマ袋に持続的に尿を排泄する）、②蓄尿型代用膀胱（腸でつくった膀胱を腹部の皮膚に固定し、間歇的に導尿して尿排出する）、③自排尿型代用膀胱（腸でつくった膀胱を尿道につなげるので、装具やカテーテルを使用することなく、腹圧をかけて尿道から尿排出する）、④尿管皮膚ろう（尿管を直接腹部の皮膚に固定して、ストーマ袋に持続的に尿を排泄する。カテーテル留置を併用する場合もある）があります。

　袋状の装具（ストーマ袋）をつける場合と、管を入れる場合とがあります。いずれも定期的に袋の中の尿を捨て、袋を交換するか、管を入れて尿を出す（導尿もしくはカテーテルを留置している場合はカテーテルの交換）といったケアが必要です。

　尿は、便に比べて**消化酵素**[10]を含まないため、すぐに皮膚がただれることはありませんが、絶え間なく流れてくるので、まわりの皮膚は常に尿にさらされ、徐々に皮膚障害を起こします。また、液体の尿は、固形の便よりも装具の粘着部分を溶かしやすい特徴があります。

[10]消化酵素
食物を消化するために触媒となる物質。

図7-10　ストーマの種類

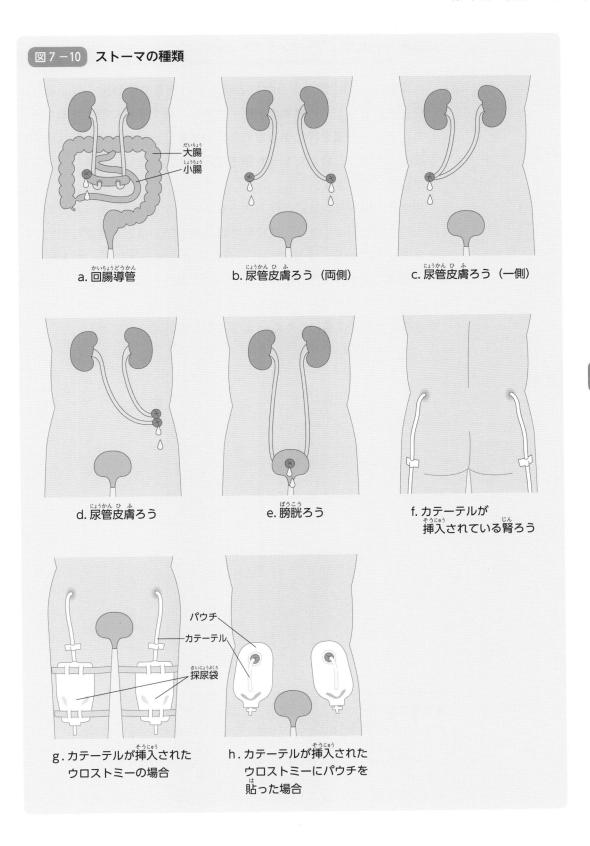

a. 回腸導管

b. 尿管皮膚ろう（両側）

c. 尿管皮膚ろう（一側）

d. 尿管皮膚ろう

e. 膀胱ろう

f. カテーテルが挿入されている腎ろう

g. カテーテルが挿入されたウロストミーの場合

h. カテーテルが挿入されたウロストミーにパウチを貼った場合

4 人工肛門のしくみ

　人工肛門（消化器ストーマ）とは、腸の病気や腸の近くにある臓器（膀胱や子宮など）の病気の治療のために、腸を腹部に固定する手術をして、そこから便を排出するものをいいます。一般的には、袋状の装具を腹部につけて、袋にたまった便を定期的に捨てたり、袋を交換するケアが必要になります。

　残された腸が長いほど、便の水分を吸収できるので、便はかたく、便排出の回数も少なくなり、逆に残された腸が短いほど水様便で頻回となります。ですから、小腸につくられたストーマの便は多くが水様便です。便は消化酵素を含むため、皮膚につくとただれてしまいます。固形の便より水様便のほうが消化酵素を多く含み、よりただれやすいので、できるだけ便が皮膚につかないようにしなければなりません。

◆ 参考文献

● 石井賢俊・西村かおる『らくらく排泄ケア──自立を促す排泄用具選びのヒント 改訂3版』メディカ出版、2008年

● 山名哲郎編著『読んだら変わる！排便障害患者さんへのアプローチ──便秘・下痢・便失禁のアセスメントとケア』メディカ出版、2007年

● 前田耕太郎編『ナーシングケアQ＆A14 徹底ガイド排便ケアQ＆A』総合医学社、2006年

● 佐々木大輔編『過敏性腸症候群──脳と腸の対話を求めて』中山書店、2006年

演習7-1　排尿と排便のしくみ

排尿と排便のしくみについて、次の表の空欄に入る適切な語句を考えてみよう。

排尿のしくみ

器官	しくみ
静脈	静脈血は老廃物を集める
① ＿＿＿＿	・血液がろ過され、② ＿＿＿＿＿＿がつくられる ・必要なものを再吸収する
尿管	膀胱に尿を運ぶ
膀胱	尿をためる
尿道	排尿

排便のしくみ

器官	しくみ	
口	食べ物をかみくだき、唾液と混ぜ合わせる	
咽頭	↓	
食道	↓	
胃	胃液を混ぜ合わせ、粥状にする	
小腸（十二指腸、③ ＿＿＿＿、④ ＿＿＿＿）	⑤ ＿＿＿＿の95％を吸収	便は ⑧ ＿＿＿＿ 運動により 移動する
大腸（⑥ ＿＿＿＿、上行結腸、横行結腸、下行結腸、S状結腸、⑦ ＿＿＿＿）	⑤ ＿＿＿＿の残り4％を吸収	
⑦ ＿＿＿＿・肛門	蓄便・排便	

演習7-2 　利用者の状態から考える排泄の問題点とその原因

　次の事例を読んで、Aさんの問題と原因として考えられることをグループに分かれて考えてみよう。

> 　Aさん（女性、85歳）は1人暮らしである。最近トイレが近くなり、日中10回、夜間も3回排尿のために目が覚め、眠ることができない。そのため、水分を控え、外出も避けるようになった。便秘もある。

問題	
原因	

第2節

心身の機能低下が
排泄に及ぼす影響

学習のポイント

■ 排泄障害の種類と特徴を理解する
■ 排泄障害のタイプに応じた対処方法にはどのようなものがあるかを理解する
■ 排泄障害は適切な対応をとることにより改善の可能性があることを学ぶ

| 関連項目 | ⑦ 『生活支援技術Ⅱ』 ▶ 第4章「自立に向けた排泄の介護」 |
| | ⑬ 『認知症の理解』 ▶ 第2章「認知症の症状・診断・治療・予防」 |

1 精神、判断力の低下が排泄に及ぼす影響

1 認知症が及ぼす影響

（1）機能性失禁

排泄行為には認知機能や運動機能などの複雑な**高次脳機能❶**が必要であることは第1節で説明しました。この認知機能または運動機能の障害によって排泄動作が困難となり失禁してしまう状態を機能性失禁といい、排尿・排便どちらでも起こります。

認知症とは、脳の**器質的障害❷**によって認知機能が障害されるために、社会的生活に支障をきたす状態です。症状は大きく分けて「中核症状」と「行動・心理症状（BPSD）」があります。中核症状は、記憶障害、見当識障害、判断・遂行機能障害、失語・失認・失行といった主要な症状で、「排尿したことを忘れてしまう」「日時やトイレの場所がわからない」「着替えができない」「金銭管理ができない」「会話ができない」など、さまざまな日常生活動作が障害されます。行動・心理症状は、中核症状によって二次的に起こる症状で、適切な環境やケアが提供されないことによって起こります。たとえば、尿意・便意を訴えられないのは

❶高次脳機能
言語・記憶・認知などの意識的で統合的な精神機能。

❷器質的障害
組織や細胞がもとに戻らないような変化をきたした障害。対義語は機能的障害。

227

中核症状ですが、おむつをはずしてしまったり、トイレ以外の場所で排泄してしまうのは行動・心理症状です。尿意を伝えられなかったり、トイレの場所がわからない可能性があり、排尿誘導やトイレの表示をわかりやすくするなど適切な対応ができればトイレで排泄できるかもしれません。

排尿誘導とは、自発的にトイレに行けない場合にトイレに誘う方法です。①定時排尿誘導、②習慣化排尿誘導、③排尿促進法（排尿自覚刺激行動療法）の3つがあります。いずれも**排尿日誌❸**を記録すること、膀胱や尿道の機能に問題がないか確認することが必要です。

❸排尿日誌
p.238参照

1 定時排尿誘導

介護する側が「3時間おき」などのように時間を決めてトイレに誘導する方法です。最初にアセスメントするときに尿意を訴えられない場合が対象です。

2 習慣化排尿誘導

利用者の生活習慣や排尿パターンにあわせてトイレに誘導する方法です。たとえば、起床時、食後、就寝時に誘導するなどです。

3 排尿促進法（排尿自覚刺激行動療法）

ある程度尿意がわかる可能性のある場合に、尿意の確認をしてトイレ誘導を行い、成功したときにはほめて「快」の刺激を与えることで、排泄行為の再獲得をめざす方法です。統一した方法で実践できれば、短期間でおむつをはずせるという研究結果が出ています（**図7−11**）。

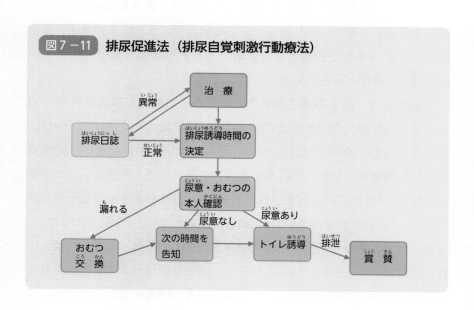

図7−11 排尿促進法（排尿自覚刺激行動療法）

排便誘導の考え方も、排尿誘導とほぼ同じです。**排便日誌**[4]から排便周期を確認し、頻度やタイミング、便意の有無を確認してトイレ誘導を行います。排便は排尿に比べて頻度が少ないことから、便性が正常であれば、排尿よりも先に確立できる可能性があります。また、便失禁は、汚染やにおいが強いため、介護者の精神的負担をともない、便による皮膚障害のリスクが高い点でもトイレで排泄できることは有益です。

そのほかの対処法は個別の状況によりますが、環境の整えや排泄用具の工夫、介助方法の工夫などです。できることを最大限にいかし、自立をはかること、介護者の負担を軽減することが大切です。

❹排便日誌
p.239参照

2　ストレスが及ぼす影響

（1）心因性頻尿

排尿が自律神経で支配されていることは前述しました。自律神経は緊張やリラックスといった精神的な影響を受けやすい特徴があります。緊張すると頻尿になったりすることはよく経験します。

心因性頻尿とは、膀胱や尿道の機能には問題がないにもかかわらず、気持ちの問題で早めに排尿してしまうことをいいます。「尿をがまんすると膀胱炎になる」などといった間違った知識によって習慣的に早めに排尿してしまう人は意外に多いようです。また、不安や心身症などでも尿意に過敏になり、膀胱に尿が十分たまっていないうちに排尿することがあります。蓄尿機能に問題はないため、排尿日誌をつけると、起床時など最も多い1回排尿量は正常であり、漏れはないことが特徴です。

（2）過敏性腸症候群（Irritable Bowel Syndrome：IBS）

過敏性腸症候群とは、腹痛や腹部不快感をともなう機能性排便障害で、症状によって、便秘型、下痢型、混合型、分類不能型があります。便秘型は**痙攣性便秘**[5]と同義で、腸は動いているのですが、過敏なために痙攣を起こして部分的にせまくなってしまい、便がとどこおってしまいます。下痢型は、1回排便量は少なく、排便回数の多いことが特徴です。混合型は便秘と下痢をくり返すものです。

20歳代から40歳代に多く、高齢者にも増加しています。多くの人は短期間で治りますが、くり返す人もいます。原因ははっきりしていませんが、ストレスや抗菌剤の長期投与が引き金となることが多いため、精神

❺痙攣性便秘
p.233参照

的なケアとあわせてケアすることが必要です。

2 身体機能の低下が排泄に及ぼす影響

1 ADLの低下による機能性失禁

　筋力低下、運動麻痺、足腰の痛み、病気のために安静にしなければならないなどの運動機能の理由で、1人で**表7−1**（p.215）のような排泄動作を行うことが困難になります。

　膀胱・尿道や直腸・肛門の機能に問題がなく、運動機能だけの問題であれば、移動動作および介助方法の確立さえできればトイレでの排泄が可能となります。尿意・便意に応じてトイレへの移動を介助したり、環境や用具の工夫を行います。安易におむつを使用したり、介助してしまうことは、残された能力をうばってしまうことにもなりかねません。できない部分にばかり目を向けるのではなく、できる部分や改善の可能性があるかどうかにも目を向け、最大限にいかせる方法を探すことも大切です。たとえば、足が不自由でも手を使うことができれば、ベッド上で集尿器を使用できる場合があります。

2 下部尿路（膀胱・尿道）機能の低下による排尿障害

　排尿障害は、尿をためる機能の障害、尿を出す機能の障害、排泄行為の障害があり、さらに**表7−3**のような種類に分類されます。ただし、2つ以上のタイプをあわせもっている場合も多くあります。

　正常な排尿回数は日中4〜7回、夜間0回です。それより多い、つまりトイレが近い状態は頻尿、夜の回数が1回以上の状態を**夜間頻尿❻**といいます。尿が漏れることを尿失禁、尿を出しにくいことを尿排出障害といいます。

❻夜間頻尿
就寝して、眠ってから朝起きるまでに1回以上、尿意で目が覚める状態。

（1）腹圧性尿失禁

　くしゃみや咳など、おなかに力が入ったときに尿が漏れるタイプは腹

表7-3　排尿障害の種類と特徴

	排尿障害の種類	特徴
蓄尿障害 （尿をためる機能の障害）	過活動膀胱	強い尿意を感じてがまんしにくい
	切迫性尿失禁	強い尿意をがまんできずに漏れる
	腹圧性尿失禁	腹圧がかかると漏れる
尿排出障害 （尿を出す機能の障害）	尿排出障害	尿を出しにくい
	溢流性尿失禁	残尿があり、あふれるように漏れる
排泄行為の障害	機能性尿失禁	認知機能または運動機能の問題で漏れる

圧性尿失禁といいます。これは女性に多いタイプの尿失禁で、骨盤底筋が弱くなることが原因です。若い女性にも多いのですが、加齢にともない骨盤底筋の収縮力が弱くなるため、高齢者ではさらにその頻度が増加します。骨盤底筋とは、恥骨から尾骨までハンモック状に横たわり、内臓を支え、女性では尿道・膣・肛門をしめる役割をしている筋肉です（図7-12）。妊娠・出産・加齢の影響で、骨盤底筋が弱くなります。肥満や便秘も骨盤底筋に負担となることから、弱くなる要因になります。男性は前立腺の手術後に起こります。

　治療法の第一選択は**骨盤底筋訓練❼**です。高齢者でも、骨盤底筋の収縮の感覚がわかり、骨盤底筋訓練の方法を理解し、継続することができれば効果が期待できます。ほかの治療法として、尿道を支えて漏れにくくする手術や尿道をしめる薬物療法（β_2刺激薬）もあります。

（2）切迫性尿失禁

　急に強い尿意を感じてがまんできず、トイレに間に合わずに漏れるタイプは切迫性尿失禁といいます。膀胱が過敏になって、十分に尿がたまっていないのに膀胱が収縮してしまう状態です。通常は頻尿と夜間頻尿もともないます。

　原因は、脳梗塞やパーキンソン病などの大脳の病気、多発性硬化症などの神経の病気、膀胱炎、前立腺肥大症、加齢、その他原因不明のものも多くあります。

　治療法は、膀胱の収縮を抑える薬物療法が第一選択です。抗コリン剤や平滑筋弛緩剤と呼ばれる薬剤です。早めにトイレに行く習慣がある場

❼**骨盤底筋訓練**
尿をがまんするような感じで尿道をしめ、筋肉をきたえる方法。

第**7**章　排泄に関連したこころとからだのしくみ

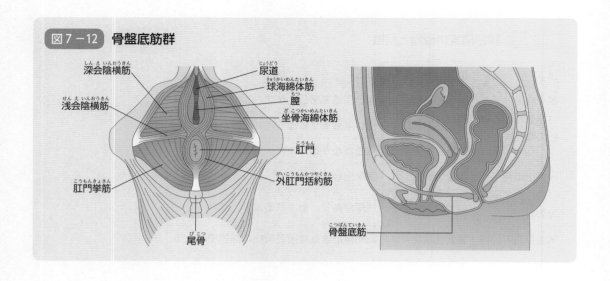

図7-12 骨盤底筋群

深会陰横筋

尿道

球海綿体筋

膣

浅会陰横筋

坐骨海綿体筋

肛門

肛門挙筋

外肛門括約筋

骨盤底筋

尾骨

合は、膀胱訓練という尿意をがまんする訓練を行います。「尿はがまん
してはいけない」と思っている人も多いですが、膀胱炎や尿排出障害の
場合を除いて、膀胱の蓄尿機能をある程度使わなければ、徐々に膀胱が**萎
縮❽**してしまいます。がまんしやすくするためには、骨盤底筋訓練を並
行して行います。

❽萎縮
縮むこと。

（3）溢流性尿失禁

　残尿があり、あふれるように漏れるタイプを溢流性尿失禁といいま
す。尿道が開きにくいか、膀胱が収縮しにくいため、尿排出障害によっ
て常に残尿があります。
　尿排出障害とは尿を出しにくい症状です。具体的には、尿排出に要す
る時間が1分以上かかるうえ、尿を出す勢いが弱い、尿が途中で途切れ
る、いきんで尿排出していること等があげられます。
　溢流性尿失禁の原因としては、前立腺肥大症など尿道がせまくなるよ
うな場合、糖尿病、脊髄の病気、骨盤内の手術などで神経を障害された
場合です。
　治療方法は原因によって、①尿道の開きをよくする、②膀胱の収縮を
よくする、③残尿を取り除くの3つがあります。①は尿道を開く手術や
尿道をゆるませる薬物療法（α遮断薬）、②は膀胱を収縮させる薬物療
法（コリン作動薬）、③は残尿を管で抜く導尿法があります。いずれに
しても、残尿があると、膀胱炎などの感染の原因になったり、腎臓に逆
流して腎臓の機能が低下する原因になるので、泌尿器科への受診が必要

です。導尿法のおもなものは、清潔間欠導尿（Clean intermittent catheterization：CIC）です。これは、1日数回尿道から管を入れて尿を出す方法です。基本的には本人もしくは家族が行います。

3　消化器機能の低下にともなう排便障害

（1）便秘

便秘とは、本来体外に排出すべき糞便を十分量かつ快適に排出できない状態（「慢性便秘症診療ガイドライン2017」）です。**ブリストル便形状スケール**[9]タイプ1～2のように便はかたくなります。その原因により機能性便秘と器質性便秘に分けられ、さらに細分されます（図7-13）。2つ以上のタイプをあわせもっていることも多くあります。

[9]ブリストル便形状スケール
p.220参照

1 機能性便秘

大腸の運動機能や反射の異常による便秘です。

① 弛緩性便秘（排便回数減少型）

大腸の蠕動運動が低下することで、便が長時間排出できず、水分が吸収されて便はかたくなります。

原因は、加齢や運動不足による腸管の緊張低下や筋力低下、食物繊維の不足、腸内細菌の乱れなどです。したがって、対処法も食物繊維や発酵食品の摂取や適度な運動がすすめられます。薬物療法としては、膨張性下剤、浸透圧性下剤、分泌性下剤などを使い、それでも効果がえられなかったときに頓用で大腸刺激薬が使用されます。

② 痙攣性便秘（緊張性便秘、排便回数減少型）

大腸が痙攣を起こしてせまくなるために、便が通過できないタイプで、腹痛や腹部不快感をともなうことが特徴です。**過敏性腸症候群**[10]の便秘型はこのタイプです。ストレスが関係していることが多いため、精神的なケアも並行して行います。便のかたさを整えるために浸透圧性下剤、分泌性下剤などを使用することもあります。

[10]過敏性腸症候群
p.229参照

③ 直腸性便秘（排便困難型）

直腸に便があるにもかかわらず、腹筋が弱く腹圧がかけられないために出せなかったり、排便反射が弱く、便意をもよおさないタイプです。これは、便意をがまんする習慣があったり、便意を感じる神経が障害されていると起こります。とくに病気がなければ朝食をきちんととり、食後に便意があってもなくてもトイレに座るといった行動療法

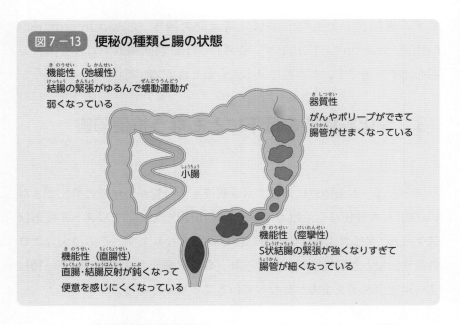

図7−13　便秘の種類と腸の状態

機能性（弛緩性）
結腸の緊張がゆるんで蠕動運動が
弱くなっている

器質性
がんやポリープができて
腸管がせまくなっている

小腸

機能性（直腸性）
直腸・結腸反射が鈍くなって
便意を感じにくくなっている

機能性（痙攣性）
S状結腸の緊張が強くなりすぎて
腸管が細くなっている

によって、排便習慣を再確立することが必要です。それが困難な場合は、**摘便**⓫、浣腸、座薬によって、直腸内の便を除去します。

⓫摘便
肛門から指を入れて便を除去する方法。

2　器質性便秘

大腸の病気により大腸そのものが部分的にせまくなり、便が通過しにくい状態です。大腸がんやクローン病などで多く、便秘が長期間続く場合や血液が混じる場合に疑われます。

（2）下痢

下痢とは、泥状便や水様便のように便が水分を多く含む状態です（ブリストル便形状スケールタイプ6〜7）。通常の便の水分は70〜80％程度ですが、90％以上になると下痢と表現されます。

持続時間で分類すると、急性下痢と慢性下痢に分けられます。発生メカニズムからは、浸透圧性下痢、分泌性下痢、吸収不良性下痢、運動亢進性下痢に分けられます。

1　持続時間による分類

① 急性下痢

一時的な下痢です。食中毒などの感染によるものと、ストレスや暴飲暴食・食べ物のアレルギー・薬の副作用など感染のないものがあります。

② 慢性下痢

4週間以上続くものです。原因は、消化管の病気や全身性疾患です。

2 発生メカニズムによる分類

① 浸透圧性下痢

腸の中に水分を引きこむ物質があることによって下痢になります。具体的には、**経管栄養**[12]用の栄養剤や、乳製品に含まれる乳糖、塩類下剤などです。

② 分泌性下痢

腸には腸液を分泌するはたらきがありますが、この分泌が亢進すると、やはり水分が増えて下痢になります。分泌を亢進させるものとしては、細菌感染、毒素、胆汁酸、消化管ホルモンなどがあります。

③ 吸収不良性下痢

腸の粘膜には便の水分を吸収するはたらきがありますが、腸の粘膜が障害されると水分が吸収できずに下痢になります。おもに腸管の炎症が原因です。

④ 運動亢進性下痢

腸の運動が亢進すると、水分が十分吸収されないまま排泄されるので、下痢となります。原因は、**過敏性腸症候群**[13]、腸の炎症性疾患、内分泌疾患などです。

　対処法は、脱水への対応として水分・電解質の補給と、腸管を安静にすることが必要です。感染性の下痢や毒素の排泄が必要な場合は止痢剤を使用せず、原因菌に応じた抗菌薬を投与します。

（3）便失禁

　無意識または自分の意志に反して肛門から便が漏れる症状を**便失禁**（「便失禁診療ガイドライン2017年版」）といいます。多くは、栓の役割をしている肛門括約筋がしっかりしまらないために起こります。肛門括約筋には内肛門括約筋と外肛門括約筋があり、そのどちらが障害されているかで次の①と②のように症状が異なります。

① 漏出性便失禁

　不随意筋[14]で、便とガスを区別する内肛門括約筋が障害されるために、便意がなく、気づかずに漏れます。固形便でも漏れる場合にはこのタイプが考えられます。対処法は、便性をよくし、まとめて出す、あるいは定期的な浣腸や洗腸によって直腸を空にする方法などがあります。

② 切迫性便失禁

---

⑫経管栄養
口から食べることがむずかしい場合に、鼻やおなかから胃や腸に管を通し、流動食を注入する方法。

⑬過敏性腸症候群
p.229参照

⑭不随意筋
自分の意志によって動かすことができない筋肉。

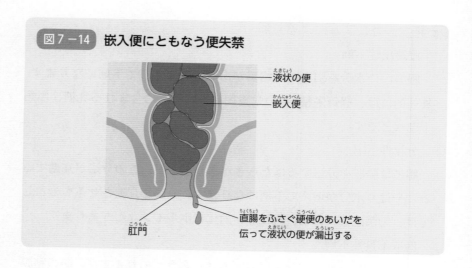

図7−14 嵌入便にともなう便失禁

液状の便

嵌入便

肛門

直腸をふさぐ硬便のあいだを
伝って液状の便が漏出する

⑮随意筋
自分の意志によって動か
すことができる筋肉。

⑯骨盤底筋訓練
p.231参照

⑰直腸性便秘
p.233参照

随意筋⑮で、便意をがまんする外肛門括約筋が障害されるために、便意はありますが、トイレまでがまんできずに漏れます。便性を食事や薬剤で漏れないかたさに整えることと、肛門のしまりをよくする骨盤底筋訓練⑯などがあります。

③ 下痢にともなう便失禁

肛門括約筋は正常であっても、下痢で直腸が過敏になると便失禁を起こすことがあります。この場合は下痢の改善が優先されます。

④ 嵌入便（糞便塞栓）にともなう便失禁

直腸性便秘⑰で、直腸内の便塊が大きくなり、便で栓をした状態を嵌入便といいます（**図7−14**）。嵌入とは、はまりこむことを示します。嵌入便があると、便と腸との隙間から、液状の便だけが伝って漏れるので、下痢と間違われ、止痢剤を使用しては便秘になり、下剤を使用しては便失禁になるという悪循環をたどります。嵌入便は、寝たきりの高齢者に多いタイプの便で、便意が鈍い、もしくは便意を訴えられないために起こります。対処法は、まずは嵌入便を除去することが必要です。摘便で便の塊をくずし、少しずつ取り出します。浣腸や洗腸と併用する場合もあります。嵌入便を取り除いたら、その後は、直腸性便秘に準じた対処を行います。

- -

◆参考文献

● 西村かおる『患者さんと介護家族のための心地よい排泄ケア』岩波書店、2008年
● 坂井建雄・松村讓兒監訳『プロメテウス解剖学アトラス　解剖学総論／運動器系』医学書院、2007年
● 小林健二「慢性下痢への診断的アプローチ」『medicina』第43巻第13号、2006年

演習7−3　排尿障害の種類と特徴

排尿障害の種類と特徴について、次の表の空欄に入る適切な語句を考えてみよう。

	排尿障害の種類	特徴
蓄尿障害 （尿をためる機能の障害）	過活動膀胱	強い尿意を感じてがまんしにくい
	①＿＿＿＿＿	急に強い尿意を感じてがまんできず、トイレに間に合わずに漏れる
	②＿＿＿＿＿	くしゃみや咳など、おなかに力が入ったときに少量の尿が漏れる。③＿＿＿＿＿に多い
尿排出障害 （尿を出す機能の障害）	尿排出障害	尿を出しにくい
	④＿＿＿＿＿	膀胱が⑤＿＿＿＿＿しにくく、尿排出障害によって残尿があり、あふれるように漏れる
排泄行為の障害	⑥＿＿＿＿＿	認知機能または運動機能の問題で漏れる

 演習7−4　便失禁の原因

次の事例を読んで、原因として考えられることは何か考えてみよう。

> Bさん（男性、80歳）は、寝たきりの状態で経管栄養とおむつをしている。おむつを開けるたびに少しずつ泥状の便がついている。

変化の気づきと対応

1 排泄での観察のポイント

　排泄動作に声かけや介助が必要な場合、何がどのようにできないのか、逆に、できる部分は何かを具体的に観察します。できない部分をすべて介助することが、必ずしもよいとは限りません。本人のできる部分を最大限にいかせるように工夫すること、運動機能の改善や動作の習得の可能性があれば訓練することも必要です。

　具体的には、着脱しやすい衣服の改良、トイレ環境の整備、介助方法の工夫などがあげられます。

1 排泄日誌

　排泄の記録は、排泄障害のタイプを判断するために貴重な情報になります。

（1）排尿日誌

　排尿日誌とは、排尿時刻、排尿量、失禁量、飲水量、強い尿意を感じてがまんできなかったなどの症状、どんなときに漏れたかなどを記録するものです（**表7-4**）。3日〜1週間以上つけると、おおよそのパターンがみえてきます。記入漏れがあったり、書き方がバラバラだと無

表7－4	排尿日誌の例

7月1日			
時間	排尿量ml	失禁量g	飲水量ml	備考
6 時30分	120		水200	起床
8 時30分	80		牛乳200 お茶200	
10時30分		180		水の音を聞いたときに漏れた。
11時50分	100			
12時40分	150		お茶200	
13時30分	70			
15時00分	120		コーヒー200	
17時00分		150		トイレの前で間に合わずに漏れた。
18時00分	80		お茶300	
20時10分	100		お茶200	21時就寝
23時30分		200		トイレまで間に合わずに漏れた。
2 時00分		150		トイレまで間に合わずに漏れた。
4 時10分	80			
6 時00分	100			起床
合計	1,000	680	1,500	回数：日中11回、夜間 3 回、失禁 4 回

駄になってしまいますので、かかわる人で目的と方法を共有することが大切です。

　たとえば、認知症で尿意の訴えがあいまいな場合、排尿日誌とあわせて尿意のサインを探すことで、トイレへの誘導のタイミングを見つけることにつながります。おむつの種類も、尿量や交換頻度にあわせて使い分けることも可能になります。

　尿量が少ない場合はむくみや**脱水状態**❶が考えられます。

❶**脱水状態**
身体の中の水分が不足した状態。

（2）排便日誌

　排便日誌は、排便時刻、便の性状、量、下剤使用時刻と内容などを記録するものです（**表7－5**）。便のもとは食べ物ですから、食事日誌とあわせて記録することが望ましいでしょう（**表7－6**）。排便習慣がわかるまで、1週間以上続けて記録します。

| 表7－5 | 排便日誌の例 | | |

日時	ブリストル便形状スケール	量	備考
7月1日9時00分			21時プルゼニド®1錠
7月2日8時30分	7	100g	便失禁。下剤休薬
7月3日9時00分			
7月4日9時00分			21時プルゼニド®1錠
7月5日9時30分	7	80g	便失禁。下剤休薬
7月6日8時30分			
7月7日9時00分			

| 表7－6 | 食事日誌の例 |

7月1日	
時刻	内容／量
8時00分	おかゆ数口、卵焼き1切れ
12時00分	うどん3分の1杯（ねぎ、天かす）
15時00分	水ようかん2切れ
18時00分	おかゆ数口、カレイの煮つけ少量、みそ汁数口（なす、油揚げ）

2 排泄状態の観察

排泄物の性状については、第1節で説明しました。

尿が混濁していたり、たんぱく質が腐ったような悪臭がする場合は、膀胱炎の可能性があります。頻回に血尿が出る場合は、**尿路結石❷**や膀胱がんの疑いがあるので、医師や看護師に報告します。

便に血液が混ざっていたり、黒い色の場合は、消化管の出血が疑われるので、すみやかに医師や看護師に報告することが必要です。

（1）便秘の観察

ブリストル便形状スケール❸タイプ1や2のかたい便は便秘と考えます。一般的には3日以上排便がない場合といわれますが、個人差があります。その人の排便習慣を確認し、通常の排便周期を過ぎても排便がな

❷尿路結石
尿路結石は尿の成分が結晶化した石のこと。腎臓、尿管、膀胱、尿道に沈着する。石がつまると激痛をともなうが、血尿や感染症状のみのこともある。

❸ブリストル便形状スケール
p.220参照

い場合や、腹痛やおなかが張る、すっきり出ないなどの症状がある場合に便秘の可能性を考えます。

（2）下痢の観察

　ブリストル便形状スケールタイプ 6 や 7 の水分の多い便は下痢と考えます。排便回数が増え、水分や電解質を失います。小児や高齢者では、脱水から重篤な状態におちいりやすいため注意が必要です。いつからなのか、便の性状、量、頻度、ほかにどのような症状があるか、水分や栄養をどれくらいとれているかなど、具体的に報告します。

　発熱や嘔吐、腹痛などをともなった急激な下痢で、しかも集団で発生した場合は、感染性の下痢の可能性があるので、できるだけ早く医師への報告が必要です。

　また、排泄物は感染症の媒体となりうるため、使い捨ての手袋やエプロンを使用し、処置前後は十分な手洗いを徹底します。使用後のおむつはビニール袋に入れて廃棄し、床に直接置いたりしないようにします。本人にも手洗いを励行してもらいます。可能であれば、ほかの人とは別のトイレを利用し、使い捨てのペーパータオルを使用します。

3　皮膚の観察

　失禁がある場合は、排泄物が皮膚に付着することによってただれたり、紙おむつによるアレルギー性の湿疹が出ることがあるので、おむつ交換や入浴介助の際に観察します。おむつをつけているだけでも蒸れに

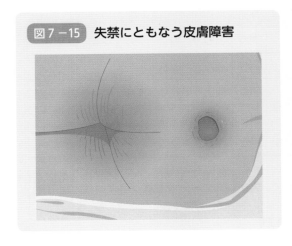

図 7 −15　失禁にともなう皮膚障害

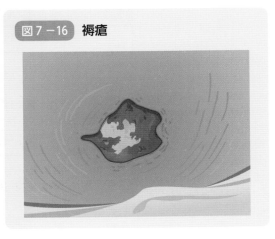

図 7 −16　褥瘡

よって**褥瘡**❹（図7−16）ができやすいので、とくに寝たきりの場合は仙骨部、車いすに座っている場合は尾骨部に注意が必要です。

膀胱留置カテーテルを使用している場合は、尿道口周囲の**潰瘍**❺やテープ固定による皮膚障害がないかを観察し、テープ固定の位置は毎日ずらして、同じ位置の圧迫やテープによる皮膚障害を予防します。

人工肛門・人工膀胱の場合も、ストーマ周囲の皮膚の観察をします。ストーマ装具は何度も貼り替えることがむずかしいので、その場で看護師による観察ができない場合は、本人もしくは家族の了解のもと、写真にとって記録すると効果的な情報伝達が可能です。ただし、個人情報の観点から、情報の管理には十分な倫理的配慮が必要です。

4 使用している用具の確認

排泄用具には多くの種類があります。たとえば、ポータブルトイレ1つとっても、素材、座面の高さ、幅、肘かけの有無や高さ・長さ、背もたれの有無、価格など、製品によって異なります。最近では水洗式や温水洗浄便座まで多彩です。小柄な人が座面の高いものを使うと、足がしっかり床に着かないのでいきみにくくなります。さらに、移動動作が不安定となり、転倒にもつながりかねません。座位保持が不安定な人であれば、幅が適度であり、背もたれがあり、上肢で体重を支えられるよう肘かけの高さと長さが合っていることが望まれます。

表7−7 排泄に関する用具のおもな種類

尿意・便意	ADL		性別	おもな製品
なし	寝たきり		男女	おむつ、カテーテル、消臭・脱臭剤
			男性	装着式集尿器
あり		腰上げ不能	男女	腰上げ不要な尿便器、手持ち式集尿器
			男性	男性用集尿器
		腰上げ可能	男女	差しこみ便器
		座位保持可能	男女	座位用集尿器、ポータブルトイレ、リフター、水まわり用車いす、補高便座、昇降便座

このように、用具が利用者の尿意・便意の有無、ADL（Activities of Daily Living：日常生活動作）、性別、体格、本人や家族の希望、環境に合っているか、また実際の使い方・介護方法についても確認することが重要です（**表7－7**）。

 ## 5 認知・こころの状態の観察

排泄は人の尊厳にかかわるため、本人や介護者が排泄障害をどのように受けとめているかによって、ケアも大きく変わります。重度の尿失禁があっても気にしない人もいれば、ごくたまに少量漏れる程度でも、自分の存在自体を否定するほど苦しむ人もいます。そういった意味では、その人のパーソナリティや価値観、周囲との人間関係などをきちんと確認することが必要です。具体的には表情や使っている言葉、態度などを観察します。

身体的な状態と精神的な状態、さらにはそれが生活にどのように影響しているかをあわせてみることが大切です。

また、介護者にとっては、排泄のための昼夜にわたる移動介助にともなう身体的負担、排泄物を扱うという精神的な負担は大きいものです。本人のみならず、介護者の介護の状況とその負担度の確認も必要です。

2 排泄での医療職との連携のポイント

基本的な考え方として、「異常」ととらえられるものは医師や看護師等の医療職への報告が必要です。無尿や乏尿は生死にかかわる危険信号ですし、その他、便秘や下痢も病気の徴候である場合があります。頻尿や尿失禁はすぐに生死にかかわることはありませんが、溢流性尿失禁のように残尿をともなうものでは感染症や腎機能障害を起こします。それでなくても、治療やケアによって改善の可能性がありますから、医療職と情報を共有してケアプランを立てるとよいでしょう。

病院や施設では、チームでかかわることになるので、排尿日誌や排便日誌を活用して情報を共有することが重要です。これらの貴重な記録もただ書くだけでは意味がありません。記録のなかから排泄状態を**アセスメント❻**して、異常がないか、効果的なケアができているか、常にふり

第7章　排泄に関連したこころとからだのしくみ

❻**アセスメント**
情報から問題、課題を把握すること。

表7-8	排泄に関する症状とおもな対応

症状	おもな対応
無尿 乏尿	緊急的に医師の診察が必要
血尿 血便	少量で続かないようならば経過観察 鮮血で量が多いか、持続する場合は医師の診察が必要
尿の混濁	医師の診察 発熱をともなう場合は早期に受診
その他の尿・便性状の変化	医師または看護師へ報告
尿排出障害 溢流性尿失禁	排尿直後に医師または看護師による残尿測定
頻尿 尿失禁	医師または看護師へ報告 排尿日誌をつけ、アセスメントにつなげる
下痢	発熱や嘔吐など随伴症状をともなうものは医師への報告と、感染が否定されるまでは感染性廃棄物に準じた対応
便秘 便失禁	医師または看護師へ報告 排便日誌・食事日誌をつけ、アセスメントにつなげる
陰部や肛門周囲の皮膚の異常	医師または看護師へ報告 やさしく洗浄し、排泄物の皮膚への接触を避ける
人工肛門・人工膀胱のトラブル	医師または看護師へ報告

返ることが必要です（**表7-8**）。

第 **8** 章

休息・睡眠に関連した
こころとからだのしくみ

休息・睡眠のしくみ

学習のポイント

- 休息・睡眠のしくみを学ぶ
- 良質な睡眠のための環境条件や生活習慣を学ぶ

関連項目 ▶ ⑦『生活支援技術Ⅱ』 ▶ 第5章「休息・睡眠の介護」

1 なぜ睡眠をとるのか

1 休息と睡眠

　私たちのこころとからだには、休息が必要です。休息なしに活動しつづければ、疲労が蓄積されて、全身のだるさ、食欲不振、イライラ感などの心身の不調があらわれます。心身ともに良好な状態で活動を続けるためには、休息によってからだの疲労を回復させて、もとの活力ある状態に戻すと同時に、こころをリフレッシュさせることが必要になります。

　睡眠は、一時的に意識を低下させることで脳を休息させて、こころとからだを整備します。私たちは寝ているあいだに、効果的に疲労を回復させて、心身の健康を維持しているのです。睡眠は、毎日の活力と、QOL（Quality of Life：生活の質）を高めるために欠かすことのできない生活行為といえるでしょう。

2 睡眠と関連するこころとからだのしくみ

　睡眠には休息だけでなく、こころとからだを整え、機能を回復させるさまざまな役割があります。

（1）記憶の整理・定着

　私たちの脳には、目覚めているあいだにさまざまな情報が収集されています。私たちが眠りにつくと、脳ではそれらの情報を整理したり、記憶を定着させたりする作業が始まります。

　起きているときに見たり、聞いたりした情報は、一時的に脳の**海馬❶**に記憶されており、それらの情報を**大脳皮質❷**に移動させて定着させなければ、長期間記憶しておくことはできません。この作業が行われるのが睡眠中です。

　睡眠は、日中にえた情報を整理したり、記憶を定着させたりして、起きているときの脳の活動を支える重要な役割を果たしています。

❶**海馬**
p.27参照

❷**大脳皮質**
p.26参照

（2）からだの成長促進や再生・修復

　「寝る子は育つ」といわれるように、睡眠中には脳下垂体から**成長ホルモン❸**が分泌されます。成長ホルモンには、骨の成長をうながす、筋肉量を増やすなどの身体組織の成長を促進するはたらきだけでなく、新陳代謝を活発にする、たんぱく質を合成して傷ついた細胞組織を修復する、免疫細胞の新生を促進して免疫機能をサポートする、などのはたらきもあります（表8－1）。

　成長ホルモンの分泌量は、加齢とともに減少していきます。成長ホルモンは、入眠直後のノンレム睡眠中に分泌されやすいため、寝つきをよくして、質のよい睡眠をとることが大切です。

❸**成長ホルモン**
p.74参照

（3）生活習慣病の予防

　近年では、血圧や血糖値、体重などを適正に保つために、良質の睡眠が必要であることがわかってきました。

　必要な睡眠が不足すると、食欲を増進させるホルモン（グレリン）の分泌が増えます。同時に、満腹であることを感じるホルモン（レプチ

表8－1　成長ホルモンのおもなはたらき
・身体組織の成長を促進する ・新陳代謝を活発にする ・傷ついた細胞組織を修復する ・免疫機能をサポートする　　　　など

第**8**章　休息・睡眠に関連したこころとからだのしくみ

❹糖尿病
インスリンという血糖を下げるホルモンの分泌・作用の不足により、高血糖が持続する疾患。

ン）が減少することで、体重の増加や肥満を招きます。高血圧や**糖尿病**❹などのリスクも増加するため、生活習慣病の予防に適切な睡眠は欠かせません。

2 睡眠のしくみ

1 睡眠時間

　必要な睡眠時間は世代によって異なります（図8－1）。10歳代前半までは1日に8時間以上の睡眠が必要とされていますが、年齢を重ねることによって睡眠時間は徐々に短くなっていきます。また、体質や季節によっても、最適な睡眠時間は変化します。

2 睡眠のしくみ

　こころとからだを休息させるには、その人が必要としている睡眠時間を確保するだけでなく、睡眠の質を高めることも大切です。質のよい睡眠とは、寝つきがよく、眠りが深く、途切れない睡眠のことであり、そのためには睡眠のリズムが重要になります。
　快適な睡眠は、浅い眠りのレム睡眠と、深い眠りのノンレム睡眠がおおむね90～120分の周期でくり返されます。

（1）レム睡眠（浅い眠り）

　レム（REM）は、Rapid Eye Movement（急速眼球運動）の頭文字

図8－1　年代別の1日に必要な睡眠時間

10歳代前半まで	★★★★★★★★	8時間以上
25歳	★★★★★★★	約7時間
45歳	★★★★★★☆	約6.5時間
65歳	★★★★★★	約6時間

資料：厚生労働省「健康づくりのための睡眠指針2014」より作成

をとったものです。レム睡眠は、「肉体的な疲労を回復させる眠り（からだの休息）」と呼ばれています。レム睡眠中、全身の筋肉の緊張がゆるみ、力が入らない状態になりますが、脳は比較的活発に活動しており、目がきょろきょろと上下左右に動いています。

　私たちが夢を見ているのは、レム睡眠のときです。レム睡眠中、脳では日中にえた情報を整理したり、記憶を定着させたりしています。

（2）ノンレム睡眠（深い眠り）

　ノンレム睡眠は、レム睡眠以外の睡眠をさします。ノンレム睡眠中はある程度の筋緊張を保っていますが、脳の活動が大きく低下します。ノンレム睡眠はぐっすり眠る睡眠であり、「大脳を休ませて回復させる眠り（脳の休息）」です。

　ノンレム睡眠は、眠りの深さ（脳波の活動性）によって4段階に区分されます。段階1ではウトウトした眠り、段階2では浅い眠り、段階3では眠りが深まり、段階4では外から刺激を与えてもなかなか目が覚めません。目が覚めても、寝ぼけてしまうことがあります。

（3）睡眠のリズム

　眠りにつくとすぐにノンレム睡眠が訪れ、眠りが深くなったあとに浅い眠りのレム睡眠が続き、再びノンレム睡眠が訪れます。この眠りの周期（サイクル）には個人差があり、おおむね90～120分の周期でくり返されます（図8－2）。

　レム睡眠は入眠直後には短く、明け方に近づくほど長くなります。

（4）睡眠に関連したからだの器官

　生物には、およそ1日の周期でリズムをきざむ体内時計が備わっています。人間の体内時計は脳の視床下部にある視交叉上核にあるといわれており、朝になると目覚めて活動を始め、夜になると眠くなる概日リズム（サーカディアンリズム）をつくり出しています。概日とは、「およそ1日」の意味です。

　体内時計の周期は、朝、太陽の光を浴びることで1日の24時間周期にリセットされます。光を浴びることで覚醒がうながされ、活発に動ける状態になります。光を浴びてから14～16時間後、脳の松果体から睡眠ホルモンと呼ばれるメラトニンという物質が分泌されると、からだは睡眠

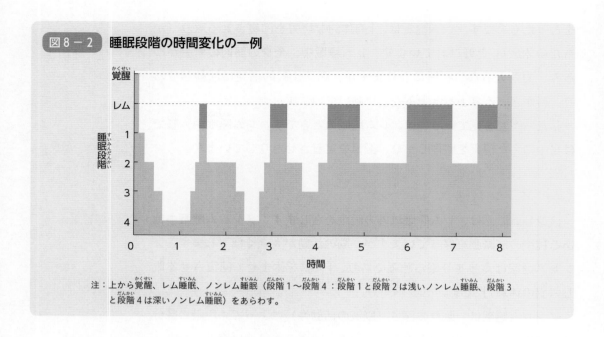

図8−2 睡眠段階の時間変化の一例

覚醒
レム
睡眠段階 1
2
3
4

0　1　2　3　4　5　6　7　8
時間

注：上から覚醒、レム睡眠、ノンレム睡眠（段階1〜段階4：段階1と段階2は浅いノンレム睡眠、段階3と段階4は深いノンレム睡眠）をあらわす。

に適した状態に切り替わります。そして、朝になるとメラトニンの分泌は弱まり、目を覚ますのです。体内時計が乱れるとメラトニンの分泌が弱まり、なかなか眠くならない、睡眠中に目が覚めてしまうなどの状況を招きます。睡眠時の環境や生活習慣を整えて、メラトニンをしっかり分泌させることが質のよい睡眠につながります。

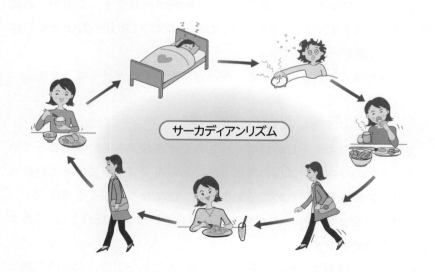

サーカディアンリズム

3 睡眠の質を高める

1 睡眠の質を高める環境

良質な睡眠のためには、睡眠時の環境を整えることも大切です。

（1）照明

明るい光には目を覚ます作用があるため、夜は明るすぎない照明にします。

・夕食後は、室内の照明を暗めに設定する
・温かみのある暖色系（電球色）の照明を使う
・就寝時間が近づいたら、強い光を避けて間接照明などを使う
・テレビやパソコンは早めに電源をオフにする

（2）温度・湿度

寝室や寝床のなかの温度や湿度は、寝つきや睡眠の深さに影響します。

・よい眠りのために最適な寝室の温度は20℃前後（冬は15℃、夏は25℃前後）、湿度は約50％
・室内の冷暖房や電気毛布はタイマー機能を活用して、就寝中も心地よいと感じられる程度に調節する
・就寝中の体温調整ができるように、吸湿放湿性の高い素材の寝具や寝間着を使う

（3）音

騒音は、脳を刺激して、眠りをさまたげます。
・寝室には二重のサッシや雨戸、厚手のカーテンなどを使用する
・睡眠中は心身を休ませる静かな環境をつくる

2 睡眠の質を高める生活習慣

（1）朝、目覚めたら朝陽を浴びる

　朝、目覚めたらカーテンを開けて、自然の光を部屋の中に取りこみましょう。朝陽を浴びることで、体内時計がリセットされて、1日を計測しはじめます。睡眠をコントロールするメラトニンは、太陽の光を浴びてから14～16時間後に分泌されるため、夜に眠くなるためには朝の行動が大切です。

（2）日中の活動で昼夜のめりはりをつける

　日中の活動が少ないと睡眠の必要性が減り、昼夜逆転しやすくなります。日中は屋外に出て、外気に触れる機会をもつとよいでしょう。少しの時間でも外出して、太陽の光を浴びるようにすると体内時計も整います。

　長時間の昼寝は、夜間の睡眠を浅く不安定にすることにつながります。日中に長い時間眠る習慣は避けたほうがよいでしょう。ただし、午後の早い時間帯に30分以内の昼寝をすることは、日中の適度な休息となり、作業効率を改善する効果があると考えられています。

（3）就寝前の入浴や手足浴で寝つきをよくする

　私たちのからだは、脳や内臓などの身体内部の温度を下げて、睡眠の準備に入ります。身体内部の温度を下げるためには、皮膚から熱を放出して体温を下げる必要があります。

　表8−2のような熱の放出が起こりにくい状況では、身体内部の温度が下がらず、なかなか眠くなりません。表8−3のような方法で一度体温を上げてから、体温が下がっていくタイミングで就寝すると、寝つきがよくなります。

表8−2　熱の放出が起こりにくい状況

- 就寝時の環境温が低すぎる
- 就寝時の環境温や湿度が高すぎる
- 寝るときに手足が冷たい　　　　　　　など

| 表8－3 | 適度に体温を上げる方法 |

・ぬるめのお風呂に入る
・軽いストレッチ運動をする
・手足浴をする　　　　　　など

※就寝直前の熱いお風呂や激しい運動は、身体内部の温度が高くなりすぎるため避ける。

（4）寝る直前の食事はひかえる

　寝る直前に食事をすると、胃腸の消化活動が活発になり、寝つきが悪くなって熟睡ができなくなります。夜間の食事量はひかえめにして、就寝前の3時間はできるだけ食事をしないほうがよいでしょう。

（5）寝る前の嗜好品は避ける

　コーヒーや紅茶、緑茶に含まれるカフェインや、たばこに含まれるニコチンには覚醒作用があります。カフェインには利尿作用もあるため、睡眠中にトイレに行く回数が増えて、睡眠をさまたげます（**表8－4**）。
　「寝酒」といわれるような就寝前の飲酒は、入眠までの時間が短縮されるため、睡眠を改善する印象があります。最初はよく眠れるかもしれませんが、その後の眠りが浅くなり、夜中に目覚める原因となることが指摘されています。

| 表8－4 | 食品中のカフェイン濃度 |

食品名	カフェイン濃度
インスタントコーヒー（顆粒製品）	1杯あたり80mg
コーヒー（浸出液）	60mg／100ml
紅茶（浸出液）	30mg／100ml
せん茶（浸出液）	20mg／100ml
ほうじ茶（浸出液）	20mg／100ml
ウーロン茶（浸出液）	20mg／100ml
玄米茶（浸出液）	10mg／100ml

資料：文部科学省「日本食品標準成分表2015年版（七訂）」より作成

第8章　休息・睡眠に関連したこころとからだのしくみ

演習8−1 レム睡眠とノンレム睡眠

1 次の文章の空欄に入る適切な語句を考えてみよう。

- ① [　　　] 睡眠は、② [　　　] の活動が低下しているものの、睡眠中としては比較的活発に活動している。そのため、この睡眠中に目覚めさせると、③ [　　　] を見ていることが多い。哺乳類の場合は、④ [　　　] が動くのが特徴である。

- ⑤ [　　　] 睡眠では、② [　　　] の活動が大きく低下するため、外から刺激を与えてもなかなか目覚めず、① [　　　] 睡眠にくらべ、眠りが深いとされる。

2 レム睡眠とノンレム睡眠の特徴を表に整理してみよう。必要な項目を考えて、特徴を対比させてみよう。

項目	レム睡眠	ノンレム睡眠
例）眠りの深さ	浅い	深い

演習8−2 **快適に眠るための寝室の工夫**

就寝前の利用者の寝室である。より快適に眠るためにどのような工夫ができるかを話し合ってみよう。

第8章 休息・睡眠に関連したこころとからだのしくみ

第2節

心身の機能低下が
休息・睡眠に及ぼす影響

学習のポイント

- ■ 加齢が休息・睡眠に及ぼす影響を学ぶ
- ■ 睡眠障害の種類と、それぞれの特徴について学ぶ

関連項目 ▶ ⑦『生活支援技術Ⅱ』 ▶ 第5章「休息・睡眠の介護」

1 休息・睡眠に影響を及ぼす心身機能の低下

1 加齢による睡眠の変化

睡眠は、加齢にともなって変化します。

（1）睡眠時間

　一般的に、年齢を重ねるごとに必要な睡眠時間は短くなる傾向があります。高齢者の場合、運動量が低下してエネルギーの消費が少なくなるため、必要な睡眠量も減少すると考えられています。無理に長い時間眠ろうとすると、睡眠が浅くなり、熟睡感がえられません。

（2）睡眠比率

　布団に入っていた時間のうち、実際に眠っていた時間の比率を「睡眠比率」といいます。10～20歳代では睡眠比率はほぼ100％です。その後、徐々に低くなり、80歳代には70～80％まで低下します。

（3）概日リズム

　体内時計による**概日リズム❶**にも、加齢にともなって変化が生じま

❶概日リズム
p.249参照

す。一般的に高齢者が早寝早起きなのは、概日リズムが変化したためです。

（4）睡眠リズム

　加齢により、睡眠ホルモンと呼ばれるメラトニンの分泌が減少します。その結果、段階3・4の深い**ノンレム睡眠❷**が減り、段階1・2の浅いノンレム睡眠が増えるため、夜中に何度も目が覚めたり、ちょっとした物音で目覚めたりするようになります。

❷ノンレム睡眠
p.249参照

2　心身の機能の変化が睡眠に及ぼす影響

　睡眠に影響を及ぼす原因には、加齢による睡眠の変化のほかに、身体的要因や心理的要因などがあります。

（1）からだの予備能力の低下

　老化によりからだの予備能力が低下すると、睡眠の質が低下する原因になることもあります。

　加齢とともに腎機能が変化すると、睡眠中にトイレに起きる回数が増えます。若い人の場合、睡眠中にトイレに行かなくても大丈夫なように、夜間は尿が濃縮されて量が減りますが、高齢者では、夜間の尿の濃縮が不十分になるため尿量が多くなります。睡眠中にトイレに起きる回数が増えると、睡眠が妨害され、眠りが浅くなります。

（2）睡眠をさまたげる身体疾患

　高齢者では、慢性の病気や障害がある人も多く、それらの症状によって睡眠が妨害されることがあります（**表8－5**）。また、ステロイドホルモンや消炎鎮痛薬、気管支拡張薬、降圧剤など、身体疾患の治療のために服用する薬剤のなかには、副作用として不眠を引き起こすものがあります。

（3）老年期のこころの問題

　睡眠は、こころの問題とも関連しています。

　日常生活上の問題やストレスが原因となって、一時的に不眠になることがあります。老年期に直面しやすいこころの問題には、**表8－6**のよ

表8－5	睡眠をさまたげるおもな身体疾患

- 狭心症や心筋梗塞による胸苦しさ
- 前立腺肥大症や膀胱炎による尿路系の刺激
- 腰痛や神経痛、関節リウマチなどによる痛み
- 慢性閉塞性肺疾患（COPD）や気管支喘息による咳、呼吸困難
- 皮膚炎や疥癬、糖尿病による掻痒感（かゆみ）　　　　　　　　　など

表8－6	老年期に直面しやすいこころの問題

- 老化に対する不安やとまどい
- 病気に対する悩みや苦しみ
- さまざまな喪失体験（社会的な地位や役割、配偶者との死別など）
- 心気障害（心気症）
  （身体的異常がないにもかかわらず、身体の変化を重篤な病気だと思いこんで異常なほど心配し、身体的訴えをくり返す神経性障害）　　　　　　　　　など

うなものがあります。

　また、眠れない経験をくり返すと不安になり、眠れないことに対する心配が不眠を引き起こしていることがあります。このような状態を精神生理性不眠症と呼びます。

2 睡眠障害

　睡眠障害には、不眠症、過眠症のほか、睡眠にかかわる疾患や睡眠行動の障害などが含まれます。

（1）不眠症

　睡眠障害のなかで、もっとも多いとされているのが不眠症です。不眠症とは、その人の健康を維持するために必要な睡眠時間が量的あるいは質的に不足し、そのために社会生活に支障をきたしている状態をいいます。

　必要とされる睡眠時間には個人差があるため、一般的に短いとされる睡眠時間であっても、本人に目覚めたときに満足感があり、昼間に正常

に活動できるようであれば不眠症とは呼びません。

　不眠症の種類には、**表8-7**のようなものがあります。高齢者に多くみられるのは、夜中に目が覚める中途覚醒や、朝早く目が覚めてその後眠れなくなる早朝覚醒です。

　また、これらの症状がどれくらい続いているかによって、**表8-8**のように分類することがあります。

（2）過眠症

　過眠症では、夜間に十分な時間眠っているはずなのに、日中に強い眠気に襲われて日常生活に支障をきたします。

　日中に突然強い眠気が出現して眠りこんでしまうナルコレプシーが代表的ですが、抗ヒスタミン作用のある風邪薬、抗アレルギー薬、抗不安薬や抗うつ薬などの副作用により、日中に眠気や過眠が生じることもあ

表8-7	不眠症の種類

種類	特徴
入眠障害	布団に入ってもなかなか寝つけずに、眠るまで30〜60分以上かかる状態が慢性的に続く。入眠困難ともいう
熟眠障害	眠りが浅く、それなりに長く時間をとっても、よく眠ったという満足感がえられない症状が続く
中途覚醒	夜中に何度も目が覚める状態が続く。睡眠中に何度もトイレに行きたくなるなどの症状を訴える人も多い。睡眠維持困難ともいう
早朝覚醒	早朝（午前3時や4時）に目が覚めてしまい、それ以降眠れなくなる症状が続く

表8-8	不眠の分類

分類	特徴
一過性不眠	ふだんは睡眠が正常な人が、海外旅行や特別な緊張をともなう出来事などにより、数日間不眠になる状態
短期不眠	ストレスや身体の病気などにより、1〜3週間ほど不眠が続く状態
長期不眠	さまざまな理由により、1か月以上不眠が続く状態

ります。また、睡眠時無呼吸症候群や夜間の睡眠の質的低下による睡眠不足によって、日中に眠気が起きる場合もあります。

（3）概日リズム障害

❸概日リズム
p.249参照

概日リズム障害とは、「睡眠覚醒リズム障害」とも呼ばれています。概日リズム❸（サーカディアンリズム）が乱れて、睡眠と覚醒のリズムに障害が出た状態です。

高齢者の場合、夕方に強い眠気を覚えて就寝し、深夜には覚醒してしまう状態がみられることが多く、これはリズムの過剰な前進が原因と考えられています。

（4）周期性四肢運動障害

周期性四肢運動障害では、睡眠中に上肢や下肢が勝手にぴくぴくと動くこと（不随意運動）により、睡眠が浅くなり中途覚醒を引き起こします。運動症状を自覚していないことも多く、次のレストレスレッグス症候群に合併することもあります。

（5）レストレスレッグス症候群

レストレスレッグス症候群は、「むずむず脚症候群」とも呼ばれています。睡眠中の不随意運動がひどくなり、「むずむずする」「痛がゆい」という異常感覚が下肢を中心に起こります。下肢を動かしたいという強い衝動が出現し、寝つくことができなくなります。また、動かすことで症状が軽減されるため、脚を動かしつづけたり、足踏みを続けたりして不眠になります。

鉄欠乏性貧血、人工透析、妊娠、抗うつ薬により出現することもあります。

（6）レム睡眠行動障害

❹レム睡眠
p.248参照

レム睡眠行動障害（REM sleep Behavior Disorder：RBD）では、睡眠中に夢の中と同じように行動して、突然叫んだり、身体を動かしたりします。レム睡眠❹中のみに起こり、レム睡眠が終わるとこのような行動は消失して、安らかな睡眠に戻ります。

レム睡眠は、全身の筋肉の緊張をゆるめて、肉体的な疲労を回復させる眠りですが、そのしくみが何らかの理由ではたらかなくなったことが

原因と考えられています。

　レム睡眠行動障害は中年期以降に多く、とくにレビー小体型認知症やパーキンソン病の人によくみられる特徴があります。

（7）睡眠時無呼吸症候群

　睡眠時無呼吸症候群は、睡眠中に無呼吸の状態が頻繁に生じる疾患です。無呼吸から呼吸再開時に目覚めてしまうため、長く睡眠をとっても熟睡できません。症状が軽いときは夜中に目が覚めることを自覚している人もいますが、進行してくると目覚めていることに気づくことはなく、知らないうちに極度の睡眠不足になり、日中に過剰な眠気や居眠り、集中困難が生じます。また、無呼吸をともなう睡眠は、夜間に長時間続く低酸素血症のために高血圧や動脈硬化が引き起こされ、心筋梗塞や脳梗塞の悪化要因となります。

　睡眠時無呼吸症候群は、肥満体型の男性に多い特徴があります。

3　睡眠不足が及ぼす影響

　必要な睡眠が不足したり、睡眠の質が低下したりすると、こころとからだは十分に休息することができません。その結果、こころとからだにさまざまな影響を及ぼし、QOL（Quality of Life：生活の質）が低下します。

（1）生活への支障

　夜間睡眠の不足や質的低下によって必要な睡眠がとれないと、心身の疲労が回復せず、翌日はからだがだるく、日中でも眠気が残ります。そのような状態が長く続くと、疲労が蓄積され、不調感、情緒不安定、注意・集中力の低下などが生じて、日常生活に支障をきたします。

（2）生活習慣病のリスク

　必要な睡眠が十分にとれていないと、体重の増加や肥満を招く原因になり、糖尿病[5]や高血圧などのリスクを高めることがわかっています。

　睡眠不足は免疫力を低下させるため、感染症にかかりやすくなったり、病気に対する抵抗力が弱くなったり、からだにさまざまな影響を及

❺糖尿病
p.248参照

ぼします。

（3）こころの問題

　睡眠による休息感は、こころの健康にも重要です。睡眠不足によって、心身の不調があらわれ、意欲が減退すると、うつ病のようなこころの病につながる場合もあります。

　近年、うつ病と睡眠には深い関係があることがわかってきました。しっかり睡眠がとれている人はうつ病になりにくく、不眠の人はうつ病になりやすいことが報告されています。その一方で、うつ病があると、早朝に目が覚める早朝覚醒や、熟睡感がえられない熟眠障害などの不眠を示します。このような特徴的な不眠を初期に発見し、適切に治療することで、うつ病の悪化を予防することが大切です。

演習8-3 **不眠症と睡眠障害**

1 次のイラストを見て、どのような種類の不眠かを考えてみよう。

①	②
③	④

2 次の症状により疑われる睡眠障害を選び、線で結んでみよう。

① 睡眠中に夢の中と同じように行動して、突然叫んだり、身体を動かしたりする。　●

② 夕方に強い眠気を覚えて就寝し、深夜には覚醒してしまう。　●

③ 「むずむずする」「痛がゆい」という異常感覚が下肢に起こる。　●

④ 睡眠中に呼吸が止まる。　●

⑤ 睡眠中に上肢や下肢が勝手にぴくぴくと動く。　●

　●　A　概日リズム障害

　●　B　レストレスレッグス症候群

　●　C　レム睡眠行動障害

　●　D　睡眠時無呼吸症候群

　●　E　周期性四肢運動障害

変化に気づくためのポイント

学習のポイント

- ■ 睡眠での観察のポイントを学ぶ
- ■ 睡眠状態を確認する方法について学ぶ

関連項目 ▶ ⑦『生活支援技術Ⅱ』 ▶ 第5章「休息・睡眠の介護」

---

1 睡眠での観察のポイント

睡眠での観察のポイントは、日中の眠気の有無と睡眠中の変化です。

（1）日中の眠気

必要な睡眠が十分にとれているかどうかは、日中の眠気の有無で判断できます。実際の睡眠時間が短めでも、日中の眠気がなければ必要な睡眠がとれているといえるでしょう。実際の睡眠時間が長くても、日中の眠気や居眠りで困っている場合には対策が必要になります。

（2）睡眠中の変化

睡眠中にあらわれる心身の変化は、専門的な治療を要する病気や睡眠

表8-9 **睡眠中の変化と可能性のある病気**

- ・激しいいびき・呼吸停止——睡眠時無呼吸症候群など
- ・上肢や下肢が勝手にぴくぴくと動く——周期性四肢運動障害など
- ・下肢のむずむず感——レストレスレッグス症候群など
- ・身体を動かす、大きな声で叫ぶ——レム睡眠行動障害、レビー小体型認知症など
- ・早朝に目が覚める——不眠症、うつ病など

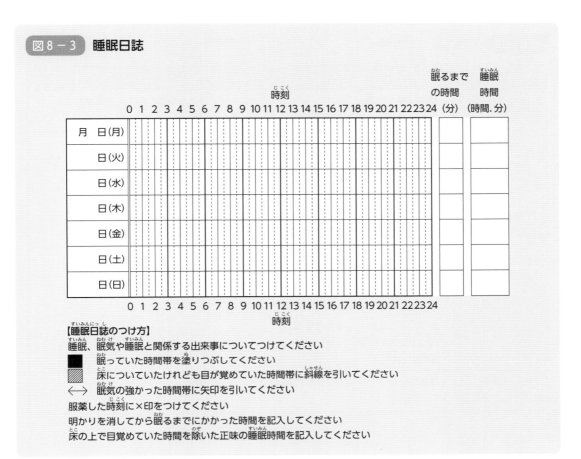

図 8 － 3　睡眠日誌

【睡眠日誌のつけ方】
睡眠、眠気や睡眠と関係する出来事についてつけてください
■　眠っていた時間帯を塗りつぶしてください
▨　床についていたけれども目が覚めていた時間帯に斜線を引いてください
⟷　眠気の強かった時間帯に矢印を引いてください
服薬した時刻に×印をつけてください
明かりを消してから眠るまでにかかった時間を記入してください
床の上で目覚めていた時間を除いた正味の睡眠時間を記入してください

障害のサインである場合があります（表 8 － 9）。

（3）睡眠日誌

　睡眠の状態や原因について確認する方法に睡眠日誌があります。図 8 － 3 のように、睡眠の状態を 1 週間から10日間記録します。保健医療職に相談するときや医療機関にかかるときにも役立ちます。

（4）アセスメント

　睡眠の状態、こころとからだの状態を把握するだけでなく、生活習慣・睡眠環境などのライフスタイルからもアセスメントすることが必要です（表 8 －10）。

　睡眠に問題がある場合、それが急に起きたものなのか、あるいは、少しずつ時間をかけて生じたものかを確認します。

　急に起きた問題は、からだの急激な変化や、服用している薬品の影響

第 8 章　休息・睡眠に関連したこころとからだのしくみ

| 表8-10 | アセスメントのポイント |

項目	ポイント	
睡眠の状態	・睡眠時間と熟睡度 ・睡眠に関する本人からの訴え	・問題となる症状の出現時期と頻度
からだの状態	＜病気＞ ・既往歴と現病歴 ・睡眠をさまたげる痛みやかゆみなどの症状	＜薬剤＞ ・服用している薬品名（処方薬、売薬）
こころの状態	・かかえている悩み ・不安に思っていること ・負担に感じていること	・イライラしてしまうこと ・最近とくにつらかったこと
ライフスタイル	＜生活習慣＞ ・起床時間と就寝時間 ・食事の時間と食事量 ・入浴の仕方と入浴時間 ・カフェインを含む飲み物の習慣 ・喫煙や飲酒の習慣 ・運動の習慣	＜睡眠環境＞ ・寝室の環境 ・寝具や寝衣
介護者（家族）が気づいたこと	・睡眠中の様子（呼吸の変化や行動障害） ・日中の様子	

が考えられます。時間をかけて少しずつ生じた問題は、慢性の病気や環境、ストレス、習慣などが原因になっていることが考えられます。

2 睡眠での医療職との連携のポイント

　高齢者の心身の変化に気づいたときには、医師や看護師、保健師などに相談し、連携をとることが必要になります。

　相談する前に、観察したり、高齢者に質問・確認したりして、必要と思われる情報をそろえます。これらの情報とともに介護福祉職の気づきを伝え、医療職の考えを聞きましょう。それぞれの立場や専門性から意見を述べて、もっとも適した対応を考えます。

　不眠に対してこだわりが強く、不眠を強く意識して悩みを訴える場合には、専門医に相談して、睡眠薬を用いた治療を行います。睡眠薬は、不眠の種類に応じて使い分けられています（表8-11）。

表 8 −11　睡眠薬の分類

分類	作用時間	特徴	適用される症状	代表的薬品名
超短時間型	約 2 〜 4 時間	・即効性がある ・持続が短い ・持ち越し効果はほとんどない	・入眠障害 ・一過性不眠	トリアゾラム（ハルシオン®） ゾピクロン（アモバン®）
短時間型	約 5 〜10時間	・即効性がある ・持ち越し効果は少ない	・入眠障害 ・中途覚醒 ・一過性不眠	ブロチゾラム（レンドルミン®） リルマザホン塩酸塩水和物（リスミー®）
中間型	約20時間	・日中も気持ちを落ち着ける作用が継続する ・持ち越し効果が生じることもある	・入眠障害 ・中途覚醒 ・早朝覚醒 ・日中に不安がある睡眠障害	フルニトラゼパム（サイレース®） フルニトラゼパム（ロヒプノール®） エスタゾラム（ユーロジン®） ニトラゼパム（ベンザリン®）
長時間型	24時間以上	・起床後も長時間作用する ・日中は抗不安薬として作用する	・早朝覚醒 ・日中に不安がある睡眠障害 ・精神的な疾患による不眠症状	ハロキサゾラム（ソメリン®） クアゼパム（ドラール®）

　超短時間型は睡眠導入薬とも呼ばれ、なかなか寝つけずに眠るまで時間がかかる入眠障害や一過性不眠の人に用います。

　短時間型、中間型、長時間型は睡眠持続薬とも呼ばれ、効果の持続時間（作用時間）によって分けられています。

3　緊急対応が必要な例

　いつもと違う睡眠が観察されたときは注意が必要です。睡眠中の呼吸の変化や行動障害（手足の動き、大声など）、日中の強い眠気や居眠りなどがみられる場合には、早めに医療職に相談しましょう。

　たとえば、睡眠中の呼吸停止や激しいいびきは、睡眠時無呼吸症候群などの呼吸に関連した病気の可能性があります。無呼吸をともなう睡眠は、高血圧や動脈硬化を引き起こすため、早めに治療を受けることが大切です。

◆ 参考文献
● 大谷佳子・白井孝子『福祉事務管理技能検定テキスト 2　老人・障害者の医学と心理』建
　帛社、2011年
● 上野秀樹「睡眠の仕組みと高齢者の睡眠障害」『おはよう21』第23巻第 6 号、2012年
● 上野秀樹「睡眠障害と睡眠薬」『おはよう21』第23巻第 7 号、2012年

第 **9** 章

人生の最終段階の ケアに関連した こころとからだのしくみ

人生の最終段階に関する「死」のとらえ方

学習のポイント

■ 終末期のとらえ方を学ぶ
■ 看取りでの尊厳の保持の意味を学ぶ

関連項目　① 『人間の理解』　▶ 第1章「人間の尊厳と自立」
　　　　　　⑦ 『生活支援技術Ⅱ』　▶ 第6章「人生の最終段階における介護」

❶QOL
Quality of Lifeの略。生活の質、生命の質、人生の質、1人ひとりの生き方・死に方・価値観にかかわること。人はそれぞれの価値観や信念をもち、その人らしい療養生活、個別性・独自性が保たれるような配慮が必要である。

日本では、急速な高齢化にともない、2040（令和22）年には死亡数のピークを迎えると推計されています。住み慣れた地域で自分らしい人生の終焉（最期）を迎えるためには、医療機関や施設など、最期のときを過ごす場が異なったとしても、本人の意思を尊重した介護が求められます。

人にとって「死」とは、人生の最終段階にあたり、最も大切なしめくくりのときです。1人ひとりの長い人生の積み重ねの先にあるもので、信仰・習慣・文化的背景により異なり、個別性が高く、尊いものです。その最終段階をどのように過ごすかは多様で、これまでの人生観が大きく影響します。

尊厳を保持しながら最期をその人らしく生きるためには、本人の希望する生き方、死に方を最大限尊重するための周囲の理解と協力が欠かせません。終末期のQOL❶を高めて生きることを支えることは大切な介護技術であり、生活全体へ深くかかわることになります。

その過程を支えるためには、知識・技術だけでなく、人間性も含めた専門性が求められます。

なお、60歳以上の人に、万一治る見込みがない病気になった場合、最期を迎えたい場所はどこかを聞いたところ、約半数（51.0%）の人が「自宅」と答えています。次いで、「病院・介護療養型医療施設」が31.4%となっています（**図9－1**）。

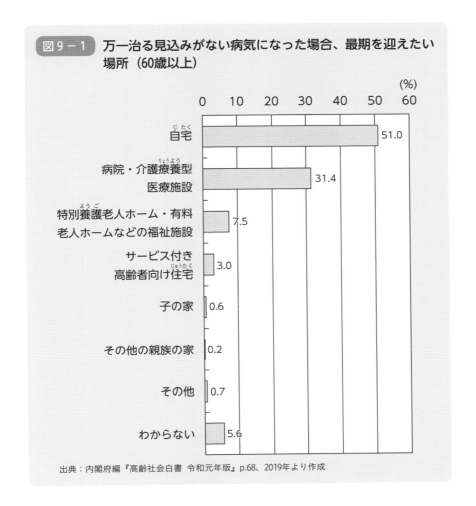

図9－1　万一治る見込みがない病気になった場合、最期を迎えたい
場所（60歳以上）

場所	(%)
自宅	51.0
病院・介護療養型医療施設	31.4
特別養護老人ホーム・有料老人ホームなどの福祉施設	7.5
サービス付き高齢者向け住宅	3.0
子の家	0.6
その他の親族の家	0.2
その他	0.7
わからない	5.6

出典：内閣府編『高齢社会白書 令和元年版』p.68、2019年より作成

また、死亡数の将来推計は、**図9－2**のとおりとなっています。

1 死のとらえ方

人間の死のとらえ方としては、以下の3つがあげられます。

1 生物学的な死

生物学的な死は、人のからだのすべての生理機能が停止した状態をさし、「心停止、呼吸停止、対光反射の消失・瞳孔散大（脳機能の停止）」、すなわち、三徴候を医師が確認し、「戻ることのない状態」と判断された状態をいいます。

2 法律的な死（脳死）

脳死とは、大脳と脳幹の機能が完全に停止して戻ることのない状態を

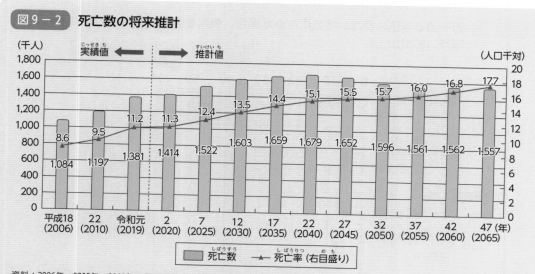

図9−2　死亡数の将来推計

(千人)　実績値 ←　→ 推計値　　　　　　　　　　　　　　(人口千対)

	平成18 (2006)	22 (2010)	令和元 (2019)	2 (2020)	7 (2025)	12 (2030)	17 (2035)	22 (2040)	27 (2045)	32 (2050)	37 (2055)	42 (2060)	47 (年) (2065)
死亡数	1,084	1,197	1,381	1,414	1,522	1,603	1,659	1,679	1,652	1,596	1,561	1,562	1,557
死亡率（右目盛り）	8.6	9.5	11.2	11.3	12.4	13.5	14.4	15.1	15.5	15.7	16.0	16.8	17.7

資料：2006年、2010年、2019年は厚生労働省「人口動態統計」による死亡数（いずれも日本人）。2020年以降は国立社会保障・人口問題研究所「日本の将来推計人口（平成29年推計）」の死亡中位仮定による推計結果（日本における外国人を含む）

出典：内閣府編『高齢社会白書　令和3年版』p.5、2021年を一部改変

いいます。医療技術の発達により、脳全体の機能が完全に失われても、人工呼吸器によって心肺機能を維持することが可能になりました。死の三徴候のうち、心停止をともなわない「脳死の判定基準」による死の判断があります。

脳死は、1997（平成9）年に施行された「臓器の移植に関する法律❷」によって、本人と家族の臓器提供の意思が認められた場合のみ、脳死判定が行われ、脳死を人の死と認めるようになりました。

厚生労働省「令和3年度版死亡診断書（死体検案書）記入マニュアル」において、死亡にかかる手続きの流れについては、①医師が死亡診断書（死体検案書）を交付する、②遺族等が死亡届を作成し、死亡診断書（死体検案書）を添付し、市区町村長に提出する、③市区町村が戸籍を抹消し、遺族等に火葬許可証等を交付する、となっています。戸籍に「死亡」と記載されると、これまで受けていた年金や福祉手当などの法的な扶助がなくなります。

3　臨床的な死

臨床的な死とは、心肺機能が停止して臨床的には死んでいる状態を意味します。高度医療や延命治療の技術の進歩などにより、人工心肺や人工呼吸器などの生命維持装置で心肺機能を代替することが可能となったため、死のとらえ方が変化しました。

❷臓器の移植に関する法律

2009（平成21）年7月の改正で、2010（平成22）年7月17日からは、本人の拒否がない限り家族の承諾があれば臓器提供できることとなった。15歳未満の子どもからの臓器提供も可能となっている。

図 9 − 3　臓器提供意思表示カード

1　尊厳死（リビングウィル、インフォームドコンセント）

　死期の迫った状態での延命だけを目的とした治療は受けず、人としての尊厳を保ちながら自然な状態で死を迎えることを、尊厳死といいます。がんや難病などの終末期で治る見込みのない状態でも、人工呼吸器、中心静脈からの高カロリー輸液、経鼻経管や胃ろうからの経管栄養などによって延命をすることは可能です。しかし、そのような延命は、苦痛が長引くことや、QOLや尊厳が保たれない状態になることがあります。

（1）リビングウィル

　望まない延命措置を拒否するためには、本人の意思表示と家族の理解

が大切です。事前指示をアドバンス・ディレクティブといい、みずから
の意思で延命治療を行わないことを生きているあいだに書面にする、**リ
ビングウィル❸**(Living Will：事前指示書)やDNR(Do Not Resuscitate：
心肺蘇生を拒否すること)があります。

(2) インフォームドコンセント

　医療法第1条の4第2項では「医師、歯科医師、薬剤師、看護師その
他の医療の担い手は、医療を提供するに当たり、適切な説明を行い、医
療を受ける者の理解を得るよう努めなければならない」と示されていま
す。単なる説明・同意ではなく、本人や家族が自己決定するために、理
解できるように十分な説明を行い、本人や家族が理解してはじめて自己
決定に必要な情報を共有したといえるのです。

　介護福祉職は、利用者や家族が医師の説明をどのように理解している
のか、疑問や不安はないか、確認し、サポートすることができます。退
院時カンファレンスやサービス担当者会議などで、医師が説明する場面
に同席するときには、利用者や家族の表情や様子に気を配り、言葉にし
ない心の内を理解しようと努め、意識して観察します。「むずかしい専
門用語で説明されて意味がわからないのに、医師を目の前にした緊張か
ら、利用者や家族が何も言えないでいる」といったことのないように、
必要に応じて「今の説明でわかりましたか？　心配なことはありません
か？」などと声をかけましょう。また、医師の説明と利用者や家族の理
解が異なる場合には、病院の看護師や医療ソーシャルワーカー
（MSW）、介護支援専門員（ケアマネジャー）等に相談して再確認す
る機会を設けてもらいましょう。利用者や家族が現状をどのように認識
しているかは、終末期ケアの方向性を決めるうえでも大切なことです。

2　加齢にともなう自然な死の理解

　終末期とは、がんや難病などの病気で余命宣告を受けた状態に限ら
ず、加齢にともない心身機能がおとろえて自然に生を終える「老衰」も
あります。その人らしい自然な死を迎えるには、本人・家族を含めた看
取りにかかわる人の価値観や死生観を知る必要があります。

2 看取りにかかわる人の価値観

　利用者の死生観を尊重することと同様に、看取りには、かかわる人たちの死のとらえ方や価値観が大きく影響します。医療職や介護福祉職などの本人以外の人々の価値観で進めることのないように留意しなくてはなりません。本人（利用者）、家族、医療職、介護福祉職が価値観を共有して同じ方向性でかかわることで、利用者の望む看取りの実現に近づくことができるのです。

　しかし、終末期には、本人の意思を直接把握することが困難な状態となり、家族にゆだねられる場面も少なくありません。だからこそ、意思決定が困難になる前に、人生の最終段階に向けた準備として、「大切にしていること」「してほしいこと（医療）」「してほしくないこと（医療）」について具体的に話し合い、事前に医師に示しておく必要があります。話し合いは、利用者・家族の病状への理解や現状の受けとめなどを考慮して、ケアチームでタイミングをはかります。

　「どこで」「だれと」「どのように」最期を迎えたいのか、終末期の過ごし方や医療処置（救急蘇生や生命維持装置）についてなど、具体的な本人の意思を事前に確認することは、自己選択・自己決定をうながすことになり、自立支援④といえるでしょう。そして、残される家族にとっても本人の意思を最大限尊重することになり、後悔の少ない看取りの支援ができるのではないでしょうか。

④自立支援
自分でできることは自分で行うことといった意味から、身体的な自立だけではなく、自分のことを自分で決めるといった意思決定を支えることも自立支援になる。

3 終末期（ターミナル期）

　終末期とは、治療をしても治る見込みがなく、死が避けられない状態をさします。一般的には余命 6 か月の期間といわれますが、実際には数か月から数週間のこともあります。終末期ケアの状況は、がんや老衰、認知症、神経難病など、疾病や状態によって一様ではありません。

　終末期の利用者は、身体的苦痛だけでなく、精神的、社会的、霊的（スピリチュアル）な苦痛など、さまざまな苦痛が生じるため、多面的なケアを必要とします。本人の意思を尊重しQOLを重視したケアでは、最期まで心おだやかに、自分らしさを保てるような配慮が大切です。

第 9 章　人生の最終段階のケアに関連したこころとからだのしくみ

275

在宅では、住み慣れた自宅で家族と一緒にかかわりをもちながら、生きている時間を大切にして介護します。たとえば、入院中の患者について、医療の必要性が高い状態や、看取る家族が高齢であり、在宅での終末期ケアがむずかしいと思われるような状況だとしても、本人や家族の希望があれば、どのようにすれば本人の願いにそえるのか、退院に向けて準備を進めることもあります。地域の社会資源や保健・医療・福祉サービスなどあらゆる在宅サービスを調整し、1人ひとりにあったケアチームで支えていくことが重要です。

1 終末期に退院する例

1 がん末期や難病などで、症状が安定しているときを見はからって退院

「最期は自宅で過ごしたい」と願っても、退院できないまま病院で亡くなることもあります。病気の状態によっては、タイミングを逃さずに「1日も早く退院できる」ための迅速な対応が求められます。介護支援専門員とともにすぐに病院に行ってアセスメントし、必要なケアについて提案しながら、退院した翌日から在宅でのサービスを提供できるよう、急いで準備することもあります。

2 食事がとれず意識もなく、寝たきり、点滴と酸素吸入の状態で退院

会話ができたころに「家に帰りたい」と言っていた本人の希望をかなえるために、家族が「家に連れて帰りたい」と希望し、残された最期の時間を自宅で過ごすために退院することもあります。

終末期を自宅で過ごすためには、退院前の準備として、医師や看護師にしっかり確認することが重要です。病院で医師や看護師が行っていたことを、自宅ではだれがどのようにになうのか、自宅の環境や家族の状況にあわせて具体的に検討します。退院前に病院で**カンファレンス**❺を行い、病状や**予後**❻について、家族とともに医師の説明を聞きます。そのときに、介護福祉職は生活の視点で実際の介護場面を想定し、排泄・食事・清潔・家事を家族ができるかどうか、介護力の**アセスメント**❼を行います。介護のどの部分をどの程度サポートすべきか、専門的な意見を伝えることができると、家族も介護場面をイメージすることができます。退院時カンファレンスでは、利用者と家族の病識や在宅への意向を

❺カンファレンス
サービス担当者が役割や提供するサービス内容について話し合うこと。

❻予後
病気の経過についての見通し。

❼アセスメント
利用者の生活全般から個別の解決すべき介護ニーズを明らかにし、専門職として援助の方向性を示すこと。単なる情報収集ではなく、集めた情報を総合的に分析すること。

| 表 9 - 1 | 終末期のアセスメント |

① 死生観を尊重するための情報
・信仰の有無
・生活歴（生活環境、生活習慣、人生観）、家族歴
・価値観
② 身体状況
・食事、排泄、睡眠、バイタルサイン（呼吸・体温・脈拍・血圧・意識状態）
・痛みや苦痛の症状
③ 精神状況
・精神状態、死への不安・恐怖など心理面
・コミュニケーション
④ 社会的な状況
・仕事や職場の問題
・社会との交流や接点の変化
・家族のなかの役割変化
・経済面
⑤ 介護力
・家族関係（同居家族だけでなく、別居家族も含む）
・家族の就労状況や健康状態
・近隣の協力者など地域の社会資源

確認します。そして、現在の状況や介護の必要性に関するアセスメントを行います（**表 9 - 1**）。

2 ターミナルケアのポイント

　看取りは、本人の意向だけでなく、かかわる人たちの文化、価値観によっても左右されます。本人、家族、医療・介護福祉職の三者の思いが一致してはじめてターミナルケアとして機能を果たすことができるのです。死ぬ瞬間まで人間としての生命の尊厳を全うするための重要なケアです。高齢者から自己決定を引き出すことがむずかしい場合もありますが、家族だけにゆだねるのではなく、本人の意向を引き出し、自己決定をうながす努力も大切な支援です。

　「人生の最終段階における医療・ケアの決定プロセスに関するガイドライン❽」は、近年の高齢多死社会の進行にともなう在宅や施設における療養や看取りの需要の増大を背景に、地域包括ケアシステムの構築が

❽人生の最終段階における医療・ケアの決定プロセスに関するガイドライン

2006（平成18）年3月に、富山県射水市における人工呼吸器取りはずし事件が報道されたことを契機として、2007（平成19）年5月に厚生労働省により策定されたもの（当時の名称は「終末期医療の決定プロセスに関するガイドライン」）。

❾ACP

アドバンス・ケア・プランニング。人生の最終段階の医療・ケアについて、本人の意思にそった医療・ケアを受けるために、本人が家族等や医療・ケアチームと事前にくり返し話し合うプロセス。話し合いの結果は、記録をとって人生の最終段階に備える。

❿人生会議（ACP）普及・啓発リーフレット

「人生の終わりまで、あなたは、どのように、過ごしたいですか？ もしものときのために『人生会議』～自らが望む、人生の最終段階の医療・ケアについて話し合ってみませんか～」

進められていることをふまえてつくられました。また、近年、諸外国で普及しつつあるACP❾の概念を盛りこみ、医療・介護の現場における普及をはかることを目的に、「人生の最終段階における医療の普及・啓発に関する検討会」において、厚生労働省により2018（平成30）年3月に改訂されました。ガイドラインの概要は表9－2、図9－4のとおりです。また、厚生労働省より、**人生会議（ACP）普及・啓発リーフレット❿**も提示されています。

（1）症状コントロール

　身体症状が緩和されなければ、苦痛による疲労感や不眠のほか、不安の増強、意欲の低下、悲観的思考などの精神面にも影響を及ぼし、その人の人間性までもうばってしまうことがあります。生きていることがとてもつらいことになると、利用者本人だけでなく家族をも苦しめることになります。苦痛について、いつ、どのような症状なのか、具体的な情報を医師や看護師に伝えることで、医療職は適切な医療を考えることができます。介護福祉職は、利用者と向き合い、つらい気持ちを受けとめ、利用者のために何ができるのかを考え、できる限りのことをしながら、一緒に歩んでいく、身近な存在となることが苦痛の緩和につながることもあります。

（2）コミュニケーション

　終末期の利用者は、身体的苦痛のほかに、死への恐怖や親しい人との別れ、孤独など、多くの不安や苦しみをかかえています。日々低下していく身体の機能や、人生の終わりに近づいていくことを実感するなかで、コミュニケーションは利用者の心の内を知ることや支えにもなる、大切な技術の1つです。これまでの人生をふり返ることや、人とのかかわりのなかで、利用者なりに人生の最終段階のあり方を考えることにもつながります。直接的な身体介護だけでなく、介護者はそばに寄り添い、訴えや言葉にじっくりと耳を傾け、気持ちをできる限り受けとめることが大切です。なお、終末期にある人は、身体機能は低下していても、感性が研ぎ澄まされ敏感です。なにげない一言で大きく傷つき、心を痛めることがあります。言動には細心の注意を払い、表情や反応を見ながら、常に安心感を与えるようにかかわっていく必要があります。

表9－2　人生の最終段階における医療・ケアのあり方

① 医師等の医療従事者から適切な情報の提供と説明がなされ、それに基づいて医療・ケアを受ける本人が多専門職種の医療・介護従事者から構成される医療・ケアチームと十分な話し合いを行い、本人による意思決定を基本としたうえで、人生の最終段階における医療・ケアを進めることが最も重要な原則である。

　また、本人の意思は変化しうるものであることを踏まえ、本人が自らの意思をその都度示し、伝えられるような支援が医療・ケアチームにより行われ、本人との話し合いが繰り返し行われることが重要である。

　さらに、本人が自らの意思を伝えられない状態になる可能性があることから、家族等の信頼できる者も含めて、本人との話し合いが繰り返し行われることが重要である。この話し合いに先立ち、本人は特定の家族等を自らの意思を推定する者として前もって定めておくことも重要である。

② 人生の最終段階における医療・ケアについて、医療・ケア行為の開始・不開始、医療・ケア内容の変更、医療・ケア行為の中止等は、医療・ケアチームによって、医学的妥当性と適切性を基に慎重に判断すべきである。

③ 医療・ケアチームにより、可能な限り疼痛やその他の不快な症状を十分に緩和し、本人・家族等の精神的・社会的な援助も含めた総合的な医療・ケアを行うことが必要である。

④ 生命を短縮させる意図をもつ積極的安楽死は、本ガイドラインでは対象としない。

出典：厚生労働省「人生の最終段階における医療・ケアの決定プロセスに関するガイドライン」（平成30年3月改訂）

図9－4　人生の最終段階における医療とケアの話し合いのプロセス

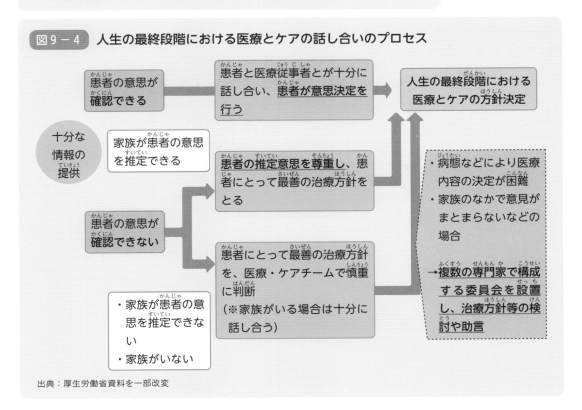

出典：厚生労働省資料を一部改変

（3）家族に対する援助

　終末期には、介護量が増えるため、利用者と同様に家族を支えていくことも重要な役割となります。家族は、利用者にとって精神的な支えであり、大きな存在です。しかし、家族は、利用者の介護のにない手として、支えになると同時に、家族自身も援助を必要とする対象であることを忘れてはなりません。かけがえのない家族を失うという深い悲しみや、受け入れがたい現実への苦悩などにより、支援が必要な状況であることを理解し、家族も含めて支える心構えが大切です。また、死別が近づくと、これまでかかわっていなかった家族がかかわることがあります。家族間の関係も把握するように努め、利用者と家族を取り巻くさまざまな状況に対して、配慮や多面的なかかわりが大切です。コミュニケーションを十分はかり、家族の不安や悲嘆⑪に寄り添いながら、痛みを理解することができるように努め、信頼関係を築くことが重要です。

　コミュニケーションの場面では、家族が不安や悩みを表出できるように意識して接することが大切です。日々のかかわりのなかで、家族の表情や言動から微妙なサインをつかみとる鋭い観察力や、タイミングを逃さず声をかけるといった、コミュニケーションスキルが求められます。どのような話であっても決して否定せず、まずは受けとめるといった、受容的態度⑫で傾聴することが基本です。家族を支える介護福祉職には、知識・技術や経験だけでなく、観察力や細やかな心づかい、そしてケアする側（介護福祉職）も自分なりの死生観⑬をもち、他者の価値観を尊重できる姿勢が求められます。

⑪悲嘆
家族が十分に悲しみを表現する。

⑫受容的態度
相手の話や訴えを否定したり批判したりせず、ありのままを受けとめる態度。

⑬死生観
　p.281参照

「死」に対するこころの理解

■ 「死」に直面したときの人の心理状況を理解し、こころの変化の受けとめ方を学ぶ
■ 「死」に向かうことを、利用者と家族が受けとめられるようなケアのあり方について学ぶ

関連項目　⑫『発達と老化の理解』▶第4章「老化にともなうこころとからだの変化と生活」

1　「死」に対するこころの変化

1　「死」に対する考え方（死生観）

　人にとって死は避けられないことでありながら、自宅での看取りが少ない現代は、身近な人の看取りにかかわった経験が少ないため、「どのように死にたいか、残された時間をだれと、どこで、どのように過ごしたいか」など、死について考えることや話し合う機会は日常的に多くありません。しかし、死に方は、人の価値観が反映されるため、生き方そのものといえます。これまで何を大切にしてどのような生き方をしてきたのか、人の価値観が反映されます。残された時間が長くはないと悟ったとき、「静かに過ごしたい」、「人とのかかわりを望む」など、望む過ごし方は人それぞれで、個別性があります。利用者や家族の死生観を理解するためには、看取りにかかわる介護福祉職の死生観も大切です。

　死生観は、これまでの生き方や物事の考え方など、価値観が影響します。自分の望む生き方や最期の過ごし方について関心をもち、折にふれて話す機会を設けるなど、日ごろの心構えや取り組みが大切です。治療に対する考えや、最期をどのように過ごしたいかなど、介護福祉職は利用者本人の意思決定を支える立場として、まずは自分自身や家族のこと

について考えてみて、病気になったときにどのような医療を受けて、どのように過ごしたいのか、自分の意思を明確にしておくことも学びにつながります。

　不安や揺れ動く気持ちに寄り添い、利用者が望む最期の過ごし方ができるように、そして家族がそれにそって介護できるように、死生観を尊重して介護する姿勢が大切になります。

2 「死」の受容プロセス

　人にとって、「死」とはみずからが経験のないことで、死に対する感情やとらえ方は一様ではありません。死に対する不安や恐怖、残された時間が少ないことのあせりなど、さまざまな心理的変化を生じることが考えられます。

　キューブラー－ロス[1]（Kübler-Ross, E.）は、終末期にある人の死の受容プロセスを表9－3のように、5つの段階に分けています。

❶キューブラー－ロス

アメリカの精神科医。死の直前（臨死期）の重症患者から直接面接、聞き取りをして、その心理過程を『死ぬ瞬間』等にまとめた。その結果、死を受容するまでに5段階のプロセスがあるとしている。

表9－3　キューブラー－ロスの終末期にある人の死の受容プロセス

第1段階	否認	自分の余命があと数か月であるなどと知り、それが事実であるとわかっているが、あえて死の運命の事実を拒否し否定する段階。「そんなはずはない」「何かの間違いだろう」というように死の事実を否定するが、否定しきれない事実であることがわかっているがゆえに、事実を否定し、事実を肯定している周囲から距離をおき、孤立することになる（「否認と孤立」段階ともいう）
第2段階	怒り	拒否し否定しようとしても否定しきれない事実を宿命だと自覚したとき、「なぜ私が死ななければならないのか」という、「死」に対して強い怒りの感情があらわれる
第3段階	取引	「神様どうか助けてください」「病気さえ治るなら何でもします」などと何かと取引をするかのように、奇跡への願いの気持ちをあらわす
第4段階	抑うつ	第3段階の取引が無駄であることを知って、気持ちが滅入ってうつ状態におちいることもある
第5段階	受容	死を恐怖し、拒否し、回避しようと必死であったのが、死は何か別のことかもしれないという心境が訪れる。人によって表現は異なるが、死んでゆくことは自然なことなのだという認識に達するとき、心おだやかになり、「死の受容」へと人はいたる

　キューブラー－ロスの「受容」までの5段階は、一方向ではなく、必ずしもこのとおりの経過をたどるものではありません。これまでの生活歴、家族歴、死に向かう原因や現在の状況、死生観などにより異なります。死への恐怖心や不安の背景、理由がそれぞれ異なるように、受容までの道筋も多様です。

2　「死」を受容する段階

　死への不安や恐怖、葛藤に苦しんでいる人を支えるのは、最新の医療ではなく、こころのケアです。1人で苦しみながら死んでいくのではないかといった恐怖や、自分らしさを失ってしまうのではないかといった不安など、どのような苦悩があるのか、把握するように努めます。その背景を把握することから、利用者のおかれている状況の理解にもつながります。人の痛みを理解し、痛みに寄り添いながら、利用者が何を求め、望んでいるのか、最期の一瞬まで何がその人らしい生き方か、つかもうとする誠実さが大切です。そして、みずからの価値観・死生観をもちながら、他者の価値観・死生観を尊重し、受けとめる真摯な姿勢が介護福祉職として求められるのです。残された貴重な時間をどのように過ごすかによって、最期によい人生だったと思えるかどうかに影響します。利用者がどのような状況であろうとも、今ここにいることに価値があり、意味のあることだと理解し、利用者のすべてを受けとめる姿勢でのぞみます。たとえ重篤な状況でコミュニケーションをはかることがむずかしい状態になったとしても、すべて尊い人なのです。

　利用者の状態がどのようであっても、あるがままを受け入れることから介護は始まります。「受容」することは、人間の尊厳を守ることで、個人の尊重といった意味でも大切です。

3　家族が「死」を受容できるための支援

　終末期に大切な人が失われようとしている状況では、家族は深い悲しみとともに、孤独感、罪悪感、葛藤や怒りなど、さまざまな感情をもちます。そして、これまでの家族の歴史をふり返りながら、利用者を思

図9−5　家族が死を受容する段階

さまざまな感情
（孤独感・罪悪感・怒りなど）
↓
死が間近なことを実感
↓
受容（心の準備）
↓
死別後の悲嘆
↓
受容

い、残された時間を大切に過ごしたいと考えながら介護に向かいます。家族は、医師の説明や、日々の暮らしのなかで利用者が衰弱していく変化からも、死が近づいていることを実感していきます。そして、死が避けられないものだと受けとめると、死に直面する心の準備に向かう気持ちに変化していきます。死を受容する段階になったとしても、不安がなくなるわけではありません。家族は、「この先、どのような変化が起こるのだろうか」「急変したらどうしよう」「苦しい思いをさせるのではないだろうか」など、さまざまな不安をかかえています。そして、変化が起こるたびに迷いが生じ、気持ちが揺れ動きます。介護福祉職には、そのような家族の気持ちを理解し支えていく介護が求められます。

看取りの介護を伝えるだけでなく、死に向かっていることを家族が理解し、受けとめ、準備できるよう、**死の準備教育**❷も大切なケアです。本人の望む最期を迎えられるように家族を支援することが、利用者の「人生の質（QOL）」を高めることになります。

家族が死を受容できるためには、利用者の気持ちを十分に尊重しながら、家族としても「できる限りのことはやった」と思えることが大切です。大切な人を失ったあとも家族の悲しみは続きます。死別後の悲嘆を乗り越え、家族が再び自分の人生を歩んでいけるかどうかは、終末期のかかわり方が大きく影響します。

❷死の準備教育
p.292参照

4 家族の負担軽減

　在宅では、医師の往診や訪問看護を利用していたとしても、家族は24時間気の休まる間もなく介護しています。家族にも営む日常生活があり、自分たちの生活を続けながら役割分担するなど工夫し、それぞれが介護にかかわっています。終末期で利用者の全身状態が低下すると、介護量が増え、身体的負担に加えて、精神的負担も増えてきます。介護負担の軽減を考えるときには、残される家族が後悔することのないよう、最期まで利用者へかかわることができるように配慮することを忘れてはなりません。介護福祉職は家族の希望を聞きながら援助を行う必要があります。家族と利用者とのかかわりの時間を優先する配慮や、家族だけでは負担が大きい利用者へのケアを一緒に行うなど、家族の思いを理解したうえで、疲労や健康状態に気を配りながら、そのときの状況にあわせて、臨機応変にサポートすることが望まれます。

　家族は、どれだけ献身的に介護しても、大切な家族を亡くしたあとの後悔や自責の念があります。そのため、家族の介護負担を軽減するあまり、家族に「もっとそばにいればよかった」「もっと介護できたのでは？」などといった悔いが残ることのないよう、留意する必要があります。看取ったあとに家族が「十分やってあげられた」と思えるように、家族の体調と気持ちのバランスを考えてかかわることも大切です。

　利用者の状態変化を目の当たりにしている家族の不安に対しては、医師や看護師が24時間必要なときに対応してくれるという環境が整っていることが不安の軽減につながります。ささいなことでも親身になって対応し、家族が納得できる看取りになるよう、ケアチームによるサポートが支えになります。ケアチームでかかわるときは、家族がわかる言葉で説明することも、家族の負担軽減につながる介護です。

1 グリーフケア

　グリーフとは、「死別による喪失感や、深い悲しみ、悲嘆、苦悩、なげき」を意味します。

　大切な人との死別から、遺された家族は、喪失感や孤独感、絶望感といった深い悲しみにおちいります。亡くなった人を思い起こし慕う気持

ち、さびしさやむなしさ、ふさぎこんで何もやる気がしなくなるといっ
たうつ的な状況や、自分を奮い立たせ何とか立ち直らなくては、といっ
た気持ちのあいだでの揺れ動き、不安定な状態などです。また、親しい
友人や親戚など、死別のつらさを共有できる身近な存在がいない場合
は、大切な人を亡くしたときの悲しみをみずから表に出すことができず
にいることもあります。

　グリーフの症状には、さびしさ、孤独、やるせなさ、罪悪感、無力
感、自責の念などの精神的な反応や、睡眠障害、食欲不振、疲労感、頭
痛、肩こり、めまい、動悸、胃腸症状、便秘、下痢、血圧の上昇、白髪
の急増などの身体の不調や変化があります。また、何もやる気がしなく
なり、ぼんやりして生活リズムがくずれるなど、日常生活にも影響しま
す。とくに高齢者では、配偶者が亡くなったあと、意欲低下からひきこ
もり、活動性の低下が原因で、ADL（Activities of Daily Living：日
常生活動作)が低下して要介護状態となることもあります。

　このように、グリーフによって起こりうる反応（症状）や生活への影
響を理解し、家族が十分に悲しみを表出できるような時間や場を設ける
ことも大切な介護です。家族が悲しみをいやす機会をつくり、悲嘆感情
を受けとめ、遺された家族が自分の生活を立て直す（本来の生活を取り
戻す）ことができるよう、寄り添い、支えることがグリーフケアです。

❸デスカンファレン
ス
　p.302参照

　また、亡くなったあとのふり返りとして行うデスカンファレンス❸の
場に家族も参加してもらうことで、チームとして喪失感や悲嘆感情を分
かち合い、グリーフケアの役割を果たすことができます。家族が十分に
介護することができたことのねぎらいや、亡くなった本人が満足できた
であろうことを、家族もケアチームの一員としてふり返ることで、「1
人ではない」ことを感じることが回復の支えになるのです。

　人の死生観や家族の歴史などの背景が多様であるように、グリーフの
反応やプロセスも一様ではありません。時間の経過や生活の変化に応じ
て、1人ひとりにあったグリーフケアを模索する姿勢が大切です。

演習9−1　**キューブラー–ロスの死の受容プロセス**

　キューブラー–ロスの死の受容プロセスについて、次の空欄に入る適切な語句を考えてみよう。

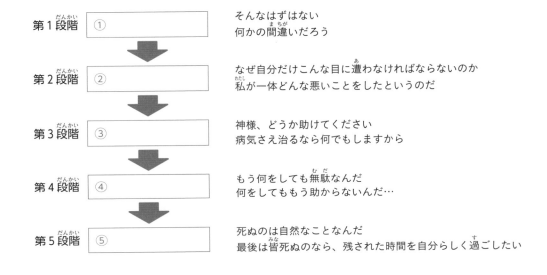

第 1 段階　①＿＿＿＿＿＿　　そんなはずはない
　　　　　　　　　　　　　　何かの間違いだろう

第 2 段階　②＿＿＿＿＿＿　　なぜ自分だけこんな目に遭わなければならないのか
　　　　　　　　　　　　　　私が一体どんな悪いことをしたというのだ

第 3 段階　③＿＿＿＿＿＿　　神様、どうか助けてください
　　　　　　　　　　　　　　病気さえ治るなら何でもしますから

第 4 段階　④＿＿＿＿＿＿　　もう何をしても無駄なんだ
　　　　　　　　　　　　　　何をしてももう助からないんだ…

第 5 段階　⑤＿＿＿＿＿＿　　死ぬのは自然なことなんだ
　　　　　　　　　　　　　　最後は皆死ぬのなら、残された時間を自分らしく過ごしたい

第 9 章　人生の最終段階のケアに関連したこころとからだのしくみ

終末期から危篤状態、死後のからだの理解

学習のポイント

- 終末期から「死」までの身体機能の特徴について学ぶ
- 臨終期から死後のからだの変化を理解し、その対応について学ぶ

関連項目 ▶ ⑦『生活支援技術Ⅱ』▶ 第6章「人生の最終段階における介護」

1 身体機能の特徴

終末期は、死に向かい症状が不安定になる時期で、家族は「これでよいのだろうか」と不安になり、動揺することがあります。家族が落ち着いて最期までケアができるように支援することが大切です。痛みのある場合には、心おだやかに過ごせるための環境整備や、言語的コミュニケーションだけでなく、**非言語的コミュニケーション❶**やスキンシップなど、利用者の苦痛の緩和につながるケアを心がけます。

終末期には、家族が利用者の「人生の最終段階」を少しずつ受けとめられるように心がけます。そのためには、予測される身体機能の変化と「終末期から死までの変化と特徴」を学び、準備ができていることが重要です。

❶**非言語的コミュニケーション**
表情や視線・目線・動作・空間など、言葉によらない気持ちの表現方法。

1 終末期の変化の特徴

終末期には、身体機能の変化が全身に及びます。

変化を早期発見し適切に対応するためには、最も身近な観察者である介護福祉職が、日々の状態を観察し、変化を記録するとともに、迅速に報告することが求められます。多（他）職種で情報を共有することは、ケアチームの連携が深まり、利用者や家族にとっても安心や信頼につな

がります。

　たとえば、利用者の自宅に連絡ノートを用意し、すべての関係者が変化を記載したり、記載内容に対応する専門職がアドバイスをするなど工夫をすることで、同じ時間に顔を合わせることができなくても、１人の利用者の状態を共有することができるのです。

2　終末期から臨終期における身体機能の変化

（1）バイタルサイン（生命徴候）の変化

　死が近くなると、**バイタルサイン**❷が低下し、呼吸と循環動態に変化があらわれます。

1 呼吸

　呼吸の間隔が不規則で深さも乱れてきます。

　死の直前には呼吸が変化し、**チェーンストークス呼吸**❸、**肩呼吸**❹、**下顎呼吸**❺がみられます。それらの苦しそうな様子を見て家族は不安になり、あわててしまうことがあります。このような呼吸状態は自然の変化であり、苦しさのあらわれではないことを家族に伝え、見守ることも大切なケアです。そして、状態の変化に気づいたときには、医師や看護師に報告し、時間と状態を記録することも大切な役割です。

2 死前喘鳴

　死に直面し喀痰を自力で出せなくなると、分泌物がたまり、喉の奥で、ゼロゼロ、ヒューヒューという音を発しながら呼吸をします。

3 体温

　体温は低下し、四肢冷感がみられます。

4 脈拍・血圧

　心臓が弱ってきて、脈拍のリズムが乱れ、微弱で触知がむずかしくなります。血圧も下降し、徐々に測定できなくなります。

5 意識状態

　意識状態には、**傾眠**❻、**昏迷**❼、**昏睡**❽などの段階があります。死が近づいてくると、意識が低下し、うとうとしている時間が長くなります。呼びかけても反応しないことがありますが、最期まで耳は聞こえていることを家族に伝え、手をにぎって声をかけるなど、できるケアがあることを伝えます。

　最期まで意識がはっきりしていることもあり、個人差があります。人

❷バイタルサイン
p.82参照

❸チェーンストークス呼吸
10〜30秒ほど呼吸が止まり、浅めの呼吸からゆっくりと深く大きな呼吸へ、というリズムをくり返す。

❹肩呼吸
息をするたびに肩を動かして、一生懸命呼吸しているような、本当に肩で呼吸しているかのようにみえる呼吸。

❺下顎呼吸
下顎を、魚のように、パクパク、カクカクと動かしてする呼吸で、死が数時間以内である場合に多くみられる。

❻傾眠
意識が低下し、うとうとした状態。

❼昏迷
意識が低下しているが、完全には失っていない状態。

❽昏睡
完全に意識を失った状態。

❶呼吸
呼吸間隔が不規則で深さの乱れ
チェーンストークス呼吸、
肩呼吸、下顎呼吸など

❷死前喘鳴
喉の奥で、ゼロゼロ、
ヒューヒュー

❸体温
体温低下、
四肢冷感

❹脈拍・血圧
脈拍リズム乱れ微弱、血圧下降

❺意識状態
意識低下、うとうと、呼びかけに反応弱い

❻チアノーゼ
皮膚や粘膜が青紫色、口唇や爪で目立つ

としての尊厳を大切にし、会話の内容には留意します。

6 チアノーゼ

　酸素欠乏になり、皮膚や粘膜が青紫色になります。とくに、口唇や爪で目立ちます。

（2）食事量・水分量の低下

　食欲がなくなり、かむ力・飲みこむ力も弱くなり、口にしても飲みこめなくなります。また、食べても吐き出してしまうことがあり、摂取量は徐々に減ります。少量で栄養がとれる高カロリー食や嗜好物など、効果的に補給できる工夫をします。水分もとれなくなってくると、家族は「脱水が心配」と無理に水分をすすめようとすることがありますが、死に向かう時期の自然な変化であることを理解し、そばで見守ることもケアの1つであることを伝えます。

（3）排泄の変化

　体力やADL（Activities of Daily Living：日常生活動作）が低下すると、排泄にも介助が必要になります。トイレからポータブルトイレ、尿器での介助から、おむつを使わなくてはならない状態になることもあります。しかし、排泄は人の尊厳にかかわるため、できるだけ他人の手を借りず、ぎりぎりまで自分で行いたいと思うものです。介護する側の事情で安易におむつにすることのないよう、利用者のつらい気持ちや羞恥心などに配慮し、慎重に対応することが大切です。どの時期にどのよ

表9-4　排泄時に介護福祉職がおさえておくべきポイント

- 排泄に関する本人の意向
- 排泄ケアに関する家族の考えや負担感
- 尿意・便意があるか
- 自分で起き上がり、移乗ができるか
- 歩行器や車いすでトイレに移動できるか
- 排泄後の後始末はできるか
- 動作時の呼吸や循環動態への影響

うな排泄方法にするのが適切であるのかの判断については、本人の意向はもとより、医師や看護師と相談をしながら検討します。

脱水状態や腎臓の機能がおとろえてくると、尿量が減少します。

がんの痛みに対して**モルヒネ**❾などの麻薬を使用している場合には、便秘が問題となります。食事内容や摂取量・水分量だけでなく、薬剤の影響がないかどうかについてもアセスメントする必要があります。

排泄時に介護福祉職がおさえておくべきポイントは、**表9-4**のとおりです。

（4）不眠

痛み・嘔気・呼吸困難・不安などによる不眠に対しては、室温・換気・照明などを調整し、落ち着いて眠れるような環境を整えます。

夜の静かな環境で1人になることで不安が強くなり、昼夜逆転することもあります。睡眠をさまたげる原因は何かをアセスメントし、眠れる環境を整えます。利用者が不眠の場合、家族も不眠になっていることがあります。休めるときに少しでも休めるような家族への言葉かけや、サービス提供時間の見直しをすることも視野に入れて、ケアチームで検討します。痛みや不安で眠れないときには、痛みのコントロールや不眠に対して睡眠薬が処方される場合があります。睡眠薬を服用しているときには、夜間トイレに行こうとしたときにふらついて転倒するリスクがあるため、注意が必要です。たとえば、自宅の連絡ノートや介護記録に服用時間を記録するなど、その後の介護にたずさわるものが情報を共有できるように工夫しましょう。

❾**モルヒネ**
がんの痛みに対して鎮痛薬として使用することが多い。症状が緩和することで快適に日常生活を送れるように援助する薬。麻薬であるので、鍵のかかる場所で厳重に管理され、時間や量を守って使用する。

（5）褥瘡

終末期には、栄養状態や身体機能が低下することで、るい瘦（やせ）や倦怠感が生じ、自分で寝返りをうつのがむずかしくなり、臥床して過ごす時間が多くなります。そして、関節の拘縮や全身状態・栄養状態の低下から、**褥瘡⑩**ができやすくなるため、皮膚状態の注意深い観察が必要です。褥瘡を防ぐためには、少しでも状態のよいときにいすや車いすに座るなど、離床して長時間の圧迫や同一姿勢を避けることや、褥瘡予防具の活用を検討する必要があります。また、褥瘡の発生要因となる、ずれや摩擦が生じるケアを行っていないか点検しましょう。

褥瘡の好発部位（仙骨部や肩甲骨部、踵骨部、後頭部など）は注意して観察し、皮膚状態の変化に気づいたときには早急に報告し、適切な治療やケアが受けられるよう、医療職と連携した対応が大切です。

⑩**褥瘡**
p.109参照

---

2 臨終期の対応

臨終期とは、死を迎える直前の危篤の状態をさします。状態そのものの苦痛のほかに、症状の変化や死に対する不安、家族の看取りに対する不安など、さまざまな不安をかかえます。全身状態の低下にともない介護量が増え、家族の疲労が蓄積するため、本人の状態とあわせて、家族の身体的・精神的負担をアセスメントし、ケアチームでこまめに情報交換しながらサポートすることが重要です。この時期には、**死の準備教育⑪**も大切です。家族がいよいよ迫った死を受け入れ、死までの過程を知り、望む看取りができるように心の準備をサポートします。最期まで「尊厳を保ち」安らかな死を迎えることができるように、そして利用者と家族が別れの時間を十分にもてるように、静かに看取ることができる環境を整えます。死の直前の状態を目の当たりにして、家族は何をしていいのかわからなくなり、いっそう不安が募ります。家族が混乱し、これまで行ってきたことや選択したことを後悔したり、家族間で責め合ったりするようなこともあります。今できることを伝え、冷静に対応できるように、ケアチームで連携して家族を支援します。

また、不安になるのは、利用者や家族だけではありません。看取りの場面を経験したことがない介護福祉職は、家族と一緒に不安になり何もできなくなるかもしれません。そのようなときには、職場の先輩や責任

⑪**死の準備教育**
家族が死を受け入れ、看取ることができるようにするための準備段階の1つ。病状や必要なケアの説明をしながら行う。

表9－5　どのように対応すべきか想定した準備

> ・利用者・家族の心の準備
> ・別れの時間がもてる環境
> ・家族が後悔のないような利用者のとかかわり
> ・医師からの説明と利用者・家族の理解

者に相談することや、ケアチームで話し合いをするなど、1人でかかえこまないことが大切です。また、在宅で看取りを希望していても、苦しそうな様子を見ていられなくなり、家族が最期に救急車を呼ぶこともあります。最期まで望む生き方・過ごし方ができるように、緊急時の連絡先をわかりやすいところに掲示し、日ごろから緊急時の対応をくり返し確認するなど、状況を想定した具体的な準備も必要です。家族にできるだけ悔いが残らないように、最期まで家族の支えとなることを日ごろから意識してかかわる心構えも大切です（**表9－5**）。

　介護福祉職は医療処置を行うことができませんが、医療職への適切な連絡・報告といった重要な役割があります。また、在宅ケアでは、死の場面に立ち会う可能性があることを常に念頭におき、自分が直面したときにどのように対応すべきかを想定した準備が必要です。不安や疑問点があるようであれば、あらかじめ他職種（介護支援専門員（ケアマネジャー）や医師・看護師等）に相談・確認しておきましょう。

3 死後のからだの変化

死後のからだは、**表9－6**のように変化します。

4 死後の連絡

（1）医師による死亡確認
　「死亡」とは、医師が「○時×分、ご臨終です」と診断した時点をいいます。医師が死亡診断するまでは、死亡しているとは認められないた

表9−6	死後のからだの変化
遺体の冷却	死後は体温調節ができなくなるため、体温は周囲の温度に近くなる
死斑	死後、血液の流れが止まると、重力に従い血液はからだの低いところにたまる。たまった血液の色が、皮膚を通して見える暗褐色の斑を死斑という。死後20～30分くらいから始まり、8～12時間でもっとも強くなる
死後硬直	死体の筋肉が硬化する現象を死後硬直という。死後硬直は、温度などの環境の影響を受けるが、通常、死後2～4時間で始まり、半日程度で全身に及び、30～40時間で硬直が解けはじめる
乾燥	死後、水分の蒸発とともに、からだが乾燥していく。皮膚・粘膜・口唇・角膜などから蒸発していく

め、医師への連絡が必要です。

　たとえば、サービスを提供しようと訪問したときに、すでに呼吸が止まり、冷たくなっていたとしても、医師が死亡確認をするまでは死亡していると判断できません。死亡確認前に身体に触れることは違法行為であるため、着替えさせたり、動かしたりしてはいけません。死後のケアをする場合は、医師の死亡確認と死亡診断書が出ていることの確認が必要です。また、家族にも触れてはいけないことを理解してもらいます。

（2）医師が立ち会えない場合

　医師が立ち会っていない場合でも、診療中の患者が診察後24時間以内に当該診療に関連した傷病で死亡した場合には、あらためて診察をしなくても死亡診断書を発行することができます（**表9−7**）。最後の診察後24時間以上を経過している場合は、あらためて診察を行い、生前に診療していた傷病が死因であると判定したうえで死亡診断書を発行することになります。死因が生前に診療していた傷病以外のものである場合は、医師は死体を検案し、異状死でないと判断されれば、死体検案書が作成されます（死体検案書の書式は死亡診断書と同一です）。
　検案の結果、異状死であると認められる場合には、医師は24時間以内に警察に届け出なければなりません。
　死亡の確認をしてもらうためには、医師に家に来てもらう場合と、救

急車で医療機関に搬送して死亡確認をしてもらう場合とが考えられます。

　死亡してから時間が経っている場合や、明らかに死亡していると推察される場合は、救急車では搬送されないことが多くあります。

　自宅での死を望むのであれば、亡くなったときに死亡確認をしてくれる医師を主治医とする必要があります。そして、死亡した場合、死亡確認の対応について、カンファレンスで具体的に確認し、家族やケアチーム全員が理解しておく必要があります。

表 9 − 7　医師法第20条ただし書の解釈

1　医師法第20条ただし書は、診療中の患者が診察後24時間以内に当該診療に関連した傷病で死亡した場合には、改めて診察をすることなく死亡診断書を交付し得ることを認めるものである。このため、医師が死亡の際に立ち会っておらず、生前の診察後24時間を経過した場合であっても、死亡後改めて診察を行い、生前に診療していた傷病に関連する死亡であると判定できる場合には、死亡診断書を交付することができること。

2　診療中の患者が死亡した後、改めて診察し、生前に診療していた傷病に関連する死亡であると判定できない場合には、死体の検案を行うこととなる。この場合において、死体に異状があると認められる場合には、警察署へ届け出なければならないこと。

3　なお、死亡診断書（死体検案書）の記入方法等については、「死亡診断書（死体検案書）記入マニュアル」（厚生労働省大臣官房統計情報部・医政局発行）（http://www.mhlw.go.jp/toukei/manual/）を参考にされたい。

出典：「医師法第20条ただし書の適切な運用について」（平成24年 8 月31日医政医発0831第 1 号）

演習9−2 **終末期のバイタルサインの変化**

終末期のバイタルサインの変化について考えてみよう。

	終末期の変化
呼吸 （こきゅう）	
体温	
脈拍 （みゃくはく）	
血圧 （けつあつ）	
意識状態 （いしきじょうたい）	

終末期における医療職との連携

1 呼吸困難時の医療と介護の連携

　終末期の変化の1つである呼吸困難に対して、適切なケアを行うためには、医療職と連携しながら観察のポイントを理解して、状態の変化に応じた迅速な対応が求められます。

　呼吸は、活動による影響を受けやすく、終末期では、日常生活にともなう動作でも、呼吸困難になることがあります。入浴、食事、排泄や移動・移乗の援助のときにはとくに注意深く観察し、状態変化に気づいた場合には、すみやかに医師や看護師に連絡する必要があります。呼吸状態と関連する観察として、息切れ、**チアノーゼ**❶、動悸、発熱の有無、痰の色・性状、咳などの症状があります。そして、どのようなときに苦しくなるのか、生活動作とあわせて症状の変化を具体的に確認し、記録・報告することで、ほかの職種にも生活のなかでの変化の状況が伝わります。

　呼吸困難は、身体的な苦痛のみならず、不安や死への恐怖など精神的にも大きな影響を及ぼします。状態の悪化を早期に発見し適切に対応するためにも、観察のポイントを理解し、医療職と有効に情報を共有して連携することも大切な役割です。

❶チアノーゼ
p.290参照

1 人工呼吸器を装着している利用者の場合

　自分で呼吸ができない状態への医療処置として、気管内挿管や気管切開をして気道を確保し、人工呼吸器を装着する方法があります。介護福祉職は、人工呼吸器の操作等は行いませんが、人工呼吸器を装着している利用者の介護にかかわることはあります。状態の変化を早期に発見することや、適切な療養環境を整えるためには、観察やケアの留意点を理解する必要があります。気管内挿管や気管切開をしている場合には、言語でのコミュニケーションが困難となります。利用者との意思疎通について、本人・家族とケアチームでコミュニケーションの方法を具体的に話し合い、表情や身ぶりから利用者の様子をつかむように努めます。また、常時観察が必要な状態では、家族の健康状態や疲労などにも配慮し、利用者の介護に影響を及ぼすことのないよう、介護支援専門員（ケアマネジャー）やケアチームで介護体制について話し合います。

2 在宅酸素療法を行っている利用者の場合

　在宅酸素療法（HOT）は、在宅で持続的に酸素供給を行うことができ、慢性気管支炎や慢性閉塞性肺疾患（COPD）などの治療目的でも行われています。在宅では、かかりつけ医や訪問看護師が管理・指導しますが、利用者や家族が正しく理解しているかを確認し、チームで共有し、一体的に支援します。火災事故防止のために火元に接近していないか注意することや、ほこりやダニが発生しないようこまめに清掃するなど、感染予防のための環境整備も大切です。また、呼吸の苦しさは死を

表9－8　**在宅酸素療法を行っている利用者の観察のポイント**

- カニューレやマスクがはずれていないか
- チューブが折れたり圧迫されていないか
- カニューレやマスクの接触面、耳介の皮膚状態（発赤や表皮剥離等）
- 自己判断で酸素の流量を変えていないか
- 禁煙が守られているか
- 利用者の不安や恐怖など精神的な影響
- 家族の介護負担（健康状態、疲労、精神面）

表9-9　痰の吸引が必要な利用者の日常生活での留意点

・痰が粘稠にならないように十分に水分補給する
・痰による上気道感染や肺炎を防ぐために口腔ケアを励行する
・吸引を実施するときは、感染予防の基本である手洗い・手袋・マスク・ビニールエプロンなどの標準予防策（スタンダード・プリコーション）※で行う

※1996年にCDC（米国疾病管理予防センター）によって提唱された、「病院における隔離予防策のためのガイドライン」を根拠として実施されている。感染の有無にかかわらず、すべての患者が対象となる。血液、すべての体液、分泌物（汗を除く）、排泄物、傷のある皮膚、粘膜は、感染の可能性があるものとして対処する。

連想し、恐怖心や不安が生じるため、在宅酸素療法を行っていることによる身体的な変化だけでなく、精神的な影響、家族の状況にも目を向ける必要があります。

3　痰の吸引が必要な利用者の場合

　気道内の分泌物を自力で出すことがむずかしくなると、窒息や感染予防のために痰の吸引が必要になります。痰の吸引のおもな方法には、口腔内の吸引、鼻腔からの吸引、気管内吸引があります。痰の吸引は「医行為」ですが、2012（平成24）年4月から、社会福祉士及び介護福祉士法の一部改正により、介護職員等が、一定の条件下で実施できるようになりました。講義や演習、実地研修を受けるほか、実施の際は、医師の指示書にもとづき、計画を作成し、看護師による指導・助言等も必要になります。

2　疼痛緩和時の医療と介護の連携

　疼痛（痛み）は、起き上がり、立ち座り、移動などADL（Activities of Daily Living：日常生活動作）ができなくなるといった身体的な影響や、仕事や社会活動に参加できなくなるといった社会的な影響により、経済的にも影響を及ぼします。また、疼痛による不眠や不安といった精神的な影響、死への恐怖や罪の意識などのスピリチュアルな要因な

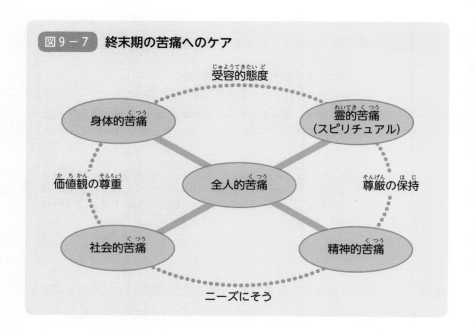

図9-7 終末期の苦痛へのケア

受容的態度

身体的苦痛

霊的苦痛
(スピリチュアル)

価値観の尊重

全人的苦痛

尊厳の保持

社会的苦痛

精神的苦痛

ニーズにそう

ども関連して、全人的な痛みとしてあらわれます。このことを理解したうえで、疼痛の背景要因や疼痛の状況をアセスメントします（図9-7）。

　終末期には、疼痛や食欲不振、嘔気、全身倦怠感、息苦しさなど、さまざまな身体症状をともなうことがあり、これらの苦痛が緩和されなければ利用者や家族は安心できず、望む生活の継続に影響します。介護福祉職は、症状を観察するときには、どのようなときに苦痛が増強・緩和するのかを確認して記録します。疼痛に関して、**モルヒネ❷**などの鎮痛薬を使用している場合は、血圧の低下や呼吸の観察とあわせて、定められた時間どおりの服薬を確実に行う必要性から、医師・看護師との連携が不可欠です。

　一般的に、加齢にともなって腎臓による不要物の排泄と肝臓の代謝が遅くなるため、高齢者は薬剤の副作用が出やすく、痛み止めであるモルヒネによる傾眠や眠気、混乱が生じることもあります。

　疼痛の症状と全身状態を意識して観察し、日常生活にどのような影響が生じているのかを介護福祉職の視点でアセスメントします。変化に気づいたときにはすみやかに報告するなど、医療職との連携が大切です（表9-10）。

　疼痛の症状をできる限り正確に観察することは重要ですが、本人にしかわからない痛みについて表現するのはむずかしいことです。利用者に

❷モルヒネ
p.291参照

表9−10	疼痛の観察のポイント

- ・いつ（時間、どんなとき）
- ・どこが（部位）
- ・どのように（種類）
- ・どのくらい（強さ、程度）
- ・日常生活への影響（生活のどの部分にどのように支障があるのか）

痛みの度合いをたずねたり、医療職と情報共有するときに、痛みの強さをあらわす評価法を活用することで理解しやすくなります。たとえば、痛みの程度を「0〜10」で評価する、「Numerical Rating Scale：NRS」という手法があります。

　疼痛緩和においては、医療との連携が不可欠です。

3 多職種連携

1 多職種連携

　終末期には、医師や看護師だけでなくさまざまな職種や人々がかかわり合うため、相互の協力がケアの質に影響します。かかわるすべての人が利用者の意向や全身状態、家族の状況などの情報を共有し、それぞれの役割を理解したうえで援助することが大切です。そのためには、ケアチームでの十分な意思疎通と連携が不可欠です。終末期では、利用者の全身状態や家族の心理状況の変化に応じて、何度もカンファレンスをすることがあります。利用者と家族の不安定な状態を受けとめ、悔いの残らないように介護できるよう支援体制の見直しも必要です。連携を強化するためには、他の職種の役割や専門性の理解に努め、積極的なコミュニケーションによる顔のみえる関係づくりが基本となります。

❷ デスカンファレンス

　親しい人との死別は家族（遺族）だけが経験するものではなく、終末期にたずさわる医療職、介護福祉職も同じことがいえます。大切な利用者を失った喪失感は家族だけでなく、サービス担当者も同様です。医療職、介護福祉職は、支援者でありながら、自分たちも当事者なのです。「これでよかったのか」「もっとできたのではないか」などと苦悩することもあります。看取ったあとにケアチームでふり返りをするためのデスカンファレンスは、相互のサポートとなります。

　死は敗北ではなく、看取りとは、最期までその人らしく生きることを支える尊いケアであることを、かかわったチームメンバーで共有するための話し合いが有効です。看取りケアは1人ひとり多様です。次への学びの機会として、利用者や家族から学んだ貴重な体験を今後につなげていく姿勢が大切です。

❸ 終末期における多職種の役割

1 医師

　全身状態の確認・説明、症状コントロール、看取り、死亡確認を行います。

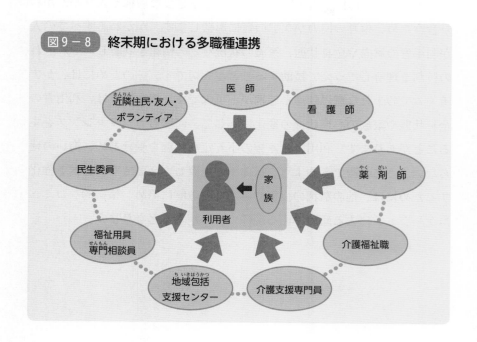

図9−8　終末期における多職種連携

2 看護師

　診療の補助としての医療的ケアや処置、療養上の世話としての日常的なケア、家族も含めた環境整備を行い、終末期における利用者・家族を精神的にもサポートします。医師からの説明を利用者・家族が理解できるように中継の役割をにないます。

3 薬剤師

　処方箋にもとづき、患者の全身状態に応じた調剤（一包化❸や、嚥下困難な場合の調剤方法の工夫など）、利用者宅への医薬品・衛生材料の供給や、利用者・家族への服薬管理・指導を行います。

❸一包化
p.83参照

4 介護福祉職

　全身状態の変化にともなう身体的なケアと、1人暮らしの場合には、ケアプランに応じて、調理や洗濯、掃除などの日常的な家事も支援します。日常生活で多くの時間を利用者と共有し、さまざまな援助をにないます。利用者にとって身近な支援者として、ふだんの様子を知っていることから、少しの変化にも気づくことができます。

5 介護支援専門員（ケアマネジャー）

　介護保険で要介護認定等を受けた利用者のケアプランを立てます。利用者の全身状態をアセスメントし、看取りに関する利用者・家族の希望を聞きながら、1人ひとりにあった支援方法やサービスを提案します。多職種が協働、連携できるように調整をして、利用者を中心としたケアチームをつくります。

6 地域包括支援センター

　在宅医や介護支援専門員が決まらないときの相談先となります。1人暮らしの高齢者や認知症の人の看取りにおいて、権利擁護の相談や、成年後見制度の利用が必要なときのサポートを行います。

7 福祉用具専門相談員

　終末期に全身状態が低下しても不便がないように、安楽な姿勢や疼痛の緩和など、状態にあわせて介護ベッドやエアマットなどの福祉用具を選定し、提供します。

8 民生委員

　住民の生活に関する相談や、福祉サービスを適切に利用するために必要な情報提供や援助を行うことを役割としています。高齢者世帯や1人暮らしの人の終末期ケアでは、身近な相談者としてケアチームの一員としてかかわることがあります。

第**9**章　人生の最終段階のケアに関連したこころとからだのしくみ

近隣住民・友人・ボランティア

　その人がそれまで生きてきたなかで大切に思っている人の存在は欠かせません。最期までその人らしく生きていくことを一緒に支えます。

4　在宅医療（在宅死）と多職種連携

　担当する利用者が終末期だと伝えられると、「何かあったらどうしよう、困る」といった声も聞かれます。終末期の全身状態や人の死を経験していない場合は、予測がつかず不安になるでしょう。

　そのようなときこそ、ケアチームが力を発揮します。

　「何かあったとき」とはどのような状況かを具体的にあげて、終末期への理解や対応について、サービス担当者会議やカンファレンスで何度も話し合います。実際にはそのとおりにならないこともありますが、この話し合いや実践の積み重ねが介護の実践力につながるのです。

　はじめてのときはだれでも不安になります。１つひとつ経験を積み重ねて、「利用者のケアから学ばせてもらう」といった謙虚な姿勢が基本です。

　また、医師や看護師など医療職のみにゆだねるのではなく、介護福祉職としてできることに積極的に取り組む姿勢も大切です。介護福祉職は、利用者の生活を支え、密接にかかわっていることから、利用者、家族の心情を理解して寄り添うことができます。利用者の心情を推しはかり、気持ちを受けとめて共感し、その様子をケアチームに報告・連絡してチームとして支えることが大切です。

　そして、家族に対するケアだけでなく、医療職へのねぎらいの言葉も大切です。終末期ケアは急変時に対応できる態勢を整えるため、医師や看護師も常に緊迫感をもっています。ねぎらいの言葉から距離が縮まり、よりよいチームづくりに貢献することができます。

　また、在宅でのサービス提供は、異なる時間帯に計画されるため、意図的なかかわりが必要です。利用者の変化を予測し、本人に寄り添うことや、介護者の状況を把握すること、利用者の全身状態を想定したコミュニケーションが有効です。単に顔を知っているだけの関係から、互いの人となりや仕事がわかり、チームといえる関係に発展するかどうかは、かかわり次第です。

　医療職にまかせきりにするのではなく、積極的に観察し、予測に配慮

した家族へのケアが求められます。サービスや物理的環境を整えるだけでなく、心の準備も大切です。家族が看取りに主体的に参加できるように、家族の心情に配慮しながら、医療職と連携し家族を支えることも大切な介護技術の１つです。

5 人生の最終段階

　介護福祉職は、終末期ケアにおいて全身状態の判断や処置を行うことはできませんが、変化に気づくことはできます。大切なのは、迅速に連絡・報告し、医療職につなげることです。そのためには、この先どうなっていくのか、利用者、家族の状況を予測するとともに、介護福祉職自身のとるべき対応も予測・整理しておく必要があります。本書はそのための１つの手段です。本書に示していることは一般的な例でしかありません。実際の看取りは個々に異なります。１人ひとりの利用者ごとにチームでの話し合いを重ね、検討していく過程が大切です。介護の現場は１人でも、自分１人で支えているのではないことを忘れずに、よりよいチームケアをめざした積極的な姿勢が介護福祉職の専門性を高めることになります。

　人生の最期の大切な時間を支援することから、どのような気づきや学びがえられるかは、１人ひとりの介護に向かう姿勢次第といえます。

◆ 参考文献

● 長江弘子編『看護実践にいかすエンド・オブ・ライフケア 第 2 版』日本看護協会出版会、2018年
● 北川公子ほか『系統看護学講座 専門分野 2 老年看護学 第 9 版』医学書院、2018年
● 川越博美『在宅ターミナルケアのすすめ』日本看護協会出版会、2002年
● E.キューブラー-ロス、川口正吉訳『死ぬ瞬間——死にゆく人々との対話』読売新聞社、1971年

第 9 章　人生の最終段階のケアに関連したこころとからだのしくみ

索引

「11 こころとからだのしくみ（第2版）」 編集委員・執筆者一覧

白井 孝子（しらい たかこ）・・ 第 4 章
東京福祉専門学校副学校長

田治 秀彦（たじ ひでひこ）・・ 第 3 章
横浜市総合リハビリテーションセンター地域支援課主任

千葉 由美（ちば ゆみ）・・ 第 5 章
横浜市立大学大学院医学研究科教授

西村 かおる（にしむら かおる）・・ 第 7 章
コンチネンスジャパン株式会社専務取締役

山谷 里希子（やまや りきこ）・・・ 第 6 章
さっぽろ高齢者福祉生活協同組合福祉生協イリス参与

渡邉 愼一（わたなべ しんいち）・・ 第 3 章
横浜市総合リハビリテーションセンター副センター長

最新 介護福祉士養成講座 11

こころとからだのしくみ 第2版

| 2019年 3 月31日 | 初 版 発 行 |
| 2022年 2 月 1 日 | 第 2 版発行 |

編　　　集	介護福祉士養成講座編集委員会
発 行 者	荘村　明彦
発 行 所	中央法規出版株式会社
	〒110-0016　東京都台東区台東3-29-1　中央法規ビル
	TEL 03-6387-3196
	https://www.chuohoki.co.jp/
印刷・製本	サンメッセ株式会社

装幀・本文デザイン	澤田かおり（トシキ・ファーブル）
カバーイラスト	のだよしこ
本文イラスト	小牧良次・土田圭介
口絵デザイン	株式会社ジャパンマテリアル

定価はカバーに表示してあります。
ISBN978-4-8058-8400-3